W0041440

Zu diesem Buch

Größe und Heldentum einer glanzvollen, aber auch kriegerischen Epoche spiegeln sich in der legendären Figur des Richard Löwenherz. Viele Jahrhunderte haben den Ruhm dieses großherzigen und listenreichen Königs von England nicht auslöschen können. Sein Leben war eine Kette von kühnen Unternehmungen. Mächtige Gegner stellten sich ihm in den Weg. Noch als Jugendlicher empörte er sich gegen den Vater, Heinrich II. Plantagenet. Selbst König geworden, nahm er am 3. Kreuzzug teil, auf dem Kaiser Friedrich Barbarossa den Tod fand. Auf dem Weg nach Palästina eroberte er in einem improvisierten Feldzug Zypern gegen den opportunistischen Emporkömmling «Kaiser» Isaak Komnenos, der sich zum Herrscher über die Insel aufgeschwungen hatte. Sein ihm ebenbürtiger Gegenspieler im Heiligen Land war der edle Sultan Saladin. Leopold V. von Österreich setzte ihn auf Burg Dürnstein als Geisel gefangen, und Kaiser Heinrich VI. schloß ihn auf Burg Trifels ein, um ein ungeheures Lösegeld von ihm zu erpressen. Mit Philipp II., König von Frankreich, der ihn wie ein Schatten sein ganzes Leben lang als Konkurrent um Macht und Ruhm begleitete, stritt er um die englischen Besitzungen in Frankreich.

Siegfried Obermeier vergegenwärtigt in seinem spannenden Buch diesen außergewöhnlichen Menschen, eine Epoche und eine Legende.

Siegfried Obermeier (Pseudonym Carl de Scott), geboren am 21. Januar 1936 in München, war Redakteur der Kunstzeitschrift «artis», arbeitete am neuen «Großen Meyer» mit, schrieb Erzählungen, Essays, Glossen, veröffentlichte mehrere Bücher und gab «Das geheime Tagebuch König Ludwigs II. von Bayern» heraus.

In der Reihe der rororo-Taschenbücher liegen bereits vor: «Mein Kaiser – Mein Herr» (Nr. 5978) über die Zeit Karls des Großen, «Kreuz und Adler. Das zweite Leben des Judas Ischariot» (Nr. 12809) und «Walther von der Vogelweide. Der Spielmann des Reiches» (Nr. 13090). Siegfried Obermeier lebt in Oberschleißheim.

Siegfried Obermeier

Richard Löwenherz

König – Ritter – Abenteurer
Biographie

Rowohlt

13.–15. Tausend Februar 1995

Veröffentlicht im Rowohlt Taschenbuch Verlag GmbH,
Reinbek bei Hamburg, Dezember 1992
Lizenzausgabe mit freundlicher Genehmigung
der Fa. Herbig Verlagsbuchhandlung GmbH, München
Copyright © 1982 by Albert Langen · Georg Müller Verlag, München
Umschlaggestaltung Büro Hamburg
(Abbildung «Kniefall des Richard Löwenherz vor Kaiser Heinrich VI.»
aus der Handschrift des Petrus da Ebulo, 13. Jh.
Archiv für Kunst und Geschichte, Berlin)
Gesetzt aus der Garamond (Linotronic 500)
Gesamtherstellung Clausen & Bosse, Leck
Printed in Germany
1090-ISBN 3 499 13115 3

Inhalt

Magie eines Namens

König Richard I. von England, dem seine Zeitgenossen den Beinamen «Löwenherz» verliehen, ist nun seit fast 800 Jahren tot.
Auch wer nichts oder nur wenig über die Herrschergestalten des hohen Mittelalters oder den 3. Kreuzzug weiß, kennt diesen Namen und verbindet mit ihm Begriffe wie Abenteuer und Ritterromantik.

Schon zu Lebzeiten haben sich Legenden um Richard Löwenherz gebildet, die dann in den Jahrzehnten und Jahrhunderten nach seinem Tod üppig weiterwucherten und vieles von den tatsächlichen Ereignissen wie auch vom Wesen dieses Franzosen, der ein englischer König war, verdeckten, verklärten und verfälschten. In vier europäischen Ländern ist sein Andenken besonders lebendig geblieben: in England, dessen König er war, in Frankreich, aus dem sein Geschlecht, die Anjou, stammte, dessen Sprache er zeitlebens benutzte und wo er und seine Eltern begraben liegen; in Österreich, wo ihn Herzog Leopold auf dem Rückweg vom Kreuzzug gefangennahm und auf die Festung Dürnstein brachte, und schließlich in Deutschland, wo ihn Kaiser Heinrich VI. als königliche Geisel ein Jahr lang von Burg zu Burg schleppte, um so viel als möglich an Geld und politischen Vorteilen aus ihm herauszupressen.

Herrscher, deren Namen im Staub der Jahrtausende – nicht nur für Historiker – lebendig geblieben sind, haben sich, abgesehen von Bösewichtern wie etwa Nero, diesen Nachruhm durch epochemachende Taten verdienen müssen. Alexander, Augustus, Karl der Große haben Imperien begründet, kraftvoll verwaltet und ganze Zeitalter geprägt. Daß das Volk und begeisterte Chronisten Leben und Taten dieser Großen ins Sagenhafte entrückten, ist verständlich.

Richard Löwenherz hat nichts Epochemachendes vollbracht. Steven Runciman charakterisiert ihn in seiner «Geschichte der Kreuzzüge» folgendermaßen:

«Er war ein schlechter Sohn, ein schlechter Gatte und ein

schlechter König gewesen, aber ein kühner und großartiger Krieger.»

«Ein kühner und großartiger Krieger» – dies war es vor allem, was Richard zum Idol seiner Zeit und zum späteren Sagenhelden werden ließ. Die ungewöhnlich lange Gefangenschaft in Deutschland tat ein übriges, um ihn dem Gedächtnis seiner Zeit einzuprägen.

Was an seinem Leben ist nun wahr, und was ist Legende? Zog der Ritter und Sänger Blondel tatsächlich durch Europa, um seinen König aufzuspüren? War Richards Gefangenschaft tatsächlich so hart, wie englische Chronisten sie schilderten? War Richard wirklich der fromme, von Glaubenseifer erfüllte Kreuzfahrer, der alles dem einzigen Ziel unterwarf, Jerusalem zu «befreien» und am heiligen Grab zu beten?

Es ist nicht Aufgabe dieses Buches, eine Legende zu zerstören und aus dem strahlenden Helden des Mittelalters einen Raufbold und beutegierigen Vaganten zu machen. Unser Ziel ist es, der historischen Wahrheit auf die Spur zu kommen und – soweit als möglich – den wahren Kern der Legenden freizulegen. Der Leser wird dabei zusammen mit dem Autor die Erfahrung machen, daß man diesen abenteuerlichen Lebensweg mit denselben Worten abschließen kann wie jede Biographie: Er war ein Mensch mit allen Widersprüchen.

Die Mutter – Eleonore von Aquitanien

Richards hervorstechendste Charaktereigenschaften sind zweifelsohne ein Erbteil der Eltern.

Das bunte und für eine Frau ihrer Zeit außergewöhnlich abenteuerliche Leben der Eleonore von Aquitanien ist geeignet, ein Buch zu füllen. Wir müssen uns damit begnügen, den Lebensweg von Richards Mutter in großen Umrissen nachzuzeichnen.

Eleonores genaues Geburtsjahr ist nicht bekannt, wir haben die Wahl zwischen 1120 und 1122. Der Überlieferung nach kam sie im Schloß Belin bei Bordeaux zur Welt. Den größten Teil ihrer Kindheit verbrachte sie im Schloß L'Ombrière, doch die wichtigste Stadt in ihrem und im Leben ihrer Vorfahren war Poitiers. Hier lebte und regierte ihr berühmter Großvater, Wilhelm der Troubadour.

Eleonores Biographin Régine Pernoud nennt ihn einen «...der außergewöhnlichsten Menschen, deren zügelloses Leben auch die Nachsichtigsten vor den Kopf stößt, die aber die schlimme Wirkung ihrer Streiche durch ihr glanzvolles Auftreten, durch ihre Großzügigkeit, ihre unbekümmerte Art und ihre Fähigkeit zu bereuen immer wieder ausgleichen».

Dieser Raufbold und Weiberheld war zugleich ein vorzüglicher Dichter und gilt als der erste Troubadour der Geschichte. Mit dem Klerus seines Landes stand Wilhelm IX. von Aquitanien auf dem Kriegsfuß. Anlaß zum kirchlichen Tadel waren seine ständigen Frauengeschichten, die er zudem keineswegs verheimlichte. Am meisten Anstoß erregte seine Liaison mit der Gräfin von Châtellerault, die er ganz schamlos in seine neuerbaute Burg Maubergeon einquartierte, während Philippa von Toulouse, seine legitime Gemahlin, das Nachsehen hatte.

Als Schandtaten verschiedenster Art sich häuften, griff Bischof Pierre von Poitiers zum Zuchtmittel der Exkommunikation. Während der Bischof in der Kathedrale den lateinischen Text ablas, packte Wilhelm die Wut. Er zog sein Schwert, stürzte sich auf den Kirchenfürsten und rief: «Ich bringe dich um, wenn du mir keine Absolution gewährst.»

Bischof Pierre tat, als beuge er sich der Gewalt, und Wilhelm ließ ihn los. Darauf las der Kirchenfürst ruhig die Exkommunikationsformel zu Ende und sagte: «Jetzt schlage zu.»

«Nein», brummte Wilhelm, «erwarte nicht von mir, daß ich dich ins Paradies schicke.»

Erst gegen Ende seines langen Lebens – er hatte vierzig Jahre regiert – ging der feurige Troubadour in sich und stiftete dem Orden von Fontevrault ein Kloster.

Eleonore war etwa sechs Jahre alt, als dieser bemerkenswerte Großvater starb. Wieviel von seinem Temperament sie geerbt hatte, werden wir noch sehen.

Eleonores Vater, Wilhelm X., wurde hauptsächlich wegen seiner Körperkraft und seines maßlosen Appetits bekannt. Als Eleonores einziger Bruder Aigret starb, war sie als älteste Tochter die Thronerbin von Aquitanien und somit die wohl begehrteste Partie in ganz Frankreich. Doch schien eine Übernahme des Thrones noch in weiter Ferne zu liegen, denn ihr Vater war 38 Jahre alt und bei bester Gesundheit. Im Jahre 1137 wollte er das Osterfest in der berühmten Pilgerstadt Santiago de Compostela verbringen, starb aber ganz plötzlich während der Reise. Sein letzter Wunsch auf dem Sterbebett war eine Verbindung seiner Tochter mit Ludwig, dem Thronerben von Frankreich. Dies entsprach genau dem Wunsch von König Ludwig VI. Im Grunde kam für die Erbin von Aquitanien gar kein anderer Mann in Frage als der Kronprinz. De facto war Eleonore ja selber eine Königin in Frankreich und dem tatsächlichen König an Besitz weit überlegen. Ludwig Capet war zwar der gesalbte und gekrönte König und somit der oberste Lehnsherr des gesamten französischen Adels, hatte aber wenig eigenen Besitz. Dieser bestand hauptsächlich aus der Île de France, dem Orléanais und einem Teil von Berry. Verglichen mit den Herzögen von Aquitanien und Anjou oder den Grafen der Champagne war das jämmerlich wenig. Wenn nun sein Sohn diese reiche Erbin heiratete...

König Ludwig, schon todkrank, betrieb diesen Plan mit aller Energie. Mit Eleonore als Gemahlin würde der Kronprinz später eine Hausmacht besitzen, die sich auf Land und Leute und nicht allein auf die mehr symbolische Geltung der Krone stützte.

So sehen wir schon wenige Monate nach Wilhelms X. Tod seine etwa fünfzehnjährige Tochter und Erbin vor dem Altar der Kathedrale von Bordeaux im Purpurgewand auf einem Thronsessel sitzen, neben sich den gleichaltrigen Kronprinzen Ludwig. Für den schmächtigen Jüngling war dies alles etwas sehr schnell gekommen. Als frommem und gelehrigem Schüler der Abtei von St. Denis in Paris stand ihm bisher der Sinn wenig nach weltlichen Würden, sondern mehr nach ruhigem, beschaulichem Klosterleben. Schließlich war sein älterer Bruder Philipp der Kronprinz, und Ludwig war froh, nicht König werden zu müssen. Ein wildgewordenes Schwein gab jedoch dem Schicksal des frommen jungen Mannes eine andere Richtung. Dieses Borstentier lief zwischen die Beine von Philipps Pferd, der eben von einer Jagd heimritt. Der Kronprinz stürzte herab und war sofort tot. Ludwig wurde vom französischen Adel in einer Huldigungszeremonie als Thronfolger anerkannt und verschwand danach erleichtert im Kloster.

Nun aber zerrte man ihn wieder ans Licht, denn er sollte dieses bildhübsche, selbstbewußte und sagenhaft reiche Mädchen heiraten. Als er seine schöne Braut sah, so wird berichtet, flogen ihm die frommen Gedanken davon. Sein Blick wurde feurig, und sein Sinn neigte sich jetzt heftig dem Weltlichen zu. Von Bordeaux zog das junge Paar nach Poitiers, ließ sich huldigen, feierte mit der Bevölkerung und wußte so wenig wie die ganze Stadt, daß es schon König und Königin von Frankreich war. König Ludwig war nämlich am 8. August gestorben. Die später eintreffende Todesnachricht lähmte sogleich die festlich erregte Stadt.

Paris, zwar königliche Residenz und Sitz aller Gelehrsamkeit, konnte sich nicht mit den Eleonore vertrauten schönen und heiteren Städten des Südens messen. Die junge Königin brachte Bewegung nicht nur in das höfische, sondern auch ins politische Leben. König Ludwigs kriegerische Unternehmungen in diesen Jahren verraten deutlich ihren Einfluß, vor allem, wenn sie sich in ihren Erblanden abspielten. Aufsässige Vasallen wurden zur Räson gebracht; Poitiers, wo die Bürger eine Verfassung beanspruchten, wurde belagert und erobert. Ausgerechnet Poitiers, Eleonores Lieblingsstadt!

Eleonore war es wohl, die Ludwig zu grausamen Sühnemaßnahmen anstachelte, doch Abt Suger von St. Denis konnte das Schlimmste verhindern. Im Laufe der Kleinkriege wurde die Stadt Vitry erobert, wobei nahezu die gesamte Bevölkerung in der brennenden Kathedrale zugrunde ging. Dieses nicht gewollte Unglück trübte den Sinn des jungen Königs. Er fastete und betete unablässig, stiftete reichlich an Kirchen und Klöster und konnte doch den brennenden Dom von Vitry brûlé (das verbrannte Vitry), wie man die Stadt von da an nannte, nicht mehr vergessen.

«Manchmal glaube ich, einen Mönch geheiratet zu haben», äußerte Eleonore sich Freunden gegenüber.

Dieses tragische Ereignis wie auch das nicht eingelöste Kreuzzugsgelübde seines verstorbenen Bruders Philipp bewogen König Ludwig, zusammen mit Eleonore das Kreuz zu nehmen. Viele adelige Damen taten es ihrer Königin nach, zum Ärger der Geistlichkeit, die das ganze Weibervolk lieber zu Hause gesehen hätte, denn was die zahllosen Zofen und Kammerfrauen, was dieses sehr umfangreiche weibliche Personal an Aufwand und sonstigen Schwierigkeiten mit sich brachte, war leicht vorherzusehen.

Am 12. Mai 1147 brach der endlose Heereszug mit seiner langen Kette von schwerbeladenen Wagen auf, und am 4. Oktober kam er in Konstantinopel an. Diese Stadt war auch für die verwöhnte

Eleonore eine Überraschung. Der großgewachsene, männlich schöne Kaiser Manuel Komnenos entzückte sie und die ganze Damenschar. Der byzantinische Kaiser war mit Berta von Sulzbach, einer Deutschen, verheiratet und hatte allerlei westliche Sitten – wie etwa das ritterliche Turnier – in seinem Reich eingeführt.

Man genoß die prachtvolle, so exotisch wirkende Stadt und begann allmählich, den Zweck der Reise zu vergessen. So dauerte es noch einige Monate, bis die frommen Streiter am 18. 3. 1148 im Hafen von Antiochia einliefen. Hier empfing sie Eleonores Onkel Raimond von Poitiers, der Fürst von Antiochia, und hier wurde der Schlachtplan zur Wiedereroberung Edessas – der Hauptgrund des Kreuzzugs – entworfen. König Ludwig aber sträubte sich. Er wollte vor allem und zuerst nach Jerusalem, denn dies sei sein Gelübde. Alle Einwände halfen nichts, und als Eleonore die Partei ihres Onkels Raimond ergriff, kam es zum schweren Zwist. Ludwig schrie erbost, wenn sie nicht freiwillig mit ihm komme, müsse er sie eben zwingen. Darauf gab Eleonore ihm zur Antwort, er solle erst einmal prüfen lassen, ob er überhaupt eheliche Rechte besitze, denn schließlich seien sie so nahe verwandt, daß nach kanonischem Recht die Ehe keine Gültigkeit habe. Überrascht und wohl auch entsetzt brach Ludwig die Unterredung ab.

Dies aber war nicht der einzige Grund zur allmählichen Entfremdung der Ehegatten. Eleonore nämlich genoß den Luxus und das Wohlleben dieser reichen orientalischen Stadt, deren Fürst Raimond im besten Mannesalter und ihr Verwandter war. Mit ihm konnte sich Eleonore in der vertrauten langue d'oc, der geliebten Muttersprache, unterhalten, und sie tat dies so intensiv, daß bald niemand mehr an eine unschuldige Zuneigung zwischen Verwandten glaubte. Wer hätte es dieser temperamentvollen Fünfundzwanzigjährigen verdenken sollen, wenn sie ein wenig Lebensfreude nachholte? Man munkelte auch noch von anderen Herren, denen Eleonores Schlafkammer nicht verschlossen geblieben sei, wie Gottfried von Rancon oder Herrn von Saldebreuil, dem Konnetabel von Aquitanien. Eleonores Ruf in der Stadt war denkbar schlecht. Doch die schönen Tage von Antiochia gingen zu Ende. Nolens volens folgte Eleonore ihrem Mann, der geradewegs in ein Debakel ritt. Ein Zug gegen Damaskus scheiterte kläglich, die von den Byzantinern versprochenen Schiffe trafen nicht ein, die deutschen Kreuzfahrer reisten ab.

Auf zwei verschiedenen Schiffen trat nun auch das französische Königspaar die Heimreise an. Bei einem Zwischenaufenthalt in Rom gelang es Papst Eugen III., das Paar zu versöhnen, was nach der Rückkunft zur Geburt einer zweiten Tochter führte. Doch war die Ehe nicht mehr zu retten. Ludwig entfernte seine Frau aus dem Kronrat und wurde noch ernster und frommer. Er unternahm eine Bußfahrt in das unselige Vitry brûlé und pflanzte dort Zedern aus dem Heiligen Land.

Niemand ahnte etwas, als Ludwig und Eleonore das Weihnachtsfest 1151 scheinbar einträchtig in Limoges feierten. Kurz darauf berief der Erzbischof von Sens ein Konzil in Beaugency ein, auf dem die Nichtigkeit der Ehe zwischen Ludwig von Frankreich und Eleonore von Aquitanien verkündet wurde – wegen zu naher Verwandtschaft. In fünfzehnjähriger Ehe hatte Eleonore dem König zwei Töchter geboren und das reiche Aquitanien eingebracht. Die Töchter behielt nun der König, Aquitanien nahm Eleonore wieder mit. Nach dem Brauch der Zeit war es ihr unveräußerlicher Besitz. Kaum war sie frei, versuchten schon einige Abenteurer, die reiche und noch immer schöne Aquitanierin einzufangen. So etwa Graf Thibaud von Blois, der Eleonore auf ihrem Weg nach Poitiers zu entführen gedachte. Sie bekam Wind von der Sache und entfloh bei Nacht und Nebel. Kurz vor Ostern war sie dann endlich in den Mauern ihres geliebten Poitiers geborgen.

Wer annahm, Eleonore habe vorerst von der Ehe genug und werde in Ruhe ihr schönes Land regieren, der hatte sich getäuscht. Die Herzogin von Aquitanien wußte ganz genau, daß es auf die Dauer ohne Scharmützel mit ihren aufsässigen und selbstherrlichen Vasallen nicht gehen würde. Sie als Frau konnte keine Rüstung anlegen und sich an die Spitze ihrer Truppen setzen – also brauchte sie wieder einen Mann.

Am 18. Mai 1152 erfuhr die staunende Welt, wer dieser Mann war. An diesem Tag nämlich reichte sie in der Kathedrale von Poitiers dem zehn Jahre jüngeren Heinrich Plantagenet von Anjou die Hand zum neuen Ehebund. Nun durfte sie sich nennen: Eleonore von Aquitanien, Herzogin von Guyenne und der Normandie, Gräfin von Poitou und Anjou. Ihr und ihrem Mann war jetzt der gesamte Westen Frankreichs untertan. Wer war er, dieser knapp zwanzigjährige Heinrich von Anjou, der künftige Vater des Richard Löwenherz?

Der Vater – die Erbschaft der «schwarzen Galle»

Wir befinden uns in einer Zeit, da gerade jene Familien begründet wurden, die man später dem «Uradel» zurechnete. Die meisten Fürsten der Epoche Eleonores und Heinrichs konnten auf nicht gar so «erlauchte» Vorfahren zurückblicken, denn meist war der Groß- oder Urgroßvater, auch wenn er sich «Herr von X» nannte, nichts weiter als ein besserer Strauchdieb gewesen.

Neben Wilhelm dem Eroberer – einem Raubritter großen Stils – gab es unter Heinrichs Vorfahren auch den berüchtigten Fulko Nerra (schwarzer Fulko), dessen Schandtaten so zum Himmel stanken, daß die Kirche ihm dreimal eine Bußfahrt ins Heilige Land verordnete. Bei ihm fanden wir schon deutlich ausgeprägt, was die Chronisten allen seinen Nachkommen zuschrieben, nämlich die Anfälle der «schwarzen Galle» – also Jähzorn und Unbeherrschtheit.

Seine fünfunddreißigjährige Regentschaft bestand aus einer ununterbrochenen Reihe von Gewalttaten. Er steckte Städte, Dörfer und Klöster in Brand und brachte alles um, was sich ihm in den Weg stellte. Bei diesem lebenslangen Kampf ging es um die Vorherrschaft im Anjou gegen die Grafen von Blois, und Fulko blieb zuletzt Sieger. Die Taten oder besser die Untaten des schwarzen Fulko gaben noch vielen Generationen reichlich Stoff für Schauermärchen. Die wohl bekannteste Legende erzählt von Fulkos Gemahlin, einer Frau unbekannter Herkunft, die der Graf allein wegen ihrer großen Schönheit geheiratet hatte. Allmählich fiel auf, daß sie nur selten zur Kirche ging, dann aber die Messe schon vor der Wandlung verließ. Das wurde sogar dem schwarzen Fulko unheimlich, und als sie einmal wieder die Kirche vorzeitig verlassen wollte, ließ er sie ergreifen und stellte sie zur Rede. Da schlüpfte die schöne Gräfin schnell aus ihrem Mantel, griff sich zwei ihrer kleinen Söhne und flog durch ein Kirchenfenster davon.

Richard Löwenherz spielte oft auf diese Legende an und meinte, es sei kein Wunder, daß er und seine Brüder sich mit dem Vater nicht verträgen, denn sie stammten ja schließlich alle vom Teufel ab und würden wohl wieder zum Teufel gehen.

Übrigens trat der schwarze Fulko die Bußfahrt ins Heilige

Land dann doch an, und auch in seiner Sühne zeigte er sich maßlos. Mit nacktem Oberkörper kniete er am Heiligen Grab nieder und ließ sich von zwei Dienern auspeitschen. Man kann nur hoffen, daß die beiden nicht nur symbolisch ihre Peitschen schwangen. Während der Geißelung riefen sie laut: «Herr, empfange den bösen Fulko, Grafen von Anjou, der Dich verraten und verleugnet hat. Christus, blicke herab auf seine reuige Seele.»

Wir werden sehen, daß seinem Nachfahren Heinrich ähnliches zustieß.

Später gab es dann im Hause Anjou auch einen Grafen «Fulko der Gute», dessen Gelehrsamkeit und Bildung in ganz Frankreich bekannt war. Als er hörte, daß man sich am französischen Hof darüber lustig machte, schrieb er dem König die Zeilen:

«Dem König der Franken vom Grafen Anjou: Wißt, Herr, ein ungebildeter König ist ein gekrönter Esel.»

Diese damals noch ungewöhnliche Neigung eines Fürsten zu höherer Bildung pflanzte sich im Haus Anjou fort. Heinrichs Vater etwa, Gottfried der Schöne, las die antiken Autoren im lateinischen Original.

Gottfried der Schöne war es übrigens, der seinem Hause den Beinamen «Plantagenet» einbrachte. Ob man es nun englisch oder französisch ausspricht – beides hat seine Berechtigung –, es stammt von lateinisch «planta geneta» und heißt Ginster. Gottfried soll nämlich mit Vorliebe einen Ginsterzweig am Hut getragen haben.

Er sorgte für eine gründliche Bildung seines Sohnes. Heinrichs Lehrer war der berühmte Magister Pierre de Saintes, den man für den besten Kenner der Dichtkunst hielt.

Heinrich behauptete später stolz, neben Latein alle Sprachen «zwischen dem Atlantik und dem Jordan» zu sprechen, was eine ziemliche Übertreibung war. Sollte der Leser im bunten Reigen von Richards Vorfahren ein Hervortreten des weiblichen Elements – von seiner Mutter abgesehen – vermißt haben, so liegt dies daran, daß diese Frauen nach ihrer fast immer politisch motivierten Heirat in irgendwelchen Schlössern verschwanden und nur noch als Mütter möglichst vieler Kinder eine Rolle spielten. Eine Frau wie Eleonore gab es unter ihnen jedenfalls nicht, und wenn sie wirklich einmal aus dem Schlafzimmer heraus mit Hilfe ihres Gatten Geschichte machten, so blieb dies dem Chronisten verborgen.

Die Frau Gottfrieds des Schönen, also Heinrichs Mutter, trat allerdings voll ins Licht der Geschichte; denn sie war in erster Ehe mit Kaiser Heinrich V. verheiratet gewesen. Mathilde, Prinzessin von England, wurde 1114 als Zwölfjährige mit dem damals dreiunddreißigjährigen Kaiser aus dem Haus der Salier verheiratet. Die Ehe blieb kinderlos, und Mathilde kehrte 1125 nach Heinrichs Tod wieder in ihre Heimat zurück, wo man sie zur englischen Thronerbin erklärte. 1127 heiratete sie Gottfried von Anjou und war in Frankreich, als 1135 ihr Vater, der englische König Heinrich I., starb. Dessen Neffe, Stephan von Blois, bemächtigte sich des Thrones, Mathilde konnte ihn zunächst auch durch Krieg nicht zurückgewinnen. Sie wurde in Bristol gefangengesetzt, entfloh, sammelte neue Truppen und schlug Stephan 1141 in der Schlacht bei Chester. Als Regentin beim Volk unbeliebt und nach weiteren Kriegen dankte sie ab und zog sich 1148 in die Normandie zurück. Was ihr nicht gelang, war, wie wir sehen werden, dann ihrem Sohn Heinrich vorbehalten.

Kehren wir zu jenem 18. Mai 1152 zurück, als Heinrich von Anjou die zehn Jahre ältere Eleonore von Aquitanien heiratete. Mag diese Ehe auch eine überwiegend politische gewesen sein, so beweisen doch die nächsten Jahre, daß dieses Fürstenpaar auch als Mann und Frau aneinander Gefallen fand. Ohne Einzelheiten zu nennen, feiern die Chronisten Eleonore einhellig als «perpulchra», als «sehr schön». Ihr Gemahl Heinrich wird als mittelgroß und sehr muskulös geschildert; er hatte rotblondes Haar und die im Anjou üblichen grauen Augen. Auch bei ihm erwähnt man als Familienerbe die Anfälle von schwarzer Galle, deren Spur, wie wir gesehen haben, bis zu jenem berüchtigten Fulko Nerra zurückreicht und die wir auch bei Richard Löwenherz finden werden.

Heinrich II., König von England

Heinrich war vierundzwanzig Jahre alt und seit drei Jahren König von England, als Richard, sein zweitgeborener Sohn, am 8. September 1157 in Oxford zur Welt kam. Nachwuchs, vor allem männlicher, war bei den Fürstenhäusern immer hochwillkommen; denn der Tod hielt damals bei jung und alt reiche Ernte. Man stand nahezu allen Krankheiten hilflos gegenüber, und das wenige, was die in Unwissenheit und magischen Vorstellungen verstrickten Ärzte tun konnten, war meist verkehrt.

Zwei Jahre zuvor, am 28. Februar 1155, war Wilhelm, der Kronprinz, zur Welt gekommen, die er aber schon als knapp Dreijähriger wieder verließ. Dann hatte Königin Eleonore Heinrich, den nunmehrigen Kronprinzen, geboren, und ihm folgte sein Bruder Richard. König Heinrich wird ein Freudenfest gefeiert haben, denn der Thron eines Monarchen stand mit jedem weiteren Erben ein wenig fester. Wie sehr Heinrichs ungebärdiger Nachwuchs an diesem Thron einmal rütteln würde, konnte damals niemand ahnen.

Heinrich Plantagenet, nach dem frühen Tod seines Vaters schon als neunzehnjähriger im Besitz von Anjou, Tourraine und Maine sowie durch seine Mutter Erbe der Normandie, hatte durch die Heirat mit Eleonore auch noch Aquitanien und ein halbes Dutzend weiterer Herrschaften hinzugewonnen, so daß er Herr über gut ein Drittel von Frankreich war, wenn auch nominell als Lehnsmann des französischen Königs. Der englische Thron allerdings war ihm nicht in den Schoß gefallen.

Stephan von Blois – wie schon erwähnt, nicht ganz legal und gegen den Willen seines Vorgängers Heinrichs I. zur englischen Herrschaft gelangt – war ein unfähiger und zunehmend auch unbeliebter Monarch. Unter seiner Regierung zerfleischte sich das Land in Bürgerkriegen und versank nahezu in Anarchie. Die englischen Barone nahmen sich immer größere Freiheiten heraus. Jeder regierte sein Ländchen nach Belieben; prägte Geld, hielt Gericht und bekriegte seinen Nachbarn. Es herrschte das Faustrecht wie in alten Zeiten.

Für Heinrich war es nicht allzu schwer, dem fast ohne Streitmacht dastehenden König Stephan die Anerkennung als Thronerbe abzuzwingen. Durch seine Mutter Mathilde war er bestens legitimiert; sie wäre ja die eigentliche Thronerbin gewesen. Als Stephan wenig später starb, wurde Heinrich Plantagenet am 19. Dezember 1154 in London zum König gekrönt. Der neue Herrscher fegte wie ein eiserner Besen durchs Land. Zielstrebig und schnell zerschlug er die Macht des so selbstherrlich gewordenen Adels. Wer sich nicht unterwarf, verlor Hab und Gut, Freiheit oder Leben. König Heinrich zerstörte die Burgen der Widerspenstigen, löste ihre Gerichtshöfe auf, fuhr mit starker Faust zwischen ihre Raubkriege und schlichtete die Streitigkeiten.

Ganz England spürte, daß es wieder einen König im Lande gab, und dieser pochte nachdrücklich auf seine Rechte als oberster Lehnsherr, bekannte sich aber ebenso zu seinen Pflichten. Bald herrschten Frieden, Recht und Gesetz im Land.

König Heinrich war ein in jeder Beziehung ungewöhnlicher Mensch. Seine Lieblingsbeschäftigungen waren Jagen und Lesen. Die ihn näher kannten, sagten, man sehe ihn entweder mit einem Buch oder einem Bogen in der Hand. Er hielt nichts von fester Hofhaltung, sondern reiste ruhelos durch sein großes Reich diesseits und jenseits des Kanals. Richard wird während seiner Kindheit den Vater nicht oft gesehen haben, obwohl es heißt, daß der König seine kleinen Söhne mit Beweisen der Zuneigung überhäufte. Als sie größer und fast Männer geworden waren, änderte sich dies. Heinrich konnte keine Herren neben sich ertragen, er wollte die Macht allein und war eifrig darauf bedacht, sie überall in seinem Land selber auszuüben.

So zog er denn von Stadt zu Stadt, von Königsgut zu Königsgut, vom Volk ob seines Gerechtigkeitssinnes geliebt, vom Adel gefürchtet, vom Klerus mit Mißtrauen und Vorsicht betrachtet.

Pierre von Blois, einer von des Königs engsten Freunden, schilderte die Zustände am Hof:

«Wenn der König gesagt hat, am anderen Morgen werde man zeitig in die oder jene Stadt aufbrechen, so kann man sicher sein, daß er bis in den Mittag hinein schläft. Läßt er aber bekanntgeben, er wolle in Oxford oder anderswo mehrere Tage bleiben, dann ist es sicher, daß er im Morgengrauen des nächsten Tages aufbricht.»

Dann schildert Pierre von Blois die zunehmende Ruhelosigkeit seines königlichen Freundes, dem es immer schwerer falle, länger an einem Ort zu verweilen, und der selbst während der Messe nervös hin und her laufe. «Er sitzt nie, außer zu Pferde oder wenn er seine Mahlzeiten einnimmt.»

Wie viele bedeutende Herrscher war Heinrich streng und ungeduldig mit Adligen oder Staatsbeamten, aber sehr leutselig und aufgeschlossen zu den kleinen Leuten, die er jederzeit empfing. Heinrich besaß das zügellose Temperament der «schwarzen Galle» fast aller Anjou. Seine Wutanfälle waren so heftig, daß er sich dabei mit Schaum vor dem Mund am Boden wälzte. Er äußerte Sympathie wie

Antipathie gleich heftig, ohne dabei irgendwelche diplomatische Zurückhaltung zu üben.

Sein Beiname «Kurzmantel» rührte von dem in England bis dato unbekannten Kleidungsstück her, das Heinrich von Anjou einführte und populär machte. Heinrich mied jeden höfischen Prunk, kleidete sich sehr schlicht, speiste und wohnte höchst einfach. Dafür bezeichnend ist eine vom Biographen des Bischofs Hugo von Lincoln erwähnte Begebenheit.

Der mit dem König zerstrittene Bischof suchte diesen zu einer Aussprache auf. Heinrich saß im Kreis von Freunden auf dem Fußboden am Feuer und stopfte eigenhändig ein Loch in seinem Handschuh. Er hatte befohlen, den Bischof weder zu grüßen noch sonstwie zu beachten. Der Bischof sah dem König eine Weile bei seiner Arbeit zu und bemerkte dann: «Wie sehr Ihr doch Euren Verwandten aus Falaise gleicht.»

Da brach König Heinrich in schallendes Gelächter aus; er erklärte seinen Freunden, daß der Bischof auf die Mutter Wilhelms des Eroberers angespielt hatte, eine einfache Frau aus Falaise, das für seine Lederarbeiten bekannt war.

Der Stern dieses rauhen und klugen Volkskönigs begann zu sinken, als die Söhne heranwuchsen. Kronprinz Heinrich war vierzehn Jahre alt, als der König, um die Erbfolge zu sichern, ihn vom Erzbischof von York salben und krönen ließ. Tags darauf mußten die Großen des Reiches einen Treueeid auf den jungen König leisten und ihren alten auf König Heinrich erneuern. Diese Aktion war für England neu und verstieß gegen alles Herkommen.

So war auch Thomas Becket, der Erzbischof von Canterbury, im Recht, als er die Krönung des Prinzen – sie wäre allein sein Amt gewesen – verweigerte. König Heinrich zürnte seinem alten Freund, der, seit er vom Kanzler zum Bischof geworden war, die Würde seines Amtes und die Rechte der Kirche höher einschätzte als den Willen des Königs. Der Streit schwelte schon lange. Thomas Becket hatte versucht, in England die Befreiung des Klerus von der weltlichen Gerichtsbarkeit durchzusetzen, was König Heinrich mit einem neuen Gesetz verhinderte. Jetzt floh Thomas nach Frankreich und stellte sich unter den Schutz des Papstes, der die königstreuen englischen Bischöfe exkommunizierte. Eine weitere Folge der Prinzenkrönung war die Feindschaft des französischen Königs, dessen Tochter Margarete bereits im Kindesalter mit Kronprinz Heinrich getraut worden war. Warum, so fragte König Ludwig VII. an, habe man Margarete nicht zusammen mit Prinz Heinrich gekrönt? Noch ehe eine Antwort erfolgte, fiel Ludwig mit seiner Armee in der Normandie ein. Um eine Ausweitung des Krieges zu vermeiden, zog König Heinrich ihm in Eilmärschen entgegen. Bei einem Treffen mit Ludwig wurde vertraglich vereinbart, daß das junge Paar im nächsten Jahr gemeinsam gekrönt werden solle.

Wie mag es dem armen Ludwig zumute gewesen sein, als er erfuhr, daß seine frühere Gemahlin in ihrer zweiten Ehe einen Sohn nach dem anderen zur Welt brachte? Ihm hatte sie nur zwei Mädchen geboren, und nun saß ihm dieses fruchtbare und mächtige Vasallenpaar wie eine ständige Mahnung im Nacken. Als Landbesitzer war er gegen sie ein Nichts, und trotzdem hatte es immer neue Forderungen gegeben. König Heinrichs jüngerer Bruder Gottfried war am 26. Juli 1158 plötzlich gestorben. Kurz zuvor hatte er die Bretagne in seinen Besitz gebracht. Nun, da er tot war, beanspruchte Heinrich den Titel und die Macht eines «Seneschalls der Bretagne». Ludwig in seinem fernen Paris blieb nichts anderes übrig, als auch diesen Wunsch zu erfüllen. Heinrich und Eleonore besaßen jetzt den gesamten Westen Frankreichs, und man munkelte, daß dieses im damaligen Europa wohl reichste und mächtigste Fürstenpaar auch schon lüstern auf die Champagne schielte. Doch es kam ganz anders.

Im Sommer 1170 erkrankte König Heinrich schwer. Diese Krankheit war es, die den Auftakt zu einem zwanzigjährigen Zwist des Königs mit seinen Söhnen bildete.

Heinrich nämlich rechnete mit seinem Ableben und teilte das Reich sorglich unter den Prinzen auf. Kronprinz Heinrich, nach seiner Krönung de jure schon englischer König, erhielt die Normandie und alle Länder seines Großvaters Gottfried von Anjou. In diesem Augenblick tritt nun auch Richard ins Licht der Geschichte. Aus dem dreizehnjährigen Prinzen, der bisher wenig beachtet meist am Hof seiner Mutter Eleonore in Poitiers gelebt hatte, wird nun der Herzog von Aquitanien und Herr aller Länder, die seine Mutter in die Ehe gebracht hatte. Wir dürfen annehmen, daß bei dieser Erbteilung Eleonore maßgeblich mitzureden hatte, die ihrem Lieblingssohn Richard den eigenen Besitz am ehesten gönnte. Der zwölfjährige Gottfried (Geoffrey) erhielt die Bretagne. Johann, dem erst dreijährigen Letztgeborenen, wurde die kleine Grafschaft Mortain zugesprochen. Im Vergleich mit seinen Brüdern kam er ziemlich schlecht weg, was ihm den Namen «Johann ohne Land» eintrug. Um diesen gewaltigen Länderkomplex zusammenzuhalten, sollten Richard und Gottfried ihren Bruder Heinrich als obersten Lehnsherrn anerkennen.

Nun war alles geordnet, und König Heinrich hätte beruhigt das Zeitliche segnen dürfen. Gemessen an dem Leid, das die Familienkriege der folgenden Jahre über Land und Leute brachten, wäre Heinrichs Tod kein Nachteil gewesen. Doch seine starke Natur überwand die Krankheit, und er feierte zusammen mit seiner ganzen Familie in der Normandie ein fröhliches Weihnachtsfest.

Auch mit Thomas Becket hatte es eine Art Waffenstillstand gegeben, und so war der Erzbischof im Spätherbst 1170 aus seinem französischen Exil nach England zurückgekehrt. Da platzte mitten in die Festesfreude der königlichen Familie die Nachricht von der Weigerung Thomas Beckets, seine Amtskollegen, die Bischöfe von York, London und Salisbury, aus dem päpstlichen Bann zu befreien. König Heinrich tobte und rief im Jähzorn:

«Was für eine Gesellschaft von Narren und Feiglingen habe ich da in meinem Haus ernährt, daß keiner mich von diesem emporgekommenen Pfaffen befreien will.»

Dieses Zorneswort nahmen vier Ritter wörtlich, setzten nach England über und erschlugen Thomas Becket am 29. Dezember 1170 vor dem Altar seiner Kathedrale in Canterbury. Die Folgen waren bitter: für den König, seine Familie und das ganze Land.

Der junge Herzog

Richard Plantagenet von Anjou, den frischgebackenen Herzog von Aquitanien, berührten die Probleme seines Vaters mit Thomas Becket wenig. Im Besitz seiner neuen Würde hatte er glanzvolle Tage und Wochen erlebt.

Während König Heinrich in diesem ereignisreichen Jahr 1170 in England weilte, arrangierte Eleonore die feierliche Amtseinführung ihres Lieblingssohnes.

Aquitanien! Im Herzen dieses schönen Landes war Eleonore geboren, hier hatte sie den größten Teil ihres Lebens verbracht, hier wollte sie begraben sein. In Aquitanien war Richard aufgewachsen, die Sprache dieses Landes war zeitlebens seine Muttersprache. «Süßes Aquitanien», schrieb der Chronist Hériger de Lobbes, «du bist reich an saftigen Weiden und prächtigen Wäldern, quillst über von Früchten und wirst durch deine Weinberge süß wie Nektar.»

Wer dieses Land in unserer Zeit durchreist, wird feststellen, daß das hohe Lob des Chronisten noch immer gilt. Wir können uns heute unter dem Begriff Aquitanien nichts mehr vorstellen; die Geographie hat seit langem andere Namen für diesen Teil von Südwestfrankreich gefunden. Aquitanien umfaßte damals u. a. die Grafschaften Armagnac, Fézensac, Périgord, Poitou, Angoulême und La Marche sowie das Herzogtum Gascogne. Dies entspricht nach jetziger Einteilung neunzehn Departements.

Zuerst wurde der junge Herzog seinen Vasallen bei einer Versammlung in Niort vorgestellt und empfing dort ihren feierlichen Lehnseid. Danach unternahm Königin Eleonore mit ihrem Sohn eine Rundreise durch die Erblande. Für beide müssen dies erhebende Tage und Wochen gewesen sein. Eleonore, die Regentin und Erbin des reichen Aquitanien, ihrer geliebten Heimat, wo ihr Großvater Wilhelm, der Troubadour, den Menschen noch in respektvoller Erinnerung war, wo ihr frühverstorbener Vater regiert und das Land in die Hände seiner ältesten Tochter gelegt hatte – sie gab es nun an den Lieblingssohn Richard weiter.

Was wird der Dreizehnjährige dabei empfunden haben? Kein Knabe mehr und nach dem Verständnis seiner Zeit bald ein Mann, zog er mit einem glänzenden Gefolge durch das schöne Land, neigte leicht den Kopf mit der goldenen Herzogskrone, wenn die Vasallen das Knie beugten, winkte hoch zu Roß den Landleuten und Bürgern der Dörfer und Städte zu, wenn die Männer ihre Hüte vom Kopf rissen und die Frauen tief knicksten.

Richard durfte nun praktizieren, wozu man ihn erzogen hatte. Er wuchs hinein in die Rolle eines Landesfürsten, lernte umgehen mit Menschen, Gesetzen und Traditionen, übernahm Pflichten und respektierte die alten Rechte seiner Vasallen, die ihrerseits kleine und große Herren in den ererbten Ländereien waren und das Knie nicht vor dem Knaben, sondern vor dem Amt, das dieser innehatte, beugten. Das Lehnsystem jener Zeit war ein riesiges Räderwerk, das

– obzwar manchmal schwerfällig knirschend – doch Jahrhunderte hindurch funktionierte, indem es Land und Leute in einem wechselseitigen komplizierten Geflecht von Rechten und Pflichten zusammenhielt.

Wieder zurück in Poitiers, wurde Richard nach alter Tradition noch der Titel eines Ehrenabtes von Saint Hilaire verliehen. Dabei überreichten ihm die Bischöfe von Poitiers und Bordeaux in einer feierlichen Zeremonie Lanze und Banner, die Insignien der aquitanischen Herzogswürde.

Eleonore, die geschickte Arrangeurin, hielt aber noch etwas bereit. Die Mönche des Klosters St. Martial in Limoges hatten ihr von einem alten, lange nicht mehr geübten Brauch berichtet, der mit der heiligen Valerie, Schutzherrin der Stadt, in Verbindung stand. Diesen Brauch griff Eleonore auf, und Richard wurde von einer langen farbenprächtigen Prozession hoher Geistlicher am Portal der Kathedrale St. Étienne empfangen. Der Bischof segnete ihn, streifte ihm eine seidene Tunika über und steckte ihm den Ring der heiligen Valerie an den Finger. Somit war Richard symbolisch mit der Stadt und dem Land vermählt, was in den Augen der damaligen Welt mehr zählte und dauerhafter hielt als die Besitznahme durch Gewalt und Raubkrieg.

Die schlaue Eleonore hatte dieses prunkvolle Spektakel nicht ohne Grund gerade in Limoges inszeniert. Hier nämlich war sich König Heinrich zweimal recht kräftig mit dem Abt von St. Martial in die Haare geraten, was die Stadt hohe Bußgelder und die Zerstörung ihrer Mauern kostete. Friede und Eintracht waren so wiederhergestellt.

Für Eleonore, die bald sehr tief stürzen würde, war dies eine Zeit der Hochstimmung und des Triumphes. Der Stolz hatte es ihr verboten, dem König nach England zu folgen, wo die «schöne Rosamunde» als quasi illegitime Königin schon seit längerem mit Heinrich Tisch und Bett teilte.

«Fair Rosamund», die Tochter des normannischen Ritters Walther von Clifford, war etwa seit 1166, dem Jahr der Geburt von «Johann ohne Land», die Geliebte des Königs. Sie löste damit seine frühere Mätresse Arise ab, die ihm vermutlich die beiden Bastarde Gottfried und Wilhelm gebar. Heinrich schuf sich und Rosamunde ein Liebesnest im Schloß Woodstock, um das sich noch heute die wunderlichsten Legenden ranken. So soll der König dort seiner Geliebten ein «Labyrinth» errichtet haben, um sie vor Eleonores Rache zu schützen.

Nur er und ein treuer Diener, so berichtet eine Legende, kennen den Zugang. Während einer längeren Abwesenheit des Königs dringt Eleonore in das Labyrinth ein und zwingt Rosamunde zum Selbstmord. Sie darf zwischen Dolch und Gift wählen und leert schließlich den Giftbecher. Von Nonnen wird die Leiche der schönen Rosamunde in Godstow beigesetzt.

Davon ist fast nichts wahr, vor allem die Umstände von Rosamundes Tod sind reine Erfindung. Der Historiker E. R. Labande bemerkt dazu lakonisch: «Eleonore hat sich nicht dadurch gerächt, daß sie Rosamunde umbrachte. Sie hat etwas viel Besseres getan: Sie hat das Poitou aufgewiegelt.»

Ob sie damit «das Bessere» getan hat, lassen wir dahingestellt, doch es war wirkungsvoller.

Die Rache des toten Bischofs

Erinnern wir uns jenes Weihnachtsfestes des Jahres 1170, als Heinrich jenen unseligen Ausruf tat, der zur Ermordung Thomas Bekkets führte. König Heinrich stritt sofort jede Verantwortung für den Mord ab. Er bereute seinen unvorsichtigen Ausspruch zutiefst, und wir dürfen annehmen, daß es keine Heuchelei war, als er sich in ein Zimmer einschloß und dort tagelang kniend und ohne Nahrung verweilte. Den König werden dabei die unterschiedlichsten Gefühle bewegt haben. Einesteils war er gewiß erleichtert, daß andere ihm diesen Dorn aus dem Fleisch gezogen hatten, doch der Bischof war zugleich sein alter vertrauter Jugendfreund gewesen, und diesen betrauerte er.

Als Heinrich schwach und halbverhungert wieder unter Menschen trat, tat er das für seinen Thron Notwendige. Er sandte ein Schreiben an das Domkapitel von Canterbury, worin er jede Schuld von sich wies. Zwei Gesandtschaften schickte er zum Papst nach Rom. Die eine sollte Papst Alexander III. bewegen, ihn vor der gesamten, zutiefst empörten Christenheit vom Vorwurf des Meuchelmordes freizusprechen, während die andere für die damals gegen Thomas agierenden englischen Bischöfe Absolution erwirken sollte. Noch ehe die Legaten aus Rom eintrafen, reiste Heinrich nach Irland, das er nach einem kurzen Eroberungskrieg seinem Reich einverleiben konnte. Doch seinem Schicksal entging er nicht, die Kirche hatte Zeit und konnte warten. Bei seiner Rückkehr im Mai 1172 empfingen ihn schon die päpstlichen Legaten, und jetzt gab es kein Entrinnen mehr.

Thomas Beckets Grab war inzwischen ein vielbesuchter Wallfahrtsort geworden, Wunder stellten sich ein, Blinde wurden sehend, Lahme konnten gehen...

Noch dazu kam aus Rom die Kunde, daß Papst Alexander III. in der Todesstunde Beckets diesen in einer Vision mit blutgetränktem Meßgewand erblickt hatte. Land und Leuten wurde der Kirchenbann angedroht. Ihn galt es abzuwenden, denn Heinrich konnte sich solche Schwierigkeiten gerade jetzt nicht leisten. Also nahm der König die Buße auf sich, und sie fiel recht bitter aus.

Heinrich mußte in Gegenwart seines Sohnes, des «jungen Königs», und einer großen Versammlung von Adel und Geistlichkeit beschwören, daß er den Tod des Erzbischofs weder befohlen noch gewünscht habe. Dann kniete er mit nacktem Oberkörper nieder und wurde von Mönchen gegeißelt. Diesem schmerzlichen Akt folgte das Gelöbnis, die Kirche von Canterbury auszubauen, die Gesetze von Clarendon – sie waren ja der Hauptstreitpunkt gewesen – zu widerrufen, zu fasten, Almosen zu verteilen und zweihundert Ritter für die Verteidigung Jerusalems auszurüsten.

Vielleicht hat Heinrich unter den Peitschenhieben an den schwarzen Fulko gedacht, seinen berüchtigten Urahn, der sich am heiligen Grab zu Jerusalem seiner Sünden wegen geißeln ließ.

Mit der Kirche war Heinrich nun versöhnt, doch was in den folgenden Jahren auf ihn zukam, sollte ihm bitterer werden als die Kirchenbuße, und sein Sohn Richard war es, der daran einen Hauptanteil hatte.

Die schönen Tage von Poitiers

Während König Heinrich sich für etwa zwei Jahre in England und Irland aufhielt, verbrachte Königin Eleonore mit ihren Kindern am Hof zu Poitiers eine friedsame und vergnügliche Zeit. Ihre Biographin, Régine Pernoud, schreibt:

«Hier ist Eleonore Königin, mehr noch als je in Frankreich oder England. Sie regiert durch ihre Kinder, die Träger der Hoffnung auf künftige Geschlechter. Sie herrscht über einen Hofstaat von ergebenen Vasallen und Dichtern, die sie verehren.»

Hätte man sich für die Troubadoure ein geeigneteres Ziel ihrer Lobpreisungen denken können als Eleonore von Aquitanien? Die noch immer schöne, hochgebildete Fürstin hatte zudem für die meist mittellosen und auf Fürstengunst angewiesenen Poeten nicht nur ein offenes Ohr, sondern auch eine offene Hand. Kein Wunder also, daß wir die berühmtesten Troubadoure dieser Zeit in Poitiers versammelt finden. Chrétien de Troyes etwa, der seinen Roman «Erec und Emide» und seine Erzählung «Lanzelot oder der Karrenritter» auf ihre Anregung hin schrieb. Ob der abenteuerlustige Peire Vidal damals schon nach Poitiers kam, ist zweifelhaft. Er dürfte mit Richard etwa gleichaltrig gewesen sein und stand später längere Zeit im Dienst des Vizegrafen von Marseille. Als er dessen Gattin verführte, mußte er nach Italien flüchten. Daß wir ihn dann auf dem Kreuzzug im Gefolge Richards finden, spricht aber doch für eine frühere Verbindung zum aquitanischen Hof.

Außerdem treffen wir an dem fröhlichen Musenhof noch Bernard de Ventadorn, Gaucelm Faidit, Rigaud de Barbezieux und nicht zuletzt natürlich den Kriegs- und Weiberhelden Bertran de Born, der im Gefolge des jungen Königs Heinrich oft genug in Poitiers gewesen sein mag. Dabei war es strenge Pflicht des Troubadours, die Dame seines Herzens unter einem meist sehr romantischen Pseudonym zu preisen; es wäre die höchste Schande gewesen, ihren Namen zu verraten. Am Hof zu Poitiers allerdings wußte natürlich jedermann, wer die Dame war. Bei Rigaud de Barbezieux hieß sie «Plus-que-Dame», bei Bernard de Ventadorn «Mos Aziman», doch unter diesem «senhal», diesem poetischen Decknamen, verbarg sich die Herzogin von Aquitanien.

In dieser höfisch-ritterlichen, von Dichtung und Gesang durchdrungenen Atmosphäre empfing der etwa vierzehnjährige Richard Eindrücke, die ihn für sein Leben prägten. Er trat später selber als begabter Dichter und Sänger auf, wenn auch leider nur zwei seiner Werke überliefert sind. Damals in Poitiers mag Richard noch im Schatten seines älteren Bruders Heinrich gestanden haben, der im Glanz seiner wenn auch nur symbolischen Königskrone als der Inbegriff des höfischen Ritters geschildert wird. Blond und hochgewachsen, klug, liebenswürdig und von legendärer Freigebigkeit schildern Heinrich die Chronisten. Sogar der sonst den Plantagenets nicht sehr gewogene Giraud de Barri hat für ihn nur lobende Worte:

«Er war so geartet, daß er einem, der es wert war, nie etwas verweigerte. Niemals entließ er einen Würdigen traurig oder unzufrieden. Wie damals Kaiser Titus erachtete er jeden Tag als verloren, an dem er nicht viele Menschen großzügig beschenkt... hatte.»

Wie mag Richard diesen Bruder bewundert haben, wenn er gepanzert und gewappnet zu Pferde saß, um ins Turnier zu ziehen, oder wenn er im Überschwang seiner Geberlaune einmal alle Männer zu Tisch lud, die Wilhelm hießen – es waren einhundertsiebzehn.

Richard glich diesem Bruder äußerlich sehr. Beide waren sie überdurchschnittlich groß, beide waren sie grauäugig; Heinrich hatte blondes, Richard rötliches Haar. Der Troubadour Bertran de Born pries Heinrich wegen seiner Milde und Richard wegen seiner Gerechtigkeit. Heinrich sei der Schild der Schlechten und Richard ihr Hammer. Bertran war es auch, der Richard den Beinamen «Oc e No» – also «Ja und Nein» – verlieh. Damit spielte er auf Richards oft sehr spontane Entschlüsse an. Da gab es keinen Mittelweg, keine Kompromisse, da wurde nicht eine Nacht darüber geschlafen, sondern augenblicklich fiel die Entscheidung: Ja oder nein. Die lange Abwesenheit des wegen Beckets Ermordung fluchbeladenen Königs Heinrich erlaubte dem Hof zu Poitiers ein ungetrübtes, fröhliches Leben. Alles wurde zum Fest. Ob man nun für die jungen Ritter ein Turnier veranstaltete, ob man die hohen Kirchenfeste beging oder ein Troubadour seine neuesten Lieder vortrug.

Im Juni 1172 gab es in Limoges einen festlichen Empfang für die Könige von Aragon und Navarra. Richard konnte nicht ahnen, daß er in Sancho von Navarra seinen künftigen Schwiegervater traf.

Wer heute die Städte des alten Aquitanien bereist, wird feststellen, daß Poitiers noch am meisten aus Eleonores und Richards Epoche bewahrt hat, auch wenn man es oft erst aufspüren muß. Ein Bau allerdings steht noch heute so vor unseren Augen, wie ihn Richard gesehen hat: Es ist die Kirche Notre-Dame-La-Grande, deren wuchtige, geduckte Gestalt mit den niedrigen Türmen und den romanischen Rundbogen noch nichts ahnen läßt von der bald darauf folgenden, in Frankreich geborenen Gotik mit ihrer himmelstürmenden, von der Erde sich lösenden Architektur.

Im Zentrum der Altstadt erhebt sich inmitten der Bürgerhäuser und in verwirrender Stilvielfalt der alte aquitanische Herzogspalast, heute «Palais de Justice». So altehrwürdig mittelalterlich der Bau von seiner Südseite wirken mag, so wenig stammt er im Äußeren aus der Zeit Richards, während seine innere Bausubstanz, vor allem der «Große Saal», im 12. Jahrhundert entstand. In diesem Palast hat Richard im Laufe seines zweiundvierzigjährigen Lebens viel mehr Zeit verbracht als irgendwo anders.

Nach König Heinrichs über zweijähriger Abwesenheit von Frankreich gingen die schönen Tage von Poitiers für Eleonore und ihre Kinder zu Ende.

Der Familienkrieg

Während König Heinrichs Abwesenheit hatte Eleonore Aquitanien und das Anjou mit fester Hand regiert, so daß ihr Gemahl zufrieden sein konnte. Nun hatte er Irland dem Reich hinzugewonnen, hatte seinen Frieden mit der Kirche gemacht – was fehlte also noch? Um auch mit dem französichen König ins reine zu kommen, war ein Versprechen einzulösen. So wurde am 27. September 1172 im Dom zu Winchester der junge König Heinrich mit seiner Gemahlin, der französischen Prinzessin Margarete, feierlich gekrönt.

Im Bewußtsein, alles Nötige getan zu haben, feierte Heinrich mit Eleonore in Chinon ein friedliches Weihnachtsfest.

Heinrichs nächster Plan war es, seinen Jüngsten, den jetzt siebenjährigen «Johann ohne Land», mit Alix von Maurienne zu verheiraten, die ein schönes Erbe, nämlich ganz Savoyen, mit in die Ehe bringen würde. Diese Ehe sollte natürlich erst im heiratsfähigen Alter der beiden Kinder vollzogen werden, daher wurde vorläufig ein langer, komplizierter Vertrag aufgesetzt, wer was und wieviel zu zahlen und herzugeben hatte.

Humbert von Maurienne, dem Vater des Mädchens, kamen jedoch später einige Bedenken. Zwar war es recht ehrenvoll, der Schwiegervater eines englischen Prinzen zu werden, doch was hatte dieser Viertgeborene schon zu erwarten? Graf Humbert fühlte sich übers Ohr gehauen, die Sache ließ ihm keine Ruhe mehr. Also reiste er im Februar 1173 nach Limoges, wo die beiden Könige (der junge und der alte Heinrich) sich mit Richard trafen, um die Vasallenhuldigung des Grafen Raimond von St. Gilles zu empfangen.

Graf Humbert fragte König Heinrich, wieviel Land Prinz Johann nun eigentlich erben und mit in die geplante Ehe einbringen würde. König Heinrich nannte daraufhin die Herrschaften Chinon, Laudun und Mirebeau. Diese Gebiete gehörten jedoch zum Anjou, einem Land, das ja bereits dem jungen Heinrich zugeteilt worden war. Der nun achtzehnjährige junge König wehrte sich entschieden gegen eine Verschacherung seines Besitzes und fragte seinen Vater bei dieser Gelegenheit, wann endlich er seine Herrschaftsrechte im Anjou und in der Normandie ausüben dürfe. König Heinrich, der keinen Herrn – und sei es der eigene Sohn – neben sich duldete, wies ihn schroff ab. Dies sollte sich als der schlimmste Fehler seines langen Lebens erweisen. Jungkönig Heinrich, mit dem traditionellen Anjoutemperament ausgestattet, lief zu seinem Schwiegervater, dem König Ludwig von Frankreich, über, sicherte sich dessen Hilfe und erklärte seinem Vater den Krieg.

Als sei dies ein Signal zur allgemeinen Empörung der kurzgehaltenen Söhne, schlossen sich Richard und Gottfried ihrem älteren Bruder an. Eleonore von Aquitanien, mittlerweile fünfzig Jahre alt und nur noch de jure die Gattin des Königs, schlug sich auf die Seite der Söhne, vor allem Richards, ihres Lieblings. Diese Söhne taten nun das, was den Vater am schwersten treffen, am tiefsten kränken mußte: Sie gingen nach Paris, wo Ludwig VII. ihnen zu Ehren einen glänzenden Hoftag abhielt. Dort schworen sie, mit ihrem Vater Heinrich keinen Frieden zu schließen, es sei denn, König und Adel von Frankreich gäben ihre Zustimmung. Ludwig von Frankreich wußte, daß dies seinen alten Widersacher mehr schmerzen würde als eine verlorene Schlacht. Um seine innige Verbundenheit mit den

Plantagenet-Söhnen noch zu unterstreichen, erteilte König Ludwig dem nun im 16. Lebensjahr stehenden Richard den Ritterschlag.

Jetzt stand König Heinrich II. völlig allein. Inmitten des Aufruhrs war ihm nur die Normandie noch treu geblieben. Was also tun? Er sandte Boten an den französischen Hof und verlangte die Auslieferung seines Sohnes Heinrich.

«Von wem kommt diese Forderung?» fragte König Ludwig die Gesandten. Diese antworteten: «Vom englischen König.»

Da tat Ludwig höchst erstaunt. «Der englische König? Der ist doch an meinem Hof und stellt keinerlei Forderungen. Falls ihr aber noch immer seinen Vater König nennt, so täte der besser daran, sich nicht länger für einen solchen zu halten, hat er doch vor aller Welt sein Königreich seinem Sohn vermacht.»

Es klang sehr ironisch, was Ludwig da sagte, doch es stimmte, wie wir wissen, jedes Wort. Was König Heinrich so schlau eingefädelt glaubte, kehrte sich nun gegen ihn. Vermutlich verfluchte er jetzt diese vorzeitige Krönung.

Jetzt brach alles um ihn zusammen. Die meisten der ohnehin ewig unzufriedenen Vasallen gingen zu dem jungen König über, und sogar in England begannen die Feudalherren aufzumucken. Die Grafen von Leicester und Norfolk sowie der König von Schottland erklärten sich offen für den jungen Heinrich.

In einer derartig ausweglosen Situation hätten andere resigniert und sich mit einer Herrschaftsteilung begnügt. Heinrich aber, voll schwarzer Galle, handelte nach dem Prinzip «alles oder nichts».

Er warb 20000 brabantische Söldner an, wofür er einen Großteil seiner persönlichen Habe verpfändete. Heinrich war ein glänzender Stratege und zögerte keinen Augenblick. In Gewaltmärschen trieb er seine Brabanter in das Krisengebiet. Den Erzbischof von Rouen animierte er zu einer Strafpredigt gegen Eleonore.

«Du hast die Frucht Eurer Leiber, des Deinen und des Herrn Königs, gegen ihren Vater aufgestachelt. Wir wissen, daß Du die Ursache eines allgemeinen Zusammenbruchs werden wirst, wenn Du nicht zu Deinem Gatten zurückkehrst…»

Für den Fall einer Weigerung drohte der Bischof schwere Kirchenstrafen an. Eleonore aber saß in Poitiers und dachte nicht daran, aufzugeben, obwohl die Dinge sich nicht günstig entwickelten. Heinrich fiel mit seinen Truppen im Poitou ein, verwüstete Stadt und Land, belagerte und eroberte Festungen.

Als Eleonore in Männerkleidern fliehen wollte, wurde sie von Heinrichs Söldnern aufgegriffen und auf die Festung Chinon gebracht.

Nach etwa einem halben Jahr hatte Heinrich seine französischen Besitzungen wieder unter Kontrolle, nur Richard hielt noch die Festung Taillebourg. Eine Versöhnung mit Eleonore lehnte Heinrich ab. Die Königin wurde nach England gebracht und in der Festung Salisbury eingesperrt.

König Heinrich, eigentlich bewundernswert in seiner Konsequenz und Zielstrebigkeit, pilgerte in härener Kutte nach Canterbury und betete eine Nacht am Grab Thomas Beckets, den der Papst vor kurzem heiliggesprochen hatte. Am Morgen hörte er die Messe und ließ sich – diesmal freiwillig – von Mönchen geißeln. Dann ging er nach London, wo ihn die Nachricht empfing, daß der König von Schottland besiegt sei. Bald darauf, im September 1174, streckten seine Söhne die Waffen. Der «alte König» hatte auf der ganzen Linie gesiegt und hätte jetzt ein Strafgericht über alle Beteiligten verhängen können. Er tat es nicht, sondern gestand den Söhnen zu, was sie bisher schon – wenn auch nur auf dem Papier – besessen hatten. Wobei Johann diesmal – wenn auch erst im Jahr darauf – einen fetten Brocken erhielt, nämlich das erst kürzlich eroberte Irland.

Über Eleonores Leben während der nächsten Jahre schweigen die Chronisten. Man weiß nur, daß sie sich relativ frei zwischen einigen Burgen hin- und herbewegen konnte, doch immer unter strenger Bewachung. Ob sie einen Triumph empfand, als die «schöne Rosamunde» Ende 1176 starb? Es wird ihr nicht mehr viel bedeutet haben.

König Heinrich hatte längst Ersatz gefunden und tat wieder einmal etwas höchst Anstößiges. Alice, die Tochter des Königs von Frankreich, dem Prinzen Richard anverlobt, war mehr oder weniger freiwillig zur Geliebten des Königs geworden. Richard hatte vorläufig kein Lust, die Geliebte seines Vaters zu heiraten, und Ludwig von Frankreich forderte immer dringlicher eine endgültige Klärung. Aber diese Klärung ließ noch lange auf sich warten und erfolgte jedenfalls nicht so, wie Ludwig sich das wünschte.

Inzwischen wurde eifrig Familienpolitik betrieben. Eleonores letztgeborene Tochter Johanna wurde 1176 mit König Wilhelm dem Guten von Sizilien verheiratet; Richard sollte sie auf seiner Kreuzfahrt als Witwe wiedertreffen. Die arme Johanna war erst elf Jahre, als man in Palermo ihre Hochzeit feierte, doch hatte sie das Glück, einen höflichen und hochgebildeten Gatten zu bekommen.

In diesem Jahr 1176 absolvierte Richard seine Lehrzeit als Soldat und Feldherr, wobei er am Ende so manches beachtliche Gesellenstück lieferte.

Diesmal war es kein Familienzwist, sondern eine Reihe aufsässiger Vasallen in Aquitanien, die Richard auf den Kriegspfad zwangen. Doch ein Krieg kostet Geld, und so pilgerte Richard im April nach England zum Herrn Papa und bat um Unterstützung. Sie wurde sofort gewährt, so daß der junge Herzog von Aquitanien sogleich Söldner anwerben und ins Feld ziehen konnte.

Vulgrin von Angoulême, den Hauptrebellen, schlug Richard Ende Mai in der Schlacht bei Bouteville, ohne allerdings dessen Burgen etwas anhaben zu können. Richard hielt sich vorläufig nicht mit Belagerungen auf, sondern wandte sich jetzt gegen den Grafen Aimar von Limoges. Er eroberte die Burg Aix an der Vienne und verschaffte sich dadurch Zugang zur Hauptstadt. Limoges bestand damals aus zwei miteinander rivalisierenden Stadtteilen, nämlich der Cité mit Kathedrale und Bischofspalast und der «Zitadelle» mit der Abtei St. Martial und den berühmten Emaille-Werkstätten. Diesen am dichtesten besiedelten und wichtigeren Stadtteil belagerte Richard im Juni 1176, wobei die Festung kapitulierte. Den aquitanischen Vasallen mag es in diesen Tagen klargeworden sein, daß der junge Herzog keinen Spaß verstand, wenn man ihn herausforderte, und trotz seiner neunzehn Jahre so schnell und geschickt zuschlagen konnte wie ein alter erfahrener Feldherr.

Jetzt fielen auch, nach jeweils kurzer Belagerung, Moylines und Châteauneuf, Schlüsselfestungen zur Stadt Angoulême. In Angoulême hatten sich die Häupter der aufständischen Vasallen verschanzt, nämlich Wilhelm und Vulgrin von Angoulême, Aimar von Limoges, der Graf von Ventadour und noch einige kleinere Herren. Ihre Absicht, Widerstand zu leisten um jeden Preis, gaben sie schon nach sechs Tagen auf. Wilhelm von Angoulême übergab seine Stadt und sämtliche wichtigen Festungen an Richard, der auch noch eine Anzahl Geiseln forderte, um sie zu seinem Vater nach England zu schicken. Wohl auf dessen Wunsch zog Richard mit den Brabanter Söldnern nach Süden, um die alte, durch Willkürakte der dortigen Herren unsicher gewordene Pilgerstraße nach Santiago de Compostela zu «befrieden».

Auch dieser Blitzfeldzug im Winter 1176/77 verlief sehr erfolgreich. Nach kurzer Belagerung fiel am 9. Januar die Burg Dax, danach die Stadt Bayonne und die Burg St. Pierre. Beeindruckt durch diese schnell aufeinanderfolgenden Schläge schwor eine Abordnung von navarresischen Adligen und Gemeinden, die Pilger von nun an unbehelligt ihres frommen Weges ziehen zu lassen.

Anfang Februar finden wir Richard in Poitiers. Von dort berichtete er seinem Vater vom erfolgreichen Abschluß der Kampagne. König Heinrich mag bei dieser Nachricht Freude und Stolz empfunden haben über seinen so überaus tüchtigen und gehorsamen Sohn.

Wohl eher Verwunderung als Freude aber wird Heinrich bewegt haben, als ihm ein ganz besonderer Besuch angekündigt wurde. Im Herbst 1179 unternahm König Ludwig von Frankreich eine Wallfahrt nach Canterbury, wo er zwei Tage bei seinem Erzfeind Heinrich verbrachte und gemeinsam mit ihm am Grab Thomas Beckets betete. Eleonores früherer Gemahl hatte diese Wallfahrt gelobt, weil er in Angst um seinen Sohn Philipp war. Der Thronerbe hatte sich während einer Jagd in den Wäldern verlaufen und irrte eine Nacht hilflos herum, bis ihn Köhler fanden. Der Schock für den empfindsamen Prinzen war so groß, daß er wochenlang zwischen Leben und Tod schwebte.

Nach seiner Rückkehr ließ Ludwig den vierzehnjährigen Philipp zum König krönen, wobei der junge Heinrich, mit Erlaubnis des Herrn Papa, zu Gast war und im Festzug auf einem Samtkissen die Krone Frankreichs tragen durfte.

Ein knappes Jahr darauf, am 18. September 1180, starb König Ludwig VII. von Frankreich, ein Herrscher, dem auch übelwollende Chronisten nichts Schlechtes nachsagen konnten.

Drei Jahre später schlug auch im englischen Königshaus der Tod zu und veränderte die Schicksale vieler Menschen – vor allem aber das des Richard Plantagenet von Anjou.

Kronprinz Richard

Es wird berichtet, Königin Eleonore habe im neunten Jahr ihrer Gefangenschaft einen seltsamen Traum gehabt. Sie sah ihren Sohn Heinrich mit gefalteten Händen auf seinem Bett liegen wie einen Toten. Über seinem Haupt schwebten zwei Kronen – die eine strahlend wie aus Licht geschaffen, die andere war die Krone von England. Wenig später traf die Nachricht vom Tod des «jungen Königs», des Thronfolgers Heinrich ein. Der erst Achtundzwanzigjährige war binnen weniger Tage am 11. Juni 1183 einem Fieber erlegen. Ob sich in Eleonores Trauer nicht auch Triumph mischte? Richard, ihr Liebling, war nun Kronprinz, und er würde seine Mutter nicht länger in Gefangenschaft schmachten lassen, fern dem geliebten Aquitanien.

Der junge Heinrich, von sehr freigebiger und heiterer Natur, wurde im ganzen Land aufrichtig betrauert. Man hatte sich auf seine Herrschaft gefreut, doch damit war es nun vorbei.

> Der König, der vor allen Christen
> Jugendblüte und Schönheit
> Freimut und Tapferkeit
> und Quell der Großherzigkeit war.

Die Troubadoure, allen voran der berühmte Bertran de Born, dichteten ergreifende Totenklagen. Bertran de Born – der Respekt vor diesem Namen verbietet es uns, nur flüchtig darüber hinwegzugehen. Dieser kleine Adlige aus der Gegend von Périgueux war ein gewaltiger Kriegs- und Frauenheld und ein großer Dichter. Er pflegte vor allem die Versform der «sirventes», also das Lob- oder Spottgedicht politischer, moralischer oder persönlicher Art. Bertran, ein Haudegen und Unruhestifter, liebte über alles den Kampf:

> Nicht solche Wonne flößt mir ein
> Schlaf, Speis und Trank, als wenn es schallt
> von beiden Seiten: Drauf und drein!
> Und leerer Pferde Wiehern hallt
> Laut aus des Waldes Schatten.

Und Hilferuf die Freunde weckt
Und Groß und Klein schon dicht bedeckt
Des Grabens grüne Matten …

Man sagte ihm später nach, er sei des jungen Heinrich böser Geist gewesen und habe ihn gegen den Vater aufgehetzt. Richtiger ist wohl, daß Bertran die künftigen Schlachten witterte und sich aus Abenteuerlust auf die Seite des jungen Heinrich stellte, dessen verschwenderische Freigebigkeit so manchen Troubadour anlockte. Als die Sache dann verloren war, wurde auch Bertran de Born gefangengenommen und seines Besitzes für verlustig erklärt. Bertrans Biograph schildert das Gespräch zwischen dem alten König und dem gefangenen Troubadour.

«Herr, ich bin arm geworden.»

«Wie das?» fragte der König.

«Am Tage, da Euer tapferer Sohn, der junge König, starb, verlor ich Verstand, Wissen und Kenntnisse.»

Den König rührten diese an sein Gefühl appellierenden Worte des schlauen Troubadours, und er gab ihm Freiheit und Besitz zurück.

Später kämpfte und dichtete Bertran de Born im Dienst von Richard Löwenherz – und, auch das paßt zu ihm, starb um 1215 als Mönch im Kloster Dalon. Dieses fromme Ende bewahrte ihn allerdings nicht vor der Verdammung durch seinen späteren Kollegen Dante, der zwar Bertrans Dichtung bewunderte, doch seine Seele in die Hölle schickte. Am Ende des 28. Gesangs lesen wir mit Schaudern:

Ich sah – noch ist dies Schreckbild mein Begleiter –
Ein Rumpf ging ohne Haupt mit einer Schar
von Unglücksel'gen in der Tiefe weiter.
Er hielt das abgeschnittne Haupt beim Haar
und ließ es von der Hand als Leuchte hängen
und seufzte tief, wie er uns nahe war.
So kam er Eins in Zwei'n dahergegangen
Und leuchtet als Laterne sich mit sich –
Wie's möglich, weiß nur der, der's so verhangen.
Nachdem er bis zum Fuß der Brücke schlich,
Hob er, um näher mir ein Wort zu sagen,
Den Arm zusamt dem Haupte gegen mich,

Und sprach: «Hier sieh die schrecklichste der Plagen!
Du, der du atmend in der Höll' erscheinst,
Sprich, ist wohl eins schwerer zu ertragen?
Jetzt horch, wenn du von mir zu künden meinst:
Bertram von Bornio bin ich und Johannen,
dem König, gab ich bösen Ratschlag einst,
Darob dann Sohn- und Vaterkrieg begannen…

Warum Dante nur Johann nennt und nicht Heinrich, an dessen Hof Bertran wirkte und an dessen Seite er kämpfte, wissen wir nicht.

Es wird berichtet, daß König Heinrich über den Tod seines Sohnes tief betroffen war, wenn er vielleicht auch nicht vergaß, daß gerade dieser Sohn ihm mit Verrat und Treulosigkeit viel Kummer und dem Land viel Leid bereitet hatte.

Nun, da Richard in der Thronfolge nachrückte, schlug ihm König Heinrich vor, das Herzogtum Aquitanien an Johann zu übertragen und dafür Anjou und die Normandie zu übernehmen. Das wäre zwar ein angemessener Tausch gewesen, aber er war nicht im Sinne Richards. Richard hing mit allen Fasern an dem mütterlichen Erbe, er hegte und liebte es wie seinen Augapfel und weigerte sich, es aufzugeben.

König Heinrich, als habe er aus dem vergangenen Familienkrieg nichts gelernt, tat das am wenigsten Kluge und gab Johann die Erlaubnis, sich Aquitanien mit Waffengewalt zu erobern. Hoffte der König von vornherein, der fünfzehnjährige Johann würde bei diesem Unternehmen scheitern, oder war es, was manche Chronisten vermuten, als Scherz gemeint? Wie dem auch sei, Johann nahm die Aufforderung wörtlich und gewann auch noch seinen Bruder Gottfried für dieses Unternehmen. Sie sammelten Truppen und fielen im Juni 1184 mordend und plündernd in Aquitanien ein. Wieder mußte die unschuldige Bevölkerung unter dem Familienzwist der jähzornigen Anjou leiden, doch diesmal gab es ein schnelles Ende. König Heinrich zitierte die drei Söhne nach England und zwang sie zum Friedensschluß.

In diesem Jahr, 1184, finden wir auch Königin Eleonore wieder an der Seite ihres Gatten. War dies Richards Fürsprache zu verdanken? In den Hofabrechnungen dieses Jahres erscheinen ein pelzverbrämtes Scharlachgewand sowie ein goldener Sattel als Geschenke Heinrichs an seine Frau. Eleonore, jetzt etwa zweiundsechzig, hatte ungebrochen ihre Gefangenschaft überstanden und trat nun an der Seite des Gemahls auf, als sei nichts gewesen.

Am 30. November 1184 versammelte sich die ganze königliche Familie zu einem «Versöhnungsfest» im Westminsterpalast; auch an Weihnachten finden wir sie dort vereint.

Wenn wir den Chronisten Glauben schenken dürfen, so machte die Königin dabei die weitaus bessere Figur. Richard de Devizes schildert sie als «eine Frau, die schön und keusch, imposant und bescheiden, demütig und beredt zugleich» sei. Heinrich dagegen erschien als fett, hinkend und ziemlich ungepflegt. Seine Ruhelosigkeit hatte sich zur Manie gesteigert, aus dem leutseligen Volkskönig war ein mürrischer Despot geworden. Selbst Pierre de Blois, sein Vertrauter, kann als unbestechlicher Chronist nicht umhin, diese Zeit des Niedergangs des großen Königs drastisch zu schildern: «Er hält bei seinen Mahlzeiten, bei seinen wilden Ritten und nächtlichen Gelagen weder Ordnung noch Regel, noch Maß. Priester und Hofleute müssen steinhartes, schlecht gebackenes Haferbrot essen… zu trinken gibt es gepanschten, trüben, ranzig schmeckenden Wein… Dem Hof werden statt gesunder auch zuweilen kranke Tiere verkauft oder vier Tage alte Fische, die schon faulen und stinken…»

Es ist ein Abgesang.

Im Gefolge des immer gleichgültiger und zerfahrener werdenden Königs trieb sich zunehmend Gesindel herum: Gaukler, Huren, Spieler und Landstreicher.

Dem mühsam erreichten Familienfrieden des Jahres 1184 war nur kurze Dauer beschieden. Königin Eleonore wurde wieder auf ihrer Burg eingesperrt, und die Söhne stürzten sich in neuen Zwist mit dem herrischen, zu keinem Kompromiß bereiten Vater. Richard vor allem schien jetzt zu einem Kampf bis aufs Messer entschlossen. In König Philipp August von Frankreich fand er dabei den idealen Verbündeten, denn auch dieser hatte mit König Heinrich so manchen Zwist zu bereinigen. Wieder einmal ging es dabei um die Festung Gisors, aber auch um das Vexin, eine normannische Provinz, die nach dem Tod des jungen Heinrich eigentlich an die französische Krone hätte zurückfallen müssen.

Das Drama des Familienkrieges trat in seine letzte Phase. Richards Bruder Gottfried war – im Jahre 1186 – nach einem Jagdunfall gestorben, so daß sich der Zwist zwischen König Heinrich und seinen Söhnen auf diesen einen Sohn – Johann hielt sich fern und wartete ab – konzentrierte.

Man muß dazu bemerken, daß ein Jahr zuvor König Heinrich noch einträchtig mit seinen Söhnen Richard und Johann gegen Philipp von Frankreich gekämpft hatte, bis der Waffenstillstand vom 23. Juni 1187 der Auseinandersetzung ein vorläufiges Ende machte. Jetzt aber, da Heinrich Richards geliebtes Aquitanien an Johann übertragen wollte, wenn dieser Philipps Schwester Alice heiratete, wurde Richard zum Rebellen. Er verbündete sich mit Philipp von Frankreich gegen den Vater, und nun klärten sich die Fronten endgültig.

Da vereinbarten, wer weiß zum wievielten Mal, die Könige von England und Frankreich ein Treffen, um den ewig schwelenden Streit durch Verhandlungen zu beenden.

Bei dem Treffen von Bonmoulins Ende 1188 erschien zu König Heinrichs Überraschung sein Sohn Richard an der Seite des französischen Königs. Die Forderungen waren klar und eindeutig: Philipps Schwester Alice sollte nun endlich Richard heiraten, dieser die volle Verfügung über seine sämtlichen Provinzen erhalten und zugleich von allen Vasallen als englischer Thronerbe anerkannt werden. König Heinrich zitterte vor Wut über diese Forderungen, die in seinen Augen einer Erpressung gleichkamen und seine völlige Entmachtung zum Ziel hatten.

«Damit bin ich nicht einverstanden», gab er Philipp und Richard zu verstehen.

Darauf trat Richard vor, kniete vor Philipp nieder und schwor ihm den Lehnseid für alle seine französischen Besitzungen. Dies kam einer Kriegserklärung gleich. Die Verhandlungen wurden abgebrochen, Richard ging mit Philipp nach Paris und feierte mit ihm dort das Weihnachtsfest.

Nun, da sich zeigte, woher der Wind wehte, fiel ein großer Teil von Heinrichs Vasallen ab. Sie sahen die Zukunft an Richards Seite und hofften, den alten, kranken Despoten bald los zu sein. Während Richard die Feiertage bei seinem neuen Herzensfreund Philipp in Paris verbrachte, feierte König Heinrich in Saumur ein trauriges Weihnachtsfest mit seinem Sohn Johann, der nach Rattenart die Witterung aufgenommen hatte und auf einen fetten Brocken hoffte. Man munkelte, daß der enttäuschte König seinem jüngsten Sohn auch Richards Erbteil vermachen würde. Johann aber schien zu spüren, daß sein Vater am Ende war und ging, als im Frühjahr 1189 der Krieg wieder aufflammte, zu Richard und Philipp über.

Jetzt stand König Heinrich praktisch allein.

Eines muß man dem französischen König lassen: Auch wenn sich der Krieg, wie in diesem Frühjahr, zu seinem Vorteil entwikkelte, so suchte er doch immer wieder das Gespräch mit dem Gegner, um vielleicht doch auf dem Verhandlungsweg etwas zu erreichen. Im Gegensatz zu den Plantagenets war Philipp August ein nüchterner Rechner, der mit seinem Geld – und diese Kriege kosteten sehr viel – knauserig umging. Nun hatte er immerhin zusammen mit Richard bereits Tours und Le Mans erobert, was ihnen eine starke Position verlieh. Heinrich war mit den ihm noch verbliebenen 700 Rittern aus Le Mans geflohen und hatte einen Vorort in Brand setzen lassen. Durch eine plötzliche Drehung des Windes brannte aber dann die ganze Stadt ab. Heinrich blickte von einem Hügel auf das brennende Le Mans und schrie verbittert:

«O Gott, heute hast Du, um mich mit Schande und Verzweiflung zu bedecken, mir grausam die Stadt entrissen, die mir am liebsten auf Erden war, in der ich geboren und erzogen wurde, wo mein Vater begraben liegt und die den Leib des heiligen Julian hütet. Das werde ich Dir heimzahlen und Dir das nehmen, was Du an mir am meisten liebst: meine Seele!»

Wenn dies wirklich – und sei es nur sinngemäß – Heinrichs Worte waren, dann muß seine Verzweiflung abgrundtief gewesen sein, denn der mittelalterliche Mensch fürchtete nichts so sehr wie die Hölle.

Wilhelm Maréchal, König Heinrichs treuer Gefolgsmann, deckte den Rückzug bei Le Mans und traf dabei plötzlich auf Richard, der gerade unbewaffnet war. Als Wilhelm seine Lanze hob, rief Richard schnell:

«Maréchal, tötet mich nicht, ich bin unbewaffnet!»

«Der Teufel mag Euch töten, ich tu's nicht!» entgegnete Maréchal und erstach Richards Pferd.

Am 4. Juli traf Heinrich sich in Colombiers mit Philipp und Richard. Heinrich, fiebrig und schwerkrank, konnte sich kaum noch auf dem Pferd halten, lehnte aber Philipps Aufforderung ab, sich auf dessen ausgebreiteten Mantel zu setzen.

König Heinrich II. von England war am Ende – am Ende seiner Kräfte und auch seines Lebens. Er stimmte sämtlichen Bedingungen des Waffenstillstands zu und leistete Philipp den Lehnseid für alle französischen Besitzungen. Richard wiederum sollte in England und Frankreich den Eid der Vasallen als Thronerbe entgegennehmen. Außerdem mußte Heinrich an König Philipp 20 000 Silbermark bezahlen. Bis diese Bedingungen erfüllt waren, sollten Tours, Le Mans und zahlreiche weitere Festungen besetzt bleiben. Als Heinrich seinem Sohn Richard danach den Friedenskuß gab, regte sich zum letzten Mal in dem alten König die «schwarze Galle» der Plantagenets.

«Möge Gott mich nicht eher sterben lassen, als bis ich mich an dir gerächt habe», murmelte er deutlich hörbar.

Mit einer Sänfte wurde Heinrich nach Chinon zurückgebracht, wo er eine Namensliste all derer aufsetzen ließ, die zum Gegner übergelaufen waren. Gottfried, Heinrichs Kanzler und illegitimer Sohn, las ihm die Liste vor. Der Name von Johann ohne Land stand an erster Stelle. Gerade diesen Sohn hatte er zuletzt am meisten begünstigen wollen und dadurch den Familienzwist heraufbeschworen. Heinrich wollte es schier nicht glauben.

«Das kann doch nicht wahr sein, daß Johann, den ich mehr als alle anderen Söhne geliebt habe, mich verraten hat!»

Als der Kanzler weiterlesen wollte, sagte Heinrich leise: «Lies nicht weiter, es ist genug.»

Dies sollen nach einigen Quellen seine letzten Worte gewesen sein. Danach habe er sich zur Wand gedreht und sei am dritten Tage gestorben.

Woanders aber heißt es, der König habe sterbend gerufen: «Schande, Schande über einen besiegten König!»

Jedenfalls schien Heinrich wahrmachen zu wollen, womit er angesichts der brennenden Stadt Le Mans seinem Gott gedroht hatte. Obwohl in Chinon wie überhaupt in seinem Gefolge genügend Priester vorhanden waren, lehnte Heinrich geistlichen Beistand ab.

Nach seinem Tod am 6. Juli 1189 nahm das Gesinde alles nur Greifbare mit, sogar den Leichnam beraubten sie seiner Kleider. Erst als einige seiner letzten treuen Vasallen sich am Sterbebett einfanden, wurde der Tote königlich eingekleidet und in der Abteikirche von Fontevrault aufgebahrt. Hier finden wir nun auch Richard kniend an der Bahre seines Vaters. Während Richard betete, floß etwas Blut aus der Nase des Toten, was nach dem Volksglauben (bis heute) nur bedeuten konnte, daß der Mörder an der Bahre seines Opfers stand.

Bei Heinrichs Beisetzung traf Richard auch seines Vaters treuesten Gefolgsmann, Wilhelm Maréchal, wieder.

Richard sprach ihn an:

«Maréchal, kürzlich habt Ihr mich töten wollen und hättet es wohl auch getan, wäre es mir nicht gelungen, Eure Lanze abzuwehren.»

Unerschüttert gab Maréchal zur Antwort:

«Herr König, ich wollte Euch nicht töten. Ich bin geschickt genug, mit meiner Lanze jedes Ziel zu treffen. So wäre es für mich leicht gewesen, Euch statt Eures Pferdes zu töten. Ich glaube, kein Unrecht begangen zu haben und bedaure nichts.»

Richard antwortete:

«Ich verzeihe Euch und trage Euch nichts nach.»

Sollte es dem Schöpfer der lebensgroßen, farbig gefaßten Grabfigur König Heinrichs gelungen sein, etwas Porträtähnlichkeit in die Züge des mit Krone und Zepter Geschmückten zu bringen, dann zeigt dieses breitflächige, etwas derbe Gesicht vor allem Willenskraft und Starrsinn. Die Grabinschrift lautet:

ICH WAR KÖNIG HEINRICH.
VIELE REICHE HABE ICH EROBERT,
HERZOGTÜMER UND GRAFSCHAFTEN HABE ICH BESESSEN.
DIE LÄNDER DER WELT WAREN MIR EINST ZU WENIG,
JETZT SIND ACHT FUSS ERDE AUCH MIR GENUG.
DU, DER DU DIES LIEST, BEACHTE DEN WECHSEL WOHL,
DENN ICH BIN WAHRLICH EIN GUTES BEISPIEL.
EINST WAR MIR DAS UNIVERSUM ZU KLEIN,
JETZT REICHT DIESES GRAB:
EIN PLATZ, FAST ZU GROSS FÜR MICH,
DER IMMER SO VIEL PLATZ GEBRAUCHT.

Richard, König

Der drittgeborene Sohn König Heinrichs II. von England war nun der unbestrittene Erbe eines der mächtigsten Reiche Europas. Richard ließ sich sofort ein neues Siegel anfertigen, auf dem zu lesen stand:

Ricardus Dei Gratia Rex Anglorum –

Ricardus Dux Normanorum Et Aquitanorum Et Comes Andegavorum.

Für den neuen König von England, der auch Herzog von Aquitanien und der Normandie sowie Graf von Anjou war, gab es eine Menge zu tun, und vieles davon mußte sehr schnell getan werden.

Erinnern wir uns Richards Gespräch mit Maréchal am Grab König Heinrichs, so finden wir bei all dem ritterlich-großmütigen Verhalten doch einen berechnenden Nebensinn. Richard wird sich gesagt haben: Wenn einer meinem Vater bis zuletzt und allen Gefahren zum Trotz so treu ergeben war, dann wird er auch dem Sohn diese Treue bewahren. Diese Überlegung ist leicht nachvollziehbar, und Wilhelm Maréchal hat die in ihn gesetzten Erwartungen auch getreulich erfüllt.

Richard besaß zeitlebens die glückliche Gabe, mit traumwandlerischer Sicherheit auf die richtigen Menschen zu setzen. Nicht einer von denen, die er zu seinen Vertrauten machte, hat ihn jemals verraten oder verlassen. Für sie hatte er immer ein offenes Ohr und eine offene Hand. Wilhelm Maréchal etwa wurde durch Richards Vermittlung mit Isabel de Clare verheiratet, die ihm unter anderem die Grafschaft Pembroke mit in die Ehe brachte. Wilhelm befand sich gerade in Frankreich, als er die Nachricht von dem Angebot Richards erfuhr. Bis dato mit irdischen Gütern nicht gerade gesegnet, reagierte er blitzschnell, als könne dieses Glück ihm wieder davonlaufen. Er unternahm einen Gewaltritt nach Dieppe und bestieg das nächstbeste Schiff, wobei er vor lauter Hast vom Laufsteg ins Wasser fiel. Kaum in London angekommen, eilte er mit seiner Isabel zum Traualtar und verließ ihn mit seiner Ehefrau als Baron von Striguil und Leinster sowie als Graf von Pembroke.

Auf die gleichen Überlegungen gründete sich Richards Verfügung, alle jene aus seinen Diensten zu entlassen, die von Heinrich zu ihm übergelaufen waren. Aber die bis zuletzt im Dienst seines Vaters verbliebenen Männer nahm er, wie Maréchal, bei sich auf.

Für Brüderchen Johann ohne Land wurde natürlich eine Ausnahme gemacht. Dieser gewissenlose Intrigant und Opportunist wurde gnädig aufgenommen und durfte am 12. August mit nach England reisen. Welche Natter Richard da an seinem Busen nährte, sollte sich bald erweisen. Richard jedenfalls versuchte alles, sich Johann gewogen zu machen und ihn zufriedenzustellen. In England wurden Johann die Grafschaften Nottingham, Dorset, Somerset, Derby, Lancaster, Cornwall und Gloucester verliehen.

Letztere fiel ihm durch seine Heirat mit Isabella von Gloucester zu, doch der Erzbischof von Canterbury erhob Einwände, da das Brautpaar zu nahe verwandt sei. Das von ihm erlassene Interdikt hob der Papst allerdings bald wieder auf.

Da der Bruder nun endlich zufrieden schien, wurde Richards Krönung in Westminster vorbereitet.

Wir dürfen annehmen, daß die unermüdliche Königin Eleonore dafür schon alles in die Wege geleitet hatte. Es war Richards erste Tat nach seines Vaters Tod gewesen, den treuen Maréchal zu Eleonores Befreiung nach England zu schicken. Sie hatte nun auch den zweiten Gemahl überlebt und durfte endlich tun, was ihr am wichtigsten war: ihrem Liebling Richard die Wege zu ebnen. Sie war jetzt achtundsechzig Jahre alt, doch im vollen Besitz aller geistigen und körperlichen Kräfte. Diese setzte sie nun ein, um die allerletzten Zweifel der Engländer an Heinrichs Nachfolger auszuräumen.

Obwohl Richard in Oxford sozusagen als Engländer zur Welt gekommen war, verband ihn mit der britischen Insel nichts außer seinem Anspruch auf deren Thron. Richard war nur ganz selten in England gewesen, kannte also weder Land noch Leute, beherrschte auch die Sprache nicht. Trotzdem wurde der König, vor allem von den Londonern, begeistert empfangen.

Er zeigte sich von seiner nobelsten Seite. Der englische Adel wurde mit vielerlei Geschenken und Gunstbeweisen bedacht. Getreu Richards nach Heinrichs Tod gefaßtem Entschluß waren beim Krönungszug nach Westminster gerade jene Männer um ihn, die bei seinem Vater bis zuletzt ausgeharrt hatten, wie Wilhelm Maréchal, der das Königszepter, und Gottfried von Lucé, der den Königsmantel trug. Die traditionellen drei goldenen Schwerter ließ Richard von zwei seiner eigenen Gefolgsleute und seinem Bruder Johann tragen.

Betrachten wir uns den langen, prunkvollen Festzug, der von der St.-Pauls-Kathedrale nach Westminister führte, etwas näher.

Sechs Grafen und sechs Barone trugen einen langen Tisch mit verschiedenen Kroninsignien. Die goldene, von Edelsteinen funkelnde Krone trug der Graf von Aumale auf einem Purpurkissen. Ihr folgte unter einem seidenen Baldachin, von zwei Bischöfen flankiert, Richard Plantagenet, der neue König von England. Außerdem begleiteten zahlreiche Adlige und Geistliche aus allen Teilen des großen Reiches in ihren prächtigen bunten Festgewändern den langen Zug, der vor dem Altar der Westminsterkirche endete. Hier nun begann die lange, komplizierte Zeremonie der Königskrönung und -salbung, die damals in England zwar noch nicht uralt war, aber doch schon einige Tradition besaß. Im Mittelalter wurde die Salbung eines Königs als eine Art achtes Sakrament angesehen.

Der feierliche Akt beginnt mit dem Eid auf die offene Bibel. Richard schwört, was alle Könige in allen Epochen schwören, nämlich die Gesetze zu achten, den Glauben zu ehren, die Kirche zu schützen, allen ihm anvertrauten Völkern Gerechtigkeit widerfahren zu lassen, den Frieden zu wahren und derlei schöne Dinge mehr.

Dann nimmt der Erzbischof von Canterbury die Salbung mit dem heiligen Öl vor, den eigentlich wichtigsten Teil der Zeremonie, dessen Vorbild die Salbung der alttestamentarischen jüdischen Könige war. Kopf, Brust und Arme betupft der Bischof mit dem Öl, damit es dem König Weisheit, Ruhm und Stärke verleihe.

Zum Zeichen seiner allezeit reinen Absichten wird ihm dann ein weißes Leinentuch auf den Kopf gelegt, und nun folgt die Einkleidung mit Königsrock und -mantel. Man legt ihm die goldenen Sporen an und reicht ihm das Schwert. So tritt er vor den Altar, wo der Erzbischof ihn fragt:

«Ich beschwöre dich im Namen des lebendigen Gottes, diese Ehre nur anzunehmen, wenn du versprichst, deinen Eid unverbrüchlich zu halten.»

Richard antwortete:

«Mit Gottes Hilfe werde ich ihn halten – ohne Falsch.»

Jetzt erst tritt das Hauptsymbol der Herrschermacht in Erscheinung. Richard nimmt die Krone, reicht sie dem Erzbischof und kniet nieder.

Zum Zeichen, daß ein König nicht ohne seine Vasallen regieren kann, halten zwei Edelleute die schwere Krone, während der

Bischof sie ihm auf das Haupt senkt. Zuletzt ergreift Richard die beiden Zepter und nimmt auf dem Thron Platz, und die Priester stimmen das Kyrie Eleison zur feierlichen Messe an.

Nach diesen mehr internen Festlichkeiten begann die Stunde des Volkes. Draußen auf den Plätzen und Straßen wurden Bierfässer aufgestellt, an langen Spießen brutzelte das Fleisch, in großen Körben trug man das Brot heran.

Mitten in dieses Volksfest zu Ehren des neuen Königs geriet eine Abordnung von Juden, die Richard ihre Geschenke bringen wollten. Die Juden waren von der mittelalterlichen Gesellschaft zu einer Existenz als Wechsler und Pfandleiher verurteilt. Daher fühlte sich so mancher Bürger beim Anblick dieser Unglücklichen an seine Schulden erinnert, und plötzlich war ein Pogrom im Gange. Wer von den Unseligen in das Palais des Erzbischofs flüchten konnte, war dort in verbriefter Sicherheit, doch vielen, allzu vielen gelang dies nicht.

Richards allzeit wacher Gerechtigkeitssinn – man hatte ihn ja schon früher den «Hammer der Schlechten» genannt – reagierte sofort. Noch während die Menschenjagd im Gange war, sandte er Bewaffnete zum Schutz der Juden aus. Am nächsten Tag befahl er strengste Bestrafung aller erwiesenermaßen an dem Pogrom Beteiligten.

Gott will es!

Da König Heinrich in den letzten Jahren seinen Engländern ein schlechter König war, den sie fast nie zu Gesicht bekamen, hätte es für Richard schon einiges zu tun gegeben. Aber er kümmerte sich wenig um seine neuen Untertanen. Zwar stürzte er sich in fieberhafte Aktivität, doch die galt nicht England, sondern dem wieder einmal durch ganz Europa hallenden Ruf: Nehmt das Kreuz! Gott will es!

Zum Verständnis des folgenden, von den Historikern als «3. Kreuzzug» bezeichneten Ereignisses bedarf es einer kurzen Schilderung der Vorgeschichte.

Das nach der Eroberung Jerusalems (14.7.1099) mit Balduin von Bouillon als erstem König begründete christliche «Königreich von Jerusalem» war nun – ein knappes Jahrhundert später – nach einer sehr wechselhaften und blutigen Geschichte wieder untergegangen. Eine der übelsten Gestalten unter den christlichen Fürsten in Palästina gab dazu den Anstoß.

Rainald von Châtillon, ein notorischer Strauchdieb und blutrünstiger Unruhestifter, hatte sich durch Heirat 1153 das Fürstentum Antiochia erschlichen und störte den ohnehin sehr mühsamen Frieden mit den Mohammedanern durch ständige Vertragsbrüche. Er überfiel Dörfer und Karawanen und schlachtete überhaupt bei jeder Gelegenheit alles ab, was ihm unter sein Schwert geriet. Nun aber war Sultan Saladin an die Macht gekommen, und damit hatten die «Franken», wie alle Christen von den Einheimischen bezeichnet wurden, seit langer Zeit wieder einen ernstzunehmenden Gegner.

Rainald von Châtillon als einziger schien die Gefahr nicht wahrzunehmen und brachte das Faß schließlich zum Überlaufen.

Wieder einmal hatte er mitten im mühselig genug ausgehandelten Frieden eine nach Mekka ziehende Karawane überfallen, die Beute davongeschleppt, die Menschen ermordet.

Saladin verlangte von König Balduin IV. eine Bestrafung des ewigen Störenfrieds. Der zwanzigjährige, schwer leprakranke König versprach es, konnte aber nichts gegen Rainald unternehmen. Daraufhin nahm Saladin 1500 Pilger gefangen und verlangte gegen ihren Austausch die Rückgabe des Raubgutes. Rainald reagierte nicht, und Sultan Saladin wartete geduldig ab. Erblindet und schon halb verfault erlag der unselige Balduin im März 1185 seiner schrecklichen Krankheit. Sein zehnjähriger Neffe und Nachfolger Balduin V. starb bald darauf im Herbst 1186. Der neue König, Guido von Lusignan, war völlig unfähig, doch gerade ihn hatte Sibylle, die verbliebene Thronerbin, heiraten wollen, weshalb er König geworden war.

So nahm das Unheil seinen Lauf, noch beschleunigt durch einen neuerlichen Karawanenüberfall des notorischen Raubritters Rainald von Châtillon. Saladins Forderung, Beute und Gefangene herauszugeben, verhallte ungehört; auch König Guido erreichte nichts. Da machte Sultan Saladin mobil und zog ein großes Heer zusammen. Ob er ursprünglich nur Rainald bestrafen oder gleich alle Franken aus dem Land jagen wollte, bleibt dahingestellt. Alle

Historiker sind sich einig, daß man mit Saladin gut hätte auskommen können, falls man Frieden hielt und die Verträge nicht brach.

Machen wir es kurz: Durch die Niederlage von Hattin (oder Hittim) am 4. Juli 1187 war der Untergang des christlichen Königreichs Jerusalem besiegelt. Nach der Schlacht ließ Saladin die gefangenen christlichen Fürsten in sein Zelt führen. Er behandelte sie – an der Spitze König Guido – mit ausgesuchter Höflichkeit, ausgenommen einen, Rainald von Châtillon. Dem zählte er seine Schandtaten auf und ließ ihn vor das Zelt führen. Dort schlug er ihm eigenhändig den Kopf ab.

Nach der Niederlage von Hattin blieb Saladin wenig zu tun übrig. Am 5. Juli fiel Tiberias, am 10. Akkon, am 29. Sidon, am 6. August Beirut. Am 2. Oktober 1187 zog Saladin in Jerusalem ein. Im Gegensatz zur «christlichen» Eroberung der Stadt im Jahre 1099 – damals waren sämtliche Moslems niedergemetzelt worden –, ließ Saladin die Einwohner gegen Lösegeld frei abziehen. Und nicht nur das: Er organisierte für die Franken einen Geleitschutz zur Küste und sorgte sogar noch dafür, daß die Schiffspassagen nicht zu teuer wurden.

Das ganze Heilige Land wieder in den Händen der Heiden! Das Abendland erschauerte. Den mittelalterlichen Menschen – trotz seines strengen Christenglaubens weder schlechter noch besser als die Menschen aller Zeiten und Völker – muß dieser Gedanke so beschäftigt und gequält haben, daß er ihm, natürlich nicht ohne Nachhilfe «frommer Prediger», am Ende alles zu opfern bereit war: Familie, Existenz, Geld, Gesundheit und Leben. Dem Leib mochte ja allerlei zustoßen auf einer solchen Kreuzfahrt, doch die Seele war in jedem Fall gerettet, denn jeder, der ins Heilige Land aufbrach, erhielt Generalabsolution, vom Papst persönlich verkündet.

Vor diesem hier kurz angedeuteten Hintergrund müssen wir nun den 3. Kreuzzug sehen.

Sein Auftakt war glänzend und kam ganz von oben. Kaiser Friedrich I., genannt Barbarossa, verkündete 1188 beim Fürstentag zu Mainz seinen Entschluß, das Kreuz zu nehmen: Gott will es!

Der fast siebzigjährige Kaiser, durch lebenslangen Kampf mit Päpsten und Reichsfürsten offenbar nicht müde geworden, sandte einen Boten an Sultan Saladin und bestellte diesen für den 1. November 1189 zur Schlacht auf der Ebene von Zoan. Der Sultan wird belustigt den Kopf geschüttelt haben.

Das bittere Ende ist bekannt. Am 10. Juni 1190 ertrank der alte Kaiser im Saleph – man weiß nicht genau, auf welche Weise. Vermutlich wollte er sich im Wasser erfrischen und starb am Kälteschock.

Das deutsche Kreuzfahrerheer löste sich sofort auf. Keiner von den Kreuzfahrern hatte Palästina auch nur von ferne gesehen.

Barbarossas Sohn, Herzog Friedrich von Schwaben, zog allerdings mit kleinem Gefolge und dem in Essig eingelegten Leichnam des Vaters weiter. Aus klimatischer Notwendigkeit wurde das Fleisch des Toten eilig in Antiochia bestattet, während man sich die Knochen für Jerusalem aufhob. Aus diesem Plan wurde aber nichts, wie wir bald sehen werden, so daß die Gebeine schließlich im Dom von Tyros ihr Grab fanden.

Nun, dies alles stand in Gottes Ratschluß, doch das Grab seines Sohnes war noch immer in heidnischer Hand. Da nun schon der Kaiser für diese Sache sein Leben geopfert hatte, waren die Fürsten Europas aufgerufen, den heiligen Kampf wieder aufzunehmen und ihn siegreich zu beenden.

Der Aufbruch

Sosehr es Richard drängte, sein Kreuzzugsgelübde zu erfüllen, so war er doch klug genug, vorher noch verschiedenes ins reine zu bringen. Was England betraf, so erzwang er einen Frieden mit dem Fürsten von Wales, der schon unter König Heinrich gelegentlich aufbegehrt hatte. Mit König Wilhelm von Schottland wurde in Canterbury ein hundertjähriger Frieden vereinbart, wobei Richard den Schotten als unabhängigen Monarchen anerkannte. Der bezahlte dafür gerne 10000 Mark, worauf Richard es wohl auch abgesehen hatte, denn seine Hauptsorge in dieser Zeit galt der Finanzierung des Kreuzzugs. Richard verkaufte in England nahezu seinen gesamten persönlichen Besitz, erhob eine Sondersteuer und hatte es mit allem so eilig, daß er sagte:

«Wenn ich nur einen Käufer fände, ich würde sogar London verkaufen.» Soviel zu England, das Richard nach dreimonatigem Aufenthalt nun verließ, und es sollte für lange sein.

Am 11.Dezember 1189 überquerte Richard den Kanal, um auch in Frankreich vor der großen Reise alles zu ordnen. Im Februar 1190 berief er eine große Ratsversammlung in die Normandie. Von der Familie waren Königin Eleonore, Johann und der Halbbruder Gottfried – inzwischen Erzbischof von York – zugegen, außerdem eine große Zahl weltlicher und geistlicher Würdenträger. Richards Vertrauter, Wilhelm von Longchamps, bisher Bischof von Ely und Kanzler von Aquitanien, wurde zum Obersten Richter von England ernannt, was noch allerhand Schwierigkeiten mit sich bringen sollte. Richard, der dies vorausahnte, wollte seinem Vertrauten in England freie Bahn verschaffen und ließ Johann deshalb schwören, daß er für drei Jahre Frankreich nicht verlassen würde. Das war nun sogar Eleonore zuviel, und sie erreichte die Rücknahme des erzwungenen Eides.

Die Wahl von Longchamps zum höchsten Repräsentanten der Krone während Richards Abwesenheit erwies sich als wenig glücklich. Der aus ganz kleinen Verhältnissen aufgestiegene und von glühendem Ehrgeiz durchdrungene Mann erreichte bei Papst Clemens III. zunächst noch seine Ernennung zum päpstlichen Legaten in England. Verwachsen, hinkend und stotternd, dabei erzgescheit, arrogant und habgierig, begann er dann in England zu herrschen, als sei er Papst und König in einer Person. Wie Richard sprach er kein Englisch und verbarg seine Verachtung vor diesen «Barbaren» nicht. Johann konnte dies nur recht sein; denn je unbeliebter der allmächtige Vertraute Richards in England wurde, desto mehr konnte Johann auf Sympathien von Volk und Adel rechnen. Da bislang kein Thronfolger vorhanden war, begann Johann sich die Rolle eines solchen anzueignen.

Doch wir greifen vor. Noch war Richard in Frankreich; es galt für ihn, die schwerste Nuß zu knacken. Auch der Lehnsherr aller seiner französischen Besitzungen, König Philipp August von Frankreich, hatte das Kreuz genommen. Es läßt sich ohne weiteres behaupten, daß keiner der beiden Herrscher sich ohne den anderen auf die Kreuzfahrt begeben hätte. Das gegenseitige Mißtrauen war einfach zu groß, die Tage der Waffenbrüderschaft waren längst vorbei. Jetzt standen sich zwei Könige gegenüber, die, äußerlich wie charakterlich das jeweilige Gegenteil, politisch voneinander abhängig und zugleich Gegner waren. Auf einen kurzen Nenner gebracht: Philipp ärgerte sich über jedes Stück Frankreich, das Richard besaß, und Richard – wie schon sein Vater – wollte noch mehr davon. Nun aber verband sie für die nächste Zeit ein gemeinsames frommes Interesse, und man mußte das Beste aus der Sache machen.

Ein erstes Treffen erfolgte am 30. 12. 1189 in Nonancourt. Diese Zusammenkunft endete mit dem feierlichen Versprechen, einander während des Kreuzzugs die Treue zu bewahren. Das klang ein wenig unbestimmt und besagte nicht viel. Der 1. April 1190 wurde zum spätesten Abreisetermin bestimmt. Sie umkreisten sich wie Ringer, die beiden Könige, jeder bemüht, am anderen den schwachen Punkt zu entdecken. Beim nächsten Treffen am 16. 3. 1190 wurde man präziser. Richard und Philipp schworen gegenseitige Treue, und jeder solle des anderen Besitz verteidigen. Eine Abordnung von englischen und französischen Adligen schwor, sich während des Kreuzzugs jeder Kriegshandlung auf fremdem Territorium zu enthalten. Die Abreise wurde auf spätestens 1. Juli verschoben.

Danach wandte sich Richard anderen Problemen zu. Er wußte aus langer Erfahrung, welche Schwierigkeiten es geben würde, wenn das rauhe Kriegsvolk für eine Weile untätig beisammenhockte, wie dies während der langen Seereise zu erwarten stand. So erließ er im Juni für seine Flotte die folgenden Bestimmungen:

a) Wer einen anderen tötet, wird mit diesem zusammengebunden und ins Meer geworfen. An Land wird er mit dem Ermordeten lebendig begraben.

b) Wenn glaubhafte Zeugen bestätigen, einer habe sein Schwert gegen einen anderen gezogen, so soll er eine Hand verlieren.

c) Wer mit der Faust zuschlägt, ohne Blut zu vergießen, soll dreimal im Meer untergetaucht werden.

d) Für gotteslästerliche Reden muß jeweils eine Unze Silber bezahlt werden.

e) Wer beim Stehlen ertappt wird, soll geschoren, geteert, gefedert und bei nächster Gelegenheit an Land gesetzt werden.

Diese drakonischen Gesetze spiegeln die Problematik eines solchen bunt zusammengewürfelten Heeres, das – auch wenn es frommen Zwecken diente – sich doch zu einem guten Teil aus zusammengelaufenem Gesindel rekrutierte, das wenig zu verlieren hatte und einiges zu gewinnen hoffte.

Auf großer Fahrt

Mit einer kleinen Verzögerung von drei Tagen waren die beiden Könige am 4. Juli 1190 gemeinsam in Vezelay zum Kreuzzug aufgebrochen. Richard hatte seine Flotte schon vorausgeschickt, um in Marseille an Bord zu gehen, während Philipp den Landweg bis Genua nehmen wollte, um dort auf seine Schiffe zu treffen. Bei Lyon trennten sich vorläufig die Wege der beiden Könige. Hier ereignete sich bei der Überquerung der Rhone ein schweres Unglück, als die Brücke zusammenbrach und etwa hundert Engländer dabei umkamen. Der weitere Plan sah vor, daß die beiden Heere sich in Messina treffen und vereinigen sollten. Dieser Vorschlag kam von König Wilhelm II. von Sizilien, dem Ehemann von Richards Lieblingsschwester Johanna. Nun war Wilhelm allerdings bereits im November 1189 gestorben, doch der Plan wurde beibehalten.

Die Ehe zwischen Johanna und Wilhelm war kinderlos geblieben, so daß sich die Frage der Thronfolge stellte. Die nächste Thronerbin war Konstanze von Hohenstaufen, die Gemahlin Kaiser Heinrichs VI. Papst Clemens, den Staufern aus vielerlei Gründen feind, erreichte es, daß Tankred, ein Neffe des verstorbenen Wilhelm, auf den sizilianischen Thron gelangte. Nun, man würde auch mit ihm zurechtkommen. Jetzt galt es erst einmal, die Seereise hinter sich zu bringen.

Richards Flotte auf ihrem langen Weg um die iberische Halbinsel und über Gibraltar traf am 22. August in Marseille ein. Sie bestand aus vierzehn «Dromons», das waren die größten damals gebauten Schiffe, den späteren Fregatten vergleichbar, sowie etwa hundert kleineren Seefahrzeugen.

In seinem Werk über die Kreuzzüge schreibt Steven Runciman: «König Richard beschloß, von Marseille aus den Landweg zu nehmen», und begründet dies mit Richards Anfälligkeit für Seekrankheit. Ich weiß nicht, woher diese These stammt; denn die mir erreichbaren englischen Quellen, vor allem das so detailgetreue «Itinerary of Richard I.» schildern übereinstimmend Richards Seereise bis Neapel.

Richard war schon wesentlich eher in Marseille angekommen. Er scheint in seiner Ungeduld die englische Flotte nicht abgewartet, sondern für sich und sein engeres Gefolge ein Schiff gemietet zu haben, um schon einmal loszufahren. Das «Itinerary» nennt den 9. August als Abreisetag. Wo und wann er dann seine königliche Galeere bestieg, wissen wir nicht, doch ist anzunehmen, daß er auf ihr in den Hafen von Genua einfuhr.

Wir werden sehen, daß Richards Reise ins Heilige Land sehr kontrastreich verlief; denn im Gegensatz zu dem zehn Jahre jüngeren Philipp von Frankreich neigte Richard zu spontanen Entschlüssen, liebte das Unvorhersehbare, suchte das Abenteuer.

In Genua jedenfalls wollte er als König von England empfangen werden, und die berühmte steinreiche Seerepublik tat ihm diesen Gefallen gerne. Während die königliche Galeere im Hafen ankerte, empfing ihn das feierliche Geläute sämtlicher Kirchenglocken, und am Kai formierte sich das festlich gekleidete Empfangskomitee. Zwischen den goldgestickten Brokatgewändern der hohen Geistlichen leuchteten die Purpurroben der Senatoren.

Genua stand damals auf der Höhe seiner Macht und wetteiferte mit Venedig um die Vorherrschaft im Außenhandel. Die Rivieraküste von Porto Venere bis Monaco war genuesisches Gebiet. Deshalb stellten auch die damals schon in Monaco residierenden Grimaldi häufig den Konsul von Genua, doch wer 1190 bei Richards Ankunft dieses Amt versah, ist nicht ganz sicher.

Richard und sein Gefolge wurden feierlich zu der gerade neuerrichteten Kathedrale geleitet, wo der Erzbischof ein Pontifikalamt für die hohen Gäste zelebrierte. So stolz und selbstbewußt diese ungeheuer reichen genuesischen Patrizierfamilien der Doria, Fieschi, Spinola und Grimaldi auch gewesen sein mögen, einen König hatte man doch nicht alle Tage zu Gast, und sie beugten bereitwillig das Knie vor ihm.

Nach der Messe wurde Richard vom Konsul in dessen Residenz, dem Palazzo Publico, empfangen. Auch wenn gerade kein Grimaldi das Stadtoberhaupt stellte, so wird Richard von dieser Familie besonders herzlich empfangen worden sein, denn ein Grimaldi war bei seiner Krönung in Westminster zugegen gewesen, und ein Friedrich Grimaldi befehligte als Hauptmann Richards Bogenschützen. Am 14. August setzte Richard seine Reise fort. Es gab jetzt keine längeren Aufenthalte mehr. Am 25. August passierte man die Tibermündung, ohne jedoch Rom einen Besuch abzustatten. Der König war nämlich verärgert, weil man ihn, den Kreuzfahrer, der wahrhaftig andere Sorgen hatte, mit obskuren Geldforderungen in englischen Kirchenangelegenheiten behelligte, als sei er ein Geldverleiher und nicht der König von England. Richard beklagte sich beim Bischof von Ostia über diese Zumutung und segelte weiter.

Ende August wurde in Neapel Rast gemacht. Richard nahm im Kloster des heiligen Januarius Quartier und erholte sich zehn Tage von den Strapazen der Seereise. Er nützte den Aufenthalt zu einer Besteigung des Vesuvs. In seiner chronischen Neugier trat er so nahe an den Krater heran, daß ihn seine Begleiter zurückreißen mußten.

Ob Richard jetzt von der christlichen Seefahrt genug hatte oder hier den «offiziellen» Teil der Reise abschließen wollte – vielleicht kam beides zusammen –, jedenfalls setzte er nun die Reise auf dem Landweg fort, und zwar, wie es scheint, inkognito. Offenbar wollte er mit Land und Leuten in näheren Kontakt kommen, unbehelligt vom höfischen Zeremoniell, das ihn, wie alle Fürsten, mit einem luftleeren Raum umgab. Ideen solcher Art waren König Philipp fremd. Ohne irgendwie auszuscheren oder sich länger als notwendig irgendwo aufzuhalten, bestieg er in Genua sein Schiff und segelte geradewegs nach Sizilien, wo er lange vor Richard eintraf.

Richard dagegen wartete in Salerno die Nachricht vom Standort seiner Flotte ab und ritt dann selbst mit nur wenigen Begleitern zu Pferd die alte Küstenstraße entlang. Einen Tag verweilte er in der alten Küstenstadt Melfi – jetzt Amalfi – wo 1043 die normannischen Edlen über die Verwaltung der neugegründeten Grafschaft Apulien beraten hatten. Da Richard durch seinen Vater von Wilhelm dem Eroberer abstammte, wird er nicht ohne Stolz diese schöne Stadt mit ihrer von Normannen erbauten Kathedrale durchwandert haben – auf den Spuren seiner in West und Süd als Eroberer so erfolgreichen Vorfahren.

Die Nacht auf den 19. September verbrachte Richard in dem uralten Benediktinerkloster Monte Cassino, das damals in einer nie wieder erreichten Blüte stand und eines der gewichtigsten geistigen Zentren Italiens darstellte.

Was dann in Mileto geschah, wirft ein seltsames Licht auf König Richard. Hätten nicht ernstzunehmende Chronisten den Vorfall überliefert, so müßte man ihn als eine Erfindung seiner Gegner abtun. Nachdem Richard in einem Kloster bei Mileto übernachtet hatte, setzte er mit nur einem Begleiter die Reise fort und passierte das Städtchen Gioia. Aus einem der Häuser am Stadtrand hörte er den typischen Ruf eines Jagdfalken. Seit je ein begeisterter Anhänger der Falkenjagd, sprang Richard vom Pferd und stürzte in das Haus. Hier fand er tatsächlich einen prächtigen Jagdfalken, den er, wohl von allen guten Geistern verlassen, vielleicht auch durch die Hitze des mediterranen Süditalien verwirrt, einfach mitnehmen wollte. Für den Besitzer des kostbaren Tieres war dieser rothaarige Fremde nichts weiter als ein frecher Dieb, den es zu fangen galt. Richard, nur von seinem Diener begleitet, ergriff die Flucht, verfolgt vom Besitzer des kostbaren Vogels und dessen aufgestörten Nachbarn. Man muß sich das vorstellen: Der König von England läuft mit einem gestohlenen Falken in der Faust durch eine kleine süditalienische Stadt, verfolgt von fluchenden Männern, keifenden Weibern und kläffenden Hunden.

Als einer der Verfolger sein großes Messer zückte und auf Richard eindrang, zog dieser sein Schwert, um sich zu verteidigen. Dabei brach die Klinge wie in einer Schmierenkomödie entzwei, so daß ihm und seinem Begleiter nichts anderes übrigblieb, als sich mit Steinwürfen zu verteidigen und einen schnellen Rückzug anzutreten. Der Falke entfleuchte, die beiden «Ritter» schwangen sich auf ihre Pferde und preschten davon. Man mag diesen Vorfall deuten, wie man will, er hat jedenfalls stattgefunden und hätte womöglich tragisch mit der Schlagzeile enden können: König Richard von England beim Falkenraub von italienischen Kleinstädtern erschlagen.

Löwenherz in Messina

Zwei Tage später erreichte Richard die Straße von Messina, wo er die Nacht in einem Zelt beim Leuchtturm verbrachte. Am nächsten Morgen war er dann wieder der König von England: er setzte nach Messina über und erlebte dort einen triumphalen Empfang. Das Volk jubelte, die Kirchenglocken läuteten, Abgesandte des Königs Tankred geleiteten König Richard in sein Palais außerhalb der Stadtmauern. Hätten Messina und seine Einwohner gewußt, was auf sie zukam, so wäre ihnen der Jubel im Halse steckengeblieben.

Ohne König Tankred noch gesehen zu haben, war Richard ihm gegenüber schon recht mißtrauisch geworden. Während der Reise wurden ihm allerlei Gerüchte und Halbwahrheiten zugetragen. So sei Richards Schwester Johanna – die Witwe des verstorbenen Königs Wilhelm – auf entehrende Weise eingekerkert und um ihr Witwenerbe gebracht worden. Es hieß, der verstorbene Wilhelm habe seinem Schwiegervater Heinrich von England ein goldenes Tafelgeschirr, wertvolle Möbelstücke, ein seidenes Zelt, zwei Galeeren und noch einiges andere vermacht, und dieses Erbe habe Tankred sich nun angeeignet. Richard, der bei Besitzfragen keinen Spaß kannte und trotz seiner Freigebigkeit nicht ohne Raffgier war, pochte als Nachfolger Heinrichs auf sein Recht als Erbe dieses Nachlasses.

So sah König Tankred der Anreise Richards etwas unbehaglich entgegen und traf einige Vorbereitungen. Nicht ohne Grund quartierte er Richard in einem abgelegenen Palast außerhalb der Stadtmauern ein und suchte ihn mit allerlei Versprechungen hinzuhalten.

Zuerst aber traf Richard sich mit König Philipp, der schon eine Woche vor ihm angekommen war. Dieser reine Höflichkeitsbesuch scheint noch in voller Eintracht stattgefunden zu haben. Mit Eintracht und Höflichkeit war es aber bald auf beiden Seiten vorbei.

Richard forderte von Tankred die sofortige Freilassung seiner Schwester und eine Regelung sämtlicher Besitzverhältnisse. König Tankred sandte Johanna in aller Eile nach Messina und bot eine Ausgleichszahlung für Johannas Witwengeld und das von Richard beanspruchte Erbe. Richard sagte zwar nicht nein, war jedoch in übler Stimmung und im Augenblick schwer zugänglich. Ohne Vorankündigung setzte er mit einem Teil seiner Truppen nach Kalabrien über, besetzte die kleine Küstenstadt Bagnara und erklärte sie zum vorläufigen Witwensitz seiner Schwester. Zu dieser etwas überstürzten Entfernung Johannas aus Messina soll Richard durch Philipps Verhalten veranlaßt worden sein. Als nämlich der französische König Johanna vorgestellt wurde, soll er sich nach zeitgenössischen Berichten wie ein verliebter Kater gebärdet haben. Er, der sonst immer so Beherrschte, der seine Gefühle niemals preisgab, machte Johanna ganz offen den Hof, lachte, scherzte und scharwenzelte um sie herum. Nun, Philipp war kurz vor seinem

Aufbruch zur Kreuzfahrt Witwer geworden; an seinem Benehmen war also nichts Ungebührliches, alle fanden es nur höchst ungewöhnlich. Richard aber hatte offenbar andere Pläne mit seiner Lieblingsschwester und handelte, wie es seine Art war, sehr schnell.

Zwei Tage später besetzte er eine kleine Insel nahe dem Festland, warf die Mönche aus dem dortigen griechischen Kloster und lagerte Kriegsmaterial ein. Jetzt wurde man in Messina stutzig. Die damalige Bevölkerung bestand zu einem guten Teil aus orthodoxen Griechen, welche die Vertreibung der friedlichen Mönche sehr übel aufnahmen. Weiteren Unwillen erregte das Benehmen der anglo-normannischen Soldaten, die ständig Diebereien begingen und Frauen belästigten. Von diesem großenteils undisziplinierten Gesindel war nichts Besseres zu erwarten; Richard wußte das, doch er war auf jeden einzelnen Mann angewiesen, um nicht das ganze Unternehmen in Frage zu stellen.

So kam, was unweigerlich kommen mußte. Einige selbstbewußte Bürger der großen reichen Stadt wollten die ständigen Übergriffe nicht mehr hinnehmen. Zugleich lief ein Gerücht durch Messina, Richard wolle sich in einem Handstreich ganz Sizilien aneignen. Schon brach der Aufruhr los. Schnell wurden die Stadttore geschlossen und die Bürgerwehr alarmiert. Richard, zornentflammt, versuchte mit seinen Schiffen über den Hafen in die Stadt einzudringen, was aber mißlang.

König Philipp war dies alles furchtbar peinlich. Ihm stand der Sinn nicht nach Abenteuern, sondern er wollte diesen Kreuzzug schnell und erfolgreich hinter sich bringen. Also versuchte er zu vermitteln. Mit dem Erzbischof von Messina und Tankreds Admiral Margaritos suchte er am Morgen Richard in seinem Quartier außerhalb der Stadtmauern auf. Philipp, der immer Ruhige und Besonnene, gab zu bedenken, daß solche Zwischenfälle den Erfolg der Kreuzfahrt gefährden konnten, und Richard schien dies auch einzusehen. Man war gerade dabei, eine Lösung für die Probleme zu finden, als ein Bote hereinstürzte und Richard etwas ins Ohr flüsterte. Diese Nachricht brachte die notdürftig beruhigte «schwarze Galle» zum Überkochen. Nicht nur, daß aus der Volksmenge vor Richards Palast laute Beschimpfungen gegen ihn heraufdrangen – nun erfuhr er auch noch, daß Hugo von Lusignan in seinem Stadtquartier von erzürnten Bürgern belagert und bedroht wurde. Richard sprang auf, und in seinen Zorn wird sich auch Freude gemischt haben. Wie sang sein liebster Troubadour Bertran de Born?

> Nicht solche Wonne flößt mir ein
> Schlaf, Speis und Trank, als wenn es schallt,
> von beiden Seiten: Drauf und drein!

So schallte es denn auch, und nun war es kein höfliches Geplänkel mehr, sondern in der Stadt saßen die «Schlechten», und Richard war ihr «Hammer». Die Stadt hatte sich mittlerweile in Verteidigungszustand versetzt; ein Versuch, die Franzosen gegen Richard zu gewinnen, mißlang. König Philipp verhielt sich neutral, da er schließlich noch länger mit diesem Heißsporn von Richard auskommen mußte.

Richard mußte sich klar darüber sein, daß eine wohlbefestigte und mit angeblich 50000 waffenfähigen Bürgern bemannte Stadt nicht in einem Handstreich zu nehmen war. Andererseits hatte er keine Lust, die Kampfkraft seiner Truppe über Gebühr schon in Sizilien zu strapazieren. Also suchte er nach einem Ausweg, und er fand ihn. Beim Inspizieren der Befestigungen entdeckte Richard hinter Gestrüpp und Mauerresten verborgen eine kleine, nicht sehr starke Tür. Er behielt die Entdeckung für sich und heckte eine meisterliche List aus. Nach Einbruch der Dunkelheit befahl er einen Generalangriff von zwei Seiten. Einesteils sollten die englischen Schiffe versuchen, die Hafenblockade zu durchbrechen, während andererseits seine Fußtruppen zum Sturm auf die Stadtbefestigung ansetzten. Genau um diese Stunde aber brach Richard mit zwei Begleitern die kleine versteckte Tür durch Beilhiebe auf. Das war ein Abenteuer nach seinem Geschmack, das er ebenso genoß wie das Dreinschlagen im offenen Kampf.

So drangen sie also zu dritt in die Stadt ein, schlichen unbehelligt und unerkannt zum Haupttor, wo niemand auf sie achtete, da alle Aufmerksamkeit nach draußen gerichtet war. Irgendwie gelang es ihnen, die schweren Sperrbalken zu lösen, und noch ehe die Verteidiger wußten, was hier geschah, stürmten englische Truppen in die Stadt und nahmen sie im ersten Sturm.

Unter den Einwohnern herrschte Entsetzen und Verwirrung. Wie war das möglich? Wie konnte das stolze, wohlbeschirmte Messina so schnell fallen?

Während die Engländer mordend und plündernd von einem Stadtviertel zum anderen zogen, waren die englischen Schiffe ins Innere des Hafens eingedrungen und hatten die dort ankernde sizilianische Flotte in Brand gesetzt.

Sieg also, Sieg auf der ganzen Linie über eine Stadt, die nichts anderes getan hatte, als sich gegen die Übergriffe der Kreuzfahrer zur Wehr zu setzen. Ohne Zweifel eine militärische Glanzleistung des listenreichen Strategen Richard, doch gewiß kein Ruhmesblatt; denn schließlich war dies kein Feindesland, und man hätte die Differenzen auch auf friedlichem Wege bereinigen können.

Richard forderte nun von der Stadt eine Anzahl Geiseln, um König Tankred unter Druck zu setzen. Außerdem ließ er vor den Toren Messinas einen riesigen hölzernen Belagerungsturm errichten – für alle Fälle. Er nannte ihn «Mategriffon», etwa mit «das Joch der Griechen» zu übersetzen.

König Philipp, dessen Stadtquartier auf Richards Geheiß verschont wurde, war in einiger Verlegenheit. Diese Art, Konflikte zu lösen, lag ihm nicht, und in seinem Ärger sandte er seinen Vetter, den Herzog von Burgund, nach Catania zu König Tankred, um diesem insgeheim Hilfe anzubieten, falls Richard seine Gelüste auf die ganze Insel ausdehnen sollte. König Tankred aber sah die Dinge in einem größeren Zusammenhang. Für ihn stellte Kaiser Heinrich VI. eine weit ernstere Bedrohung dar als dieser im Augenblick etwas zornige Richard von England. Heinrich nämlich erhob über seine Gemahlin Konstanze Anspruch auf Sizilien und bereitete einen Kriegszug vor. Frankreich, den Staufern gewogen, schien Tankred da ein zu unsicherer Verbündeter, während Richard, mit den Welfen verwandt und deshalb den Staufern feind, trotz des Geplänkels in Messina am Ende doch die bessere Karte war, um für die Zukunft darauf zu setzen.

So ging König Tankred also diesen Weg, und er pflasterte ihn reichlich mit Gold. Was er vor kurzem Richard versprochen hatte, setzte er nun in die Tat um, und vierzigtausend Unzen Goldes wurden eilig auf den Weg nach Messina gebracht. Die eine Hälfte sollte Richards Anspruch auf das seinem Vater vermachte Erbe abgelten, die andere war das geforderte Witwengeld seiner Schwester Johanna.

Richard, solch gleißenden Argumenten immer zugänglich, war sogleich besänftigt. Als König Tankred ihm auch noch Philipps

Hilfsangebot enthüllte, war Richard vollends gewonnen. Um das neue Bündnis noch fester zu machen, wurde eine Verlobung von Richards Neffen Arthur mit einer von Tankreds Töchtern vereinbart. Es ist interessant, daß Richard in diesem Vertrag den dreijährigen Arthur als seinen Erben bezeichnet, falls er ohne Nachkommen sterben würde. Die Betroffenen wußten selbstverständlich nichts von ihrem Glück, doch das spielte damals keine Rolle; denn es war üblich, daß die Chefs der jeweiligen Fürstenhäuser nach Belieben über ihre Verwandten verfügten.

Der Winter in Sizilien

König Philipp, ausgebootet und mattgesetzt, trug es mit Fassung. Er hatte schon viel hinnehmen müssen, er schluckte auch das noch, dem Kreuzzug zuliebe. Da dessen schnelle Erledigung ihm sehr am Herzen lag, lud er Richard für den 8. Oktober zu einer Unterredung. Er zog es vor, den Ablauf des künftigen Kreuzzuges schon im voraus durch einen Vertrag zu fixieren, denn er traute dem unberechenbaren und spontanen Richard nicht mehr über den Weg. Über gewisse Details war man sich schnell einig, so etwa ein Verbot des Glücksspiels, das aber nicht für Ritter und Beamte galt. Lebensmittel sollten einer Preiskontrolle unterstehen, jeder Ritter mußte die Hälfte seines Geldes dem Kreuzzug opfern; jetzt entstandene Schulden mußten noch während der Kreuzfahrt bezahlt werden – und dergleichen mehr, was die kleinen Leute betraf. Was aber die großen Herren anging, so lagen die sich schnell wieder in den Haaren, bis es dann doch zu einer zähneknirschenden Einigung kam. Deren wichtigster Punkt besagte, daß alle künftigen Eroberungen zwischen den Königen geteilt werden sollten.

Im übrigen bestand König Philipp wieder einmal auf einer endgültigen Einlösung des Eheversprechens in bezug auf seine Schwester Alice. Wir haben schon früher erwähnt, daß sie als König Heinrichs Geliebte galt und Richard diese Verbindung auch nach seines Vaters Tod gar nicht mehr in Erwägung zog. Mittlerweile wußte Richard auch schon, wer seine künftige Frau sein würde. Diese

Angelegenheit lag in Eleonores fest zupackenden Händen, und wir werden uns bald näher mit ihr befassen.

Man muß aber auch die Haltung Philipps von Frankreich verstehen. Dieser weit vorausdenkende Pragmatiker war an einer solchen Verbindung dringend interessiert, denn nur so – das war seine Hoffnung – konnte er die in Frankreich so ungeheuer reich begüterten Plantagenets ein wenig unter Kontrolle bekommen. Sollte die Ehe ohne Nachkommen bleiben oder sollten diese vorzeitig sterben, dann wäre ein begründeter Anspruch des Hauses Capet auf Aquitanien, Anjou und die Normandie anzumelden, und als letztes Ziel: Man war dann endlich einmal Herr im eigenen Haus und durfte sich ganz ohne ironischen Beigeschmack «König von Frankreich» nennen. Hätte damals ein Prophet verkündet, daß dieses Problem viele Generationen später mit Hilfe eines französischen Bauernmädchens und zuungunsten Englands gelöst werden würde, so hätte ihm niemand geglaubt, am wenigsten die beiden Könige Richard und Philipp.

Für Philipps Schachspielermentalität wäre also der nächste vorteilhafte Zug die Verbindung Richards mit Alice gewesen. Vielleicht hätte Richard diesen Plan nach dem Kreuzzug ernsthaft erwogen, denn auch ihm lag nichts an den ewigen Streitigkeiten auf dem Festland, die seinen Vater zeitlebens und ganz fruchtlos beschäftigt hatten. «Zerstörst du meine Burg, zerstör ich deine Burg – verbrennst du meine Stadt, verbrenn ich deine Stadt.» Mehr war in den letzten Jahren dabei nicht herausgekommen.

Jetzt aber hatte Richard sich endlich zu einer Ehe entschlossen, und die Entscheidung war nicht zugunsten Frankreichs ausgefallen.

Richard beschloß nun, die Wintermonate auf Sizilien zu verbringen, während Philipp wegen des Scheiterns seines Eheprojekts erzürnt und beleidigt Mitte Oktober kurz entschlossen in See stach. Wenige Stunden nach der Abfahrt trieben schwere Herbststürme die Schiffe wieder zum Festland. So gab Philipp seinen Plan auf und blieb in Messina. Richard, wie immer um die Weihnachtszeit, milde und versöhnlich gestimmt, veranstaltete am Weihnachtstag ein festliches Bankett, zu dem er König Philipp und einige sizilianische Adlige lud. Richard empfing den königlichen «Herrn Vetter» mit ausgesuchter Höflichkeit und festlichem Gepränge. Nach brüderlicher Umarmung und weihnachtlichem Friedenskuß geleitete er seinen Gast zur erhöhten, festlich gedeckten Tafel, an der nur die beiden

Könige Platz nahmen, umgeben von den Tischen – je höher der Rang, je näher bei den Majestäten – ihres adeligen Gefolges.

Ein Kreuzzug war ein Kriegszug und als solcher eine rauhe Angelegenheit, bei der man es mit dem Zeremoniell nicht so genau nahm. Da saß auch ein König mit seinen Männern am Boden um den Spießbraten herum und trank wie sie, wenn Wasser gefunden wurde, gierig aus der hohlen Hand. In Ruhezeiten jedoch, wie jetzt auf Sizilien, verlief das höfische Zeremoniell nicht anders als zu Hause in den Stammschlössern. Da funkelten die Lilienkronen auf den Häuptern der Könige, auf ihren Tischen glänzte das massiv goldene Tafelgeschirr, und die diensthabenden Ritter sanken in die Knie, wenn sie Fleisch, Brot und Wein servierten. Die bei den Fürsten jener Zeit tiefsitzende Angst vor Giften gebar die absonderlichsten Bräuche. So hatte der bei Tisch dienende Ritter jeden Gegenstand, ob Messer, Teller, Platten oder Kelche, vor seiner Benützung mit den Lippen zu berühren. Speisen und Getränke hatte ein Vorkoster zu prüfen, während ein anderer Diener bei all diesen Verrichtungen mit dem «Licorn» bereitstand. Dieses Stück Horn stammte angeblich vom Einhorn, an dessen Existenz jedermann glaubte, kam aber in Wirklichkeit vom Narwal oder vom Nashorn. Das Licorn galt als das sicherste Mittel gegen alle Gifte. Mit ihm berührte der Diener Brot und Fleisch, er tauchte es in den Wein, und falls sich beim Fürsten tatsächlich Vergiftungserscheinungen zeigten, so wurde ihm dieses Horn geraspelt verabreicht.

Nicht anders wird man auch bei Philipps und Richards weihnachtlichem Freundschaftsmahl verfahren sein. Als die Tafel aufgehoben wurde, beschenkte Richard seinen Gast mit kostbaren Gold- und Silbergefäßen. Der selber ziemlich knickrige und allem Aufwand abholde Philipp nahm dies wohl als eine Art Sühnegeschenk zufrieden entgegen.

Die folgenden Wintermonate in Messina verliefen ziemlich ereignislos, wenn auch im Februar aus England beunruhigende Nachrichten eintrafen. Richard erfuhr von ernsthaften Streitigkeiten zwischen seinem Bruder Johann und dem ehrgeizig-arroganten Kanzler Wilhelm von Longchamps.

Wir haben Johanns üblen Charakter schon bei mancher Gelegenheit kennengelernt, doch das Verhalten des Kanzlers, der sich betrug, als sei er der König von England, war im ganzen Land zum Ärgernis geworden.

Richard, bei dem fast jede Woche irgendwelche Klageschriften der verfeindeten Parteien eintrafen, sandte Walter von Coutances mit ausgedehnten Vollmachten nach England. Diese Anordnungen besagten, daß Coutances und noch vier von Richard benannte Vertrauensleute bei allen Entscheidungen des Kanzlers als Zeugen heranzuziehen seien. Als Coutances in England ankam, war er von Longchamps' Macht und seinem arroganten Auftreten so eingeschüchtert, daß er Richards Briefe vorerst bei sich behielt. Die Streitigkeiten zwischen Graf Johann und dem Kanzler zogen sich dann während Richards Abwesenheit unter bürgerkriegsähnlichen Erscheinungen noch monatelang hin. Obwohl der Zwist mit Longchamps' Niederlage und Flucht endete, werden wir dem ehrgeizigen Mann später noch häufig begegnen.

So vergingen Richards Tage und Wochen in Messina mit reger Korrespondenz, die freilich nicht nur seinen Bruder und den aufsässigen Kanzler betraf, sondern allerlei andere durch den König zu entscheidende Probleme mit einschloß, vor allem die leidige Frage, ob und wann Richard endlich Alice, die Schwester Philipps, heiraten werde. Am 3. März traf sich Richard mit König Tankred in Catania, und diese Begegnung scheint überaus freundschaftlich verlaufen zu sein. Richard, immer nobel, schenkte Tankred das Schwert «Excalibur» des Königs Arthur und reiste mit ihm nach Taormina, wo König Philipp am gleichen Tag eintraf. Richard entzog sich einer Begegnung und ging schnell nach Messina zurück, was Philipp tief beleidigte. Der Graf von Flandern schaltete sich als Vermittler ein, und so kam es zwischen den beiden Königen zur Einigung bezüglich der verweigerten Ehe. Richard erklärte sich zu einer Zahlung von 10000 Silbermark zugunsten von Alice bereit und wurde dafür von Philipp von seinem Eheversprechen entbunden. Richard könne nun heiraten, wen er wolle, hieß es in dem Vertrag.

Etwas überaus Seltsames ereignete sich noch während dieses sizilianischen Winters. Eines Tages erschien Richard barhaupt und mit nacktem Oberkörper vor einer Kirche in Messina, kniete nieder und legte eine öffentliche Beichte ab. Richard neigte sonst nicht zu diesen bei seinen Vorfahren recht beliebten Bußübungen, doch diesmal schien ihn sein Gewissen so gedrückt zu haben, daß er es für notwendig hielt. Wessen klagte er sich an? Waren es die vielen hingemetzelten Menschen in Messina, die seine Seele beschwerten? Nein, das war es nicht, denn dergleichen hat bis in die heutige Zeit kaum jemals einen Fürsten oder Staatsmann die Nachtruhe geraubt. Was also war es? Ohne in Einzelheiten zu gehen, klagte Richard sich «widernatürlicher Sünden» an und erflehte Gottes Vergebung. Gelegentlich nennen die Quellen das Wort «Sodomie», wobei freilich nicht die jetzige neuhochdeutsche Bedeutung als «Unzucht mit Tieren» anzuwenden ist. Man verwandte damals diesen Begriff nahezu ausschließlich auf homosexuelle Betätigung.

König Richard Löwenherz, der normannische Held, also ein Homosexueller? Sein öffentliches Sündenbekenntnis wäre für eine solche These nicht der einzige Hinweis. Im Gegensatz zu seinen Vorvätern und vielen seiner fürstlichen und ritterlichen Zeitgenossen fehlt bei Richard der Aspekt des Frauenhelden völlig. Selbst in den Legenden taucht nicht eine einzige Geliebte auf; es gibt – wie bei seinem Vater – keine «schöne Rosamund», der man ein Liebesnest einrichtet und mit der man Kinder zeugt. Zwar akzeptierte Richard die von seiner Mutter arrangierte Ehe, doch ihr entsprangen keine Kinder, obwohl Richard, Kreuzzug und deutsche Gefangenschaft abgerechnet, noch gute fünf Jahre «Eheleben» mit Berengaria von Navarra führte. Es gibt allerdings auch keinen deutlichen Hinweis, daß er die Frauen nicht mochte, mir scheint eher, sie waren ihm gleichgültig.

(Um ganz genau zu sein: In einem anonymen, lange nach Richards Tod entstandenen Romanepos gibt es Margery, die Tochter des Königs Modred von Almayn. Sie verliebt sich in Richard und verbringt in seiner Zelle – er ist der Gefangene ihres Vaters – einige Nächte. Doch König Modred und sein Land Almayn sind reine Erfindungen.)

Immerhin wird von einigen Chronisten ein Bastard Richards mit Namen Philipp erwähnt – seine Mutter kennt man nicht –, der ihn, wiederum im Gegensatz zu seinem Vater und anderen Fürsten, kaum interessierte. Dieser Philipp erhielt eine dürftige Burg und wurde später mit Helie von Cognac verheiratet. Wenn man bedenkt, wie König Heinrich seine Bastarde ausstattete, ist dies sehr seltsam. Fast scheint es, als sei Richard von dieser Vaterschaft nicht recht überzeugt gewesen.

Ich wollte damit keine «Beweise» für Richards gleichgeschlechtliche Neigungen liefern, ich wollte nur zu bedenken geben, daß er als Liebhaber und Ehemann seltsam farblos bleibt.

Für die Homosexualität, heute von jedem Vernünftigen als

Variante «normalen» Geschlechtsverhaltens akzeptiert, gab es in Richards Epoche keinen Platz. Dergleichen wurde entweder verdrängt oder in solcher Verschwiegenheit praktiziert, daß kein Chronist uns davon berichtet. In diesem Licht erscheint uns Richards freimütiges Bekenntnis um so erstaunlicher.

Daß Richard diese «widernatürlichen Sünden» gerade auf Sizilien zustießen, ist einleuchtend. Die Einstellung der Sizilianer zum Sexus in all seinen Varianten war durch Tradition, Klima und Mentalität eine ganz andere als in Nordeuropa.

Als in Messina wieder Frieden herrschte und Richard sich mit Tankred versöhnt hatte, wurde dieser interessante königliche Gast von den sizilianischen Noblen zu allerlei Festivitäten geladen, die gewiß nicht immer einen offiziellen Charakter trugen. Neugierde und heißes Blut ließen Richard dann die ihm so ungewohnten «Sünden» begehen. Für die überwiegend griechische, vom Orient geprägte einheimische Männerwelt der oberen Schichten mag es fast ein Gebot der Höflichkeit gewesen sein, auf einer dieser Herrengesellschaften dem Gast auch einige erotische Varianten zu bieten. Daß Richard wegen einer solchen Bagatelle gleich einen Bußgang antrat, wird in Messina allgemeines Erstaunen erregt haben.

Da die langen Wintermonate Richards unbändigen Tatendrang bremsten, suchten seine Neugierde und sein Erlebnishunger nach anderen Zielen. Als er von dem im Ruf der Heiligkeit stehenden Abt Joachim von Corazzo hörte, stattete er dem greisen Ordensgründer einen Besuch ab. Abt Joachim erläuterte Richard während des Gesprächs seine Lieblingstheorie über die Bedeutung des apokalyptischen Drachens. Mit den sieben Köpfen dieses Untiers seien die folgenden sieben Bösewichter gemeint: Herodes, Nero, Constantius, Mohammed, Melsemuth (vermutlich ein islamischer Sektengründer), Saladin und der Antichrist. Letzterer habe schon vor etwa fünfzehn Jahren in Rom das Licht der Welt erblickt und werde später den päpstlichen Thron gewinnen.

Richard meinte darauf im Scherz, der Antichrist säße wohl schon in der Gestalt des Papstes Clemens III. auf dem Stuhle Petri.

Der ehrwürdige Abt fand dies gar nicht lustig, verabschiedete aber Richard mit der tröstlichen Prophezeiung, er werde Saladin besiegen und das Heilige Land befreien.

Um die eingerosteten Glieder seiner im sizilianischen Wohlleben versumpfenden Ritter wieder etwas geschmeidiger zu machen, ließ Richard im Februar ein Turnier veranstalten, bei dem König Philipp mit großer Mühe einen Streit zwischen Richard und einem französischen Ritter zu schlichten hatte. Etwa um diese Zeit traf die langersehnte Nachricht ein, daß Königin Eleonore und Berengaria von Navarra Neapel erreicht hatten.

Berengaria von Navarra

Es steht außer Zweifel, daß Richards Verbindung mit Prinzessin Berengaria von Navarra Idee und Werk seiner Mutter Eleonore waren. Sie war es, die seit Jahren erfolgreich jeden Versuch des französischen Hofs, mit Richard in verwandtschaftliche Beziehung zu treten, sabotiert hatte. Ihr war offenbar der Gedanke unerträglich, daß auf diese Weise ein Sproß des Hauses Capet ihr geliebtes Aquitanien erben könnte. Ob die Wahl Berengarias nun eine vom Zeitdruck bestimmte Notlösung war oder ob Eleonore die junge Navarresin schon länger als Richards künftige Gemahlin in Betracht gezogen hatte, wissen wir nicht.

Jedenfalls steht fest, daß die nun etwa siebzigjährige Königin, nachdem Richard «oc!» gesagt hatte, mit Umsicht und Tatkraft ein schnelles Zustandekommen dieser Ehe vorbereitete.

Gleich nach Richards Aufbruch zur Kreuzfahrt reiste Eleonore nach Süden. Ob sie die Braut schon in Navarra abholte oder sich mit ihr auf halbem Wege in Bordeaux traf, ist nicht sicher. Jedenfalls waren die beiden Damen den halben Winter unterwegs, um nach Sizilien zu gelangen. Da während dieser Jahreszeit sich nur wenige auf die offene See wagten, zog Eleonore mit ihrer künftigen Schwiegertochter auf langen beschwerlichen Landwegen über die Alpen und durch die Lombardei nach Pisa. Hier wie auch in Neapel war kein mutiger Kapitän zu finden, so daß Richard den Damen eigene Schiffe entgegensandte. Die beiden Frauen zogen jedoch den sicheren Boden vor und legten auch den Rest ihrer Reise an Land zurück.

Am 30. März setzte Richard nach Reggio über, um Mutter und Braut abzuholen. Wir wissen, daß dies nicht seine erste Begegnung mit Berengaria war, denn damals beim Turnier in Pamplona hatte Richard als junger Troubadour feurige Lieder auf Berengaria gedichtet. Nun also begleitete er die Damen nach Messina, von wo am gleichen Tag König Philipp von Frankreich nach Akkon absegelte. Ob dieser Abfahrtstermin schon länger feststand oder ob Philipp einer Begegnung mit Richards künftiger Frau ausweichen wollte, muß offenbleiben. Möglicherweise war es sogar Eleonore, die Philipps Abreise in Reggio abwartete, um ihm nicht begegnen zu müssen.

Richard wahrte jedenfalls seinem königlichen Vetter gegenüber die Höflichkeit und ließ einige seiner Galeeren als Begleitung für ein paar Meilen mitsegeln.

In diesen Tagen war der von Richard im Scherz als Antichrist bezeichnete Papst Clemens III. gestorben, und in Sizilien traf die Nachricht ein, daß der fünfundachtzigjährige Giacinto Boboni-Orsini als Coelestin III. zum Nachfolger gewählt worden war. Dies war weniger für Richard als für seinen Bündnispartner Tankred von Bedeutung. Die erste Amtshandlung des greisen Papstes war es dann auch, den Staufer Heinrich VI. am 15. April in Rom zum Kaiser zu krönen. Heinrich war bereits auf dem Weg nach Sizilien, das er sich namens seiner Gemahlin Konstanze und gegen Tankred aneignen wollte.

Auch wenn eine solche Entwicklung sich in jenen Tagen schon abzuzeichnen begann, so konnte dies Richard nicht mehr kümmern, denn sein Abreisetermin stand bereits fest. Die Hochzeit mit Berengaria sollte im Heiligen Land stattfinden.

Wer eigentlich war diese Berengaria von Navarra, und warum hatte Eleonore alles darangesetzt, diese Ehe zu arrangieren?

Navarra, dieses kleine, in den Pyrenäen gelegene und von Basken bewohnte Königreich, wurde von Sancho Garcia begründet, der die Mauren aus Nordspanien vertrieb und 925 starb. Sein späterer Nachfolger Sancho der Große (1001–35) erweiterte sein Herrschaftsgebiet um die Regionen Biscaya, Kastilien und Aragonien, so daß jeder seiner vier Söhne ein beträchtliches Erbe erhielt. Richards Schwiegervater, der beim Volk beliebte Sancho VI., «der Weise», regierte sein Ländchen nun schon seit über vierzig Jahren. Er hatte dieser Ehe mit Freuden zugestimmt; denn daß seine Berengaria Königin von England werden sollte und seine Enkel eines der glänzendsten Reiche Europas erben würden, hätte er wohl auch in seinen kühnsten Träumen nicht für möglich gehalten. Daß dann alles ein wenig anders kam, sollte Sancho der Weise – er starb 1194 – nicht mehr erleben. Er also konnte stolz und zufrieden sein, doch welche Vorteile sahen Eleonore und Richard in dieser Verbindung?

Auch wenn Berengaria eine Jugendschwärmerei Richards war, dürfen wir eine Liebesheirat mit Sicherheit ausschließen. Aber auch politische Gründe – die damals bei der Heirat fast aller Fürsten ausschlaggebend waren – lassen sich schwer finden. Ein Blick auf die Landkarte zeigt deutlich, daß dieses entlegene Pyrenäenländchen – selbst wenn Berengaria es einmal geerbt hätte – keine großen Vorteile zu bieten hatte. Zwar grenzte Navarra an die zu Aquitanien gehörende Gascogne und hätte den Besitz der Plantagenet nach Süden schön abrunden können, doch im Gegensatz zu Eleonore, die Richards Vater als Erbin Aquitaniens die Hand reichte, war Berengaria nichts als eine Prinzessin von Navarra. Ihr Bruder Sancho folgte 1194 seinem Vater auf den Thron.

Ganz nüchtern betrachtet gibt es für diese Ehe keine vernünftige Erklärung. Vermutlich stellte sie eine von Eleonore arrangierte Notlösung dar. Richard, jetzt vierunddreißig Jahre alt und immer heiratsunwillig, stimmte vielleicht dieser Verbindung auf seine schnell entschlossene Art zu, weil er Berengaria schon ein wenig kannte. Eleonore wird am Ende auch eine Braut ohne politische Vorteile akzeptiert haben, wenn der Sohn nur schnell – also vor dem Kreuzzug – unter die Haube kam und somit Hoffnung auf Nachkommen bestand. Dieser von ihr so umsichtig geplanten und unter so großen Strapazen in die Wege geleiteten Eheschließung auch beizuwohnen, wäre wohl die Krönung von Eleonores Mühen gewesen, doch sie konnte sich nur vier Tage in Messina aufhalten – gerade lange genug, um dem Sohn die Braut zuzuführen, um ihre jüngste Tochter Johanna nach so vielen Jahren wiederzusehen und um sich etwas zu erholen. Am 2. April schon segelte Eleonore nach England zurück, wo Richards Bruder Johann mit dem Kanzler Longchamps um die Gunst des Volkes wetteiferte und schon heftig nach dem Thron zu schielen begann. Die feste, ganz unverhohlene Hoffnung dieses entarteten Plantagenetsprosses war Richards Tod im Heiligen Land. So hielt es Eleonore für ihre Pflicht, in England und Frankreich darauf zu achten, daß dort nicht schon jetzt der Kampf um Richards Erbe begann. Sie unterbrach ihre Rückreise in Rom, wo sie am Ostersonntag, dem 14. April, eintraf. Es war sicher ein Zufall, daß sie mitten in zwei bedeutsame Ereignisse geriet: Am Tag ihrer Ankunft wurde der neue Papst gekrönt, und am nächsten Tag empfingen König Heinrich VI. und seine Frau Konstanze aus seiner Hand die Kaiserkrone. Eleonore kannte das kaiserliche Paar bereits von einer ebenfalls zufälligen Begegnung in Lodi bei Mailand am 20. Januar 1191. Ihr Eindruck von dem finsteren, zu Grausamkeit und Rachsucht neigenden Staufer wird nicht der beste gewesen sein. Eleonore wechselte in Rom Geld für ihre Heimfahrt ein und reiste sofort weiter.

Sie konnte aber in Rom noch erfahren, durch welche Heimtücke König Heinrich sich die Kaiserkrone erschachert hatte. Senat und Volk der ewigen Stadt hatten nämlich ihr Einverständnis mit Heinrichs Krönung von einer Hauptbedingung abhängig gemacht. Tusculum, das seit langem mit Rom in tödlicher Feindschaft lebte, sollte römisch werden. Die schöne, an den Hängen der Albanerberge gelegene Stadt war traditionell kaisertreu, und Heinrich hatte dort einen Teil seiner Truppen liegen. Diese Truppen zog er nun ab, und die römische Soldateska machte Tusculum dem Erdboden gleich. Fast alle Einwohner wurden grausam niedergemetzelt, wer entkam, versteckte sich in den Bergwäldern. Als später die wenigen Überlebenden in der Nähe ihrer zerstörten Heimat sich notdürftig in Laubhütten (italienisch frasche) niederließen, entstand das heutige Frascati.

Eleonore wußte natürlich auch um die weiteren Pläne des Kaisers: Das mitgeführte Heer sollte Süditalien und Sizilien erobern, auf das Heinrich durch seine Frau – Konstanze war Tochter und einzige Erbin König Rogers II. – Anspruch erhob.

Während Eleonore ihre Heimreise fortsetzte, zog Kaiser Heinrich wie im Sturm nach Süden und lag schon im Mai vor Neapel. Die Belagerung der durch gewaltige Mauern geschützten Stadt zog sich bis in die Sommermonate hin. Im Gluthauch der südlichen Sonne brachen schwere Seuchen aus, die das kaiserliche Heer in kurzer Zeit so dezimierten, daß der selber schwer erkrankte Heinrich den Feldzug abbrechen mußte. Kaiserin Konstanze geriet in König Tankreds Gefangenschaft. Er ließ aber diese für ihn so kostbare Geisel bald wieder frei. Diese ritterliche Tat beeindruckte Kaiser Heinrich wenig – er sann auf Rache, und wir werden sehen, wie furchtbar sie ausfiel.

König Richard von England hatte sich unterdessen auf die Seereise nach Akkon begeben, wo ihn die anderen Kreuzfahrer schon sehnlich erwarteten. Sie sollten noch sehr, sehr lange auf ihn warten müssen.

Das zyprische Abenteuer (1. Teil)

Am 20. April 1191 – also in der Osterwoche – stach Richard mit etwa zweihundert kleinen und großen Schiffen in See. König Tankred von Sizilien und die Stadt Messina werden aufgeatmet haben. Wer weiß, welche unliebsamen Überraschungen der Aufenthalt dieses kampf-lustigen Normannen und seiner Leute noch mit sich gebracht hätte? Was geschehen war, blieb trotz Versöhnung und Freundschaftspakt beim Volk in wenig guter Erinnerung. Die kleinen Leute haben ein längeres Gedächtnis als ihre Fürsten, denn sie sind es ja, die am Ende immer mit Haus und Hof, Leib und Leben die Rechnungen der hohen Herren zu begleichen haben. Richards Beiname «Löwen-herz» soll ihm zuerst von den Bürgern der Stadt Messina verliehen worden sein. Demnach wäre vor «Cœur de Lion» und «Lionheart» das italienische «Cuor di Leone», oder volkstümlich abgekürzt «Corleone», gewesen. Allerdings hatte schon 1187 der Chronist Giraldus Cambrensis den damals zwanzigjährigen Richard bezeich-net als: «Dies ist nun unser Prinz Löwenherz, der mehr ist als ein Löwe…»

Kurz nach der Abfahrt gerieten die Schiffe in eine Flaute, bis am Gründonnerstag ein steifer Nordwest aufkam, der sich am Karfrei-tag morgen zu einem gefährlichen Sturm auswuchs. Von Furcht und schwerer Seekrankheit gelähmt, mußten Besatzung und Passagiere hilflos mit ansehen, wie der Orkan die Flotte auseinandertrieb. Eine Katastrophe schien sich anzubahnen, doch plötzlich ebbte der Sturm ab, und die meisten Schiffe konnten Richards Galeere folgen. Von Samstag bis Dienstag war man auf hoher See, wo auf den Schif-fen das Osterfest gefeiert wurde. Man baute geschmückte Altäre auf, las feierliche Messen und veranstaltete sogar kleine Prozessio-nen an Deck. Geistliche aller Ränge, vom Kaplan bis zum Erz-bischof, sorgten für ein festliches Gepränge. Am Mittwoch kam

Kreta in Sicht. Im Hafen der Sudabucht ließ Richard Wasser und Proviant aufnehmen und befahl, auf etwaige Nachzügler zu warten. Am Ende stellte sich heraus, daß fünfundzwanzig Schiffe fehlten, die entweder untergegangen oder irgendwo gestrandet waren.

Am nächsten Tag wurde die Fahrt in das Ägäische Meer fortgesetzt, und wieder kam ein Sturm auf, der die Schiffe nach Rhodos abdrängte. Mit großer Mühe kreuzte die Flotte an den gefährlichen Riffen vorbei und landete schließlich sicher im geschützten Hafen der Hauptstadt.

Richard fühlte sich so schwach und krank, daß er an Land ging und sich niederlegte. Hier, im sicheren Hafen, wollte man abwarten, bis noch einige der versprengten Schiffe eintrafen. Hier wurde vermutlich auch der Plan geboren, der Insel Zypern nicht nur einen höflichen Besuch abzustatten, sondern sie gleich zu erobern, d. h. zu «befreien». Dieses von allen Eroberern so häufig mißbrauchte Wort hatte in diesem Fall sogar eine gewisse Berechtigung. Die reiche und fruchtbare Insel wurde damals von einem «Kaiser» Isaak Komnenos beherrscht, der die Einwohner ausbeutete und drangsalierte und wegen seiner Grausamkeit verrufen war. Dieser Fürst, ein Großneffe des oströmischen Kaisers Manuel, wurde schon in jungen Jahren von seinem kaiserlichen Onkel zum Statthalter einiger Provinzen ernannt. Er mißbrauchte sein Amt zu allerlei finsteren Intrigen, geriet in armenische Gefangenschaft und wurde von seiner Tante Theodora durch ein hohes Lösegeld befreit, das aus den Steuererträgen Zyperns stammte. Da die Gelder nur langsam eintrafen, überredete er den Fürsten von Antiochien – bei dem er gefangensaß –, ihn selber mit dem Eintreiben des Geldes zu betrauen. So wurde also der Bock zum Gärtner gemacht, denn Isaak zeigte auf Zypern gefälschte Papiere vor, denen zufolge er zum Statthalter der Insel ernannt worden war. Sobald er ein Söldnerheer aufgestellt hatte, ließ er die Maske fallen und erklärte sich zum «Kaiser von Zypern», und es war ihm gelungen, trotz mancher Schwierigkeiten diese Position bis jetzt zu behaupten.

Für Pilger und Kreuzfahrer wurde die Reisestation Zypern nicht selten zum gefährlichen Abenteuer; denn dieser «Kaiser» scheute nicht davor zurück, gestrandete Kreuzfahrerschiffe auszurauben und ihre Besatzung umbringen zu lassen, während er von den wohlhabenden Passagieren hohe Lösegelder erpreßte. Es gab also Gründe genug, um auf Zypern «Ordnung zu schaffen».

Bis in welche Einzelheiten der Eroberungsplan schon gediehen war, als Richard Ende April die Insel ansteuerte, ist nicht bekannt, doch eine feste Absicht war gewiß vorhanden. Kaiser Isaak verhielt sich dann auch seinem Ruf entsprechend. Hätte Richard die Eroberung der Insel nicht schon erwogen gehabt, so wäre er jetzt fast dazu gezwungen gewesen.

Drei englische Schiffe hatte der Sturm an die Westküste Zyperns geworfen, wobei ein großer Teil der Kreuzfahrer umkam. Der Rest rettete nur das nackte Leben und wurde nach zuerst freundlicher Aufnahme von den Einheimischen in einem Turm mehr eingesperrt als einquartiert. Auf einer schnell einberufenen Ratsversammlung in Amathos, dem damaligen Hauptort der Insel (in der Nähe des heutigen Limassol), wurde beschlossen, die Schiffbrüchigen vorläufig festzuhalten und gegebenenfalls umzubringen. Irgendwie muß dieser Entschluß den Gefangenen bekannt geworden sein; jedenfalls hatten sie nichts mehr zu verlieren und wagten den Ausbruch. Inzwischen waren einige weitere Schiffe der zerstreuten englischen Flotte in Amathos eingetroffen. Beim Versuch, sich dorthin durchzuschlagen, kamen mehrere Engländer um.

Die meisten aber konnten sich auf die Schiffe retten, um hier das Eintreffen der Hauptflotte abzuwarten. Als bald darauf das Schiff mit Johanna und Berengaria einlief, trat «Kaiser» Isaak auf den Plan. Er versuchte, die empörten Engländer zu beruhigen, sprach von bedauerlichen Mißverständnissen und lud alle Kreuzfahrer, insbesondere aber Johanna und Berengaria, als seine persönlichen Gäste auf die Insel. Sein eigentlicher Plan war, Schwester und Verlobte des englischen Königs als Geiseln festzuhalten, um Richard, dessen Rache er fürchtete, seine Bedingungen diktieren zu können. Gut beraten oder aus eigener Klugheit zögerten die beiden Fürstinnen ihre Antwort geschickt hinaus. Isaak Komnenos, allmählich in Zeitnot, versprach ihnen das Blaue vom Himmel herunter. Nur hier auf dem Festland seien sie wirklich in Sicherheit, für die er persönlich garantiere; ja, sogar Geiseln wolle er zu ihrer Beruhigung stellen. Er hatte jedoch keinen Erfolg, die Damen ließen sich nicht von ihrem in sicherer Entfernung ankernden Schiff locken. Sie waren mißtrauisch und wollten zuerst König Richards Ankunft abwarten.

Die beiden Frauen müssen wie auf Kohlen gesessen haben; denn die Haltung des «Kaisers» – der wohl ahnte, was ihm bevorstand – wurde immer kritischer, und niemand wußte, ob Richard den Sturm überlebt hatte. Endlich, nach fast einwöchiger Wartezeit, es war Sonntag, der 6. Mai, tauchten die so sehnlich erwarteten Segel am Horizont auf. Der Bruder und Verlobte ging sogleich auf das Schiff der Damen und konnte sie mit der Nachricht beruhigen, daß er fast die gesamte Flotte mitgebracht habe. Nun erfuhr Richard, was vorgefallen war, und wie damals in Messina geriet er in maßlosen, diesmal wohl sehr berechtigten Zorn. Nach einem kurzen Kriegsrat wurden zwei Ritter zu Isaak gesandt mit der Aufforderung, er solle sich für sein Verhalten verantworten und alles geraubte Gut wieder herausgeben. Mit höhnischer Arroganz lehnte Isaak diese Forderungen ab.

«Ich bin aus kaiserlichem Geschlecht und lasse mich zu nichts zwingen. Sagt das Eurem Herrn, und sagt ihm auch, daß ich gar nicht weiß, wer er ist, den Ihr Euren König nennt.»

Eine so maßlose Unterschätzung seines Gegners und seiner eigenen höchst kritischen Lage zeigt, daß dieser «Kaiser» nicht nur grausam und arrogant, sondern auch ziemlich dumm war.

Die beiden Ritter kamen zurück und berichteten. Sie hatten noch nicht ausgeredet, da rief Richard schon: «Zu den Waffen!»

Obwohl die Stadt Amathos sich in aller Eile verteidigungsbereit gemacht hatte, war sie dem wütenden Ansturm der Anglo-Normannen nicht gewachsen. Inmitten seiner Männer stürmte Richard auf die Verschanzungen los, während seine Bogenschützen mit einem dichten Pfeilhagel die Verteidiger in die Flucht jagten. Der schnelle Erfolg lag wohl auch daran, daß kaum einer der Zyprioten sein Leben für den verhaßten Isaak riskieren wollte.

So war Amathos in wenigen Stunden erobert und besetzt. Isaak hatte mit dem Rest seiner Getreuen die Flucht ergriffen, doch den Engländern fehlten die Pferde, um ihn jetzt noch schnell einzuholen. Natürlich befanden sich genügend Pferde an Bord der Schiffe, doch bei Richards spontanem Angriffsbefehl war für das langwierige Ausladen der großen und unruhigen Tiere keine Zeit gewesen. Zwar trieb man für Richard ein braves Packpferd auf, doch nach einem vergeblichen Versuch, das Tier in Schwung zu bringen, wandte er sich dringlicheren Aufgaben zu. Mit Einnahme der Hauptstadt war die Insel praktisch erobert, wenn es auch noch einige kleinere Orte und Festungen zu besetzen und den geflohenen «Kaiser» einzufangen galt. Obwohl die Stadt anfänglich geplündert wurde, kam es zu keiner ernsthaften Gewalttat, denn die Bevölkerung war den Eroberern eher wohlgesonnen, und Richard achtete darauf, sich die Gunst dieser Menschen zu erhalten. So untersagte er bei Strafe Mord, Brandstiftung und Raub. Zum Erstaunen der Kreuzfahrer lebten in Amathos zahlreiche Westeuropäer; vor allem die Kaufleute der großen Handelsrepubliken Venedig, Genua, Pisa und Amalfi besaßen hier Niederlassungen. Bald erschienen die ersten Abordnungen dieser römisch-katholischen Kaufleute bei Richard, huldigten ihm freudig als neuem Herrn der Insel und sahen für ihre Geschäfte eine goldene Zukunft, denn Kaiser Isaaks Steuerschraube hatte sie arg gedrückt.

Nach ihnen baten die einheimischen «Mouktars» um Audienz. Diese würdigen Männer mit langen Bärten fungierten als eine Art von Stadträten und vertraten jeweils ein bestimmtes Viertel von Amathos. Zum Zeichen der Unterwerfung schnitten sie ihre schönen Bärte nun ab. Diese wohl aus dem Orient überkommene Sitte erregte bei Richard und seinen Rittern ziemliche Verwunderung. Doch man war froh, daß alles so glatt ging. Richard mahnte unablässig zur Eile. In Akkon warteten die anderen Kreuzfahrer schon dringend auf die Unterstützung der Engländer, und Richard wollte sich vor König Philipp nicht bloßstellen, der schon seit dem 12. April die alte Kreuzritterstadt belagerte.

Doch das zyprische Abenteuer mußte noch zu Ende gebracht werden. Isaak Komnenos hatte sich zwischen Amathos und Constantia (heute Famagusta) verschanzt und hoffte noch immer auf eine Veränderung der Lage zu seinen Gunsten. Richard ließ schleunigst die Pferde ausladen, die vermutlich überglücklich waren, endlich wieder festen Boden unter den Hufen zu spüren. Jetzt hieß es also, den Tyrannen schnell aufzustöbern und unschädlich zu machen. Durch Richards Ungeduld wäre die Sache beinahe gescheitert. Mit seinen Berittenen auf ihren ausgeruhten, bewegungsdurstigen Pferden ließ Richard die Fußtruppe bald weit hinter sich. Als sie nach wenigen Meilen in einem Seitental auf Isaaks noch immer beträchtliches Heer stießen, waren sie zahlenmäßig hoffnungslos unterlegen. Doch Richard Löwenherz war nicht der Mann, jetzt auszuweichen oder umzudrehen. Mit dem seit Sizilien üblichen Schlachtruf «Saint George Aie!» preschte er an der Spitze seiner Männer ins Lager der Griechen. Das war nun wieder eine Sache nach seinem Geschmack, viel schöner, als Urkunden zu unterschreiben oder langweilige Verwaltungsfragen zu lösen.

Die Griechen waren so überrumpelt, daß sie trotz der verzweifelten Bemühungen ihres auf einem Hügel stehenden «Kaisers», sie anzufeuern, entsetzt nach allen Seiten davonliefen. Was sollten diese schlecht bewaffneten und schlecht bezahlten Söldner auch den berittenen und gepanzerten normannischen Recken entgegensetzen?

Isaak hatte die Lage schnell durchschaut, schwang sich auf sein bestes Pferd und verschwand. Als dann Richards Hauptarmee anrückte, war die «Schlacht» zwar schon geschlagen und entschieden, aber das eigentliche Ziel, die Gefangennahme des «Kaisers», wieder nicht erreicht. Doch die Insel war praktisch in Richards Hand, und nun wollte er die Pause zu angenehmeren Dingen nützen. Die fürs Heilige Land geplante Hochzeit sollte auf Zypern stattfinden.

Zwischenspiel: Die Hochzeit

Am Tage vor der Hochzeit waren ganz überraschend illustre Gäste eingetroffen. Als an diesem 11. Mai die mit Kreuzen geschmückten Segel von drei Galeeren am Horizont auftauchten, hielt es Richard nicht länger an Land. Hilfe und Unterstützung waren jederzeit willkommen – wer mochten also diese Kreuzfahrer sein? Mit einem Schnellruderer fuhr Richard den Schiffen entgegen. Als er an Deck der vordersten Galeere stand, erfuhr er, daß diese drei Schiffe viele namhafte Fürsten des von Saladin eroberten Königreichs Jerusalem an Bord hatten, nämlich: Guido von Lusignan, König von Jerusalem; seinen Bruder Gottfried, Graf von Jaffa; Bohemund III., Fürst von Antiochia; dessen Sohn Raimund, Graf von Tripolis; Prinz Leo von Armenien und noch eine Anzahl kleinerer Herren aus Palästina und Syrien.

Richard erfuhr auch sogleich, daß dieser Besuch nicht seiner Hochzeit galt – von der die Herren noch gar nichts wußten –, şondern daß Guido von Lusignan eigentlich fast schon Jerusalems Exkönig war. König Philipp hatte nämlich in Akkon verlangt, daß Konrad von Montferrat anstatt des tatsächlich unfähigen Guido in dieser kritischen Zeit den Thron Jerusalems einnehmen sollte. Unfähig oder nicht, für Richard war es ganz selbstverständlich, sich auf Guidos Seite zu stellen, denn die Lusignan waren seine Vasallen im

Poitou, und da galt nur eines: Treue gegen Treue. Wer zu Guido hielt, war gleich mitgekommen, schwor Richard die Treue und versicherte ihm, daß alle Welt ihn und nicht Philipp als den wahren Führer dieses Kreuzzugs betrachtete. Richard nahm diese Huldigungen zufrieden entgegen und lud die Herren vorerst einmal zu seiner Hochzeit. Die Hochzeit eines Fürsten war im Mittelalter die Angelegenheit des ganzen Volkes, dessen Wohl und Wehe von der herrschenden Dynastie wesentlich abhing. Bei den damit verbundenen Festlichkeiten wurde traditionsgemäß die Bevölkerung der Hauptstadt – in ihr fanden normalerweise solche wichtigen Ereignisse statt – auf den Straßen freigehalten.

Verglichen mit London war Amathos nur ein kleines Provinznest, aber gerade hier sollte nun die Hochzeit eines der mächtigsten christlichen Fürsten und zugleich die Krönung seiner Gemahlin stattfinden.

Für die braven griechischen Provinzler muß dies eine Zeit gewesen sein, die sie wie im Traum erlebten. Zuerst trieb dieser rothaarige und athletische König in wenigen Tagen den unbeliebten «Kaiser» wie einen verschreckten Hasen davon, und dann wollte er auch noch hier heiraten! Dies alles geschah innerhalb einer Woche. Plötzlich erschien auch noch der König von Jerusalem mit einem Dutzend Grafen und Fürsten, dazu gesellte sich die Gesandtschaft aus dem fernen Navarra, die Berengaria aus ihrer Heimat mitgebracht hatte. Wo große Geschichte gemacht wird, hat das Volk meistens zu bluten oder zu zahlen, doch an diesem Tag herrschte in Amathos eitel Freude. Richard war reich – von Hause aus und dank der Zahlung König Tankreds – und beglich in Gold, was er und seine Gäste verzehrten.

Eines nur wird Richard an diesem Tag bedauert haben: Seine Mutter, die ihm die Braut zugeführt hatte, war nicht unter den Gästen. Während er seine Hochzeitsgewänder anlegte – den mit silbernen Halbmonden bestickten, rosenfarbenen Waffenrock, die Scharlachkappe mit den Reiherfedern in goldener Agraffe und das seidene Wehrgehänge für sein Prunkschwert –, hat er wohl an seine Mutter gedacht, die ihm diese Ausstattung geschenkt hatte. Ob Richard von Eleonores wohlbehaltener Ankunft in Rom – am Ostersonntag, dem 14. April – schon unterrichtet war, ist nicht sicher.

Wegen der Länge solcher Zeremonien und wohl auch wegen der in diesen Breiten im Mai schon beträchtlichen Hitze begann die

Hochzeitsfeier bei Tagesanbruch. Da kein Haus auf Amathos für eine solche Anzahl illustrer Gäste groß genug war, ließ Richard ein prächtiges Zelt errichten, wo er seine festlich geschmückte Braut empfing. Hier fand der relativ kurze Trauungsakt statt. Der Heiratskontrakt wurde vom Brautpaar und mehreren Zeugen unterzeichnet, die Hochzeitsgeschenke wurden überreicht, der zeremonielle Kuß ausgetauscht, die religiöse Handlung von Nicholas, Richards Hauskaplan – später Bischof von Le Mans –, vollzogen. Das ist wieder bezeichnend für Richard: Nicht einer der zahlreichen Bischöfe oder Erzbischöfe durfte diese hohe Handlung vornehmen, sondern Nicholas, der vertraute Hofkaplan, wurde damit beauftragt. Danach führte Richard seine Gemahlin zur kleinen griechisch-orthodoxen Kathedrale von Amathos, wo die Krönung stattfinden sollte.

Die Gefühle des orthodoxen Bischofs von Amathos – der vermutlich nur als Zuschauer teilnahm – mögen zwiespältig gewesen sein. Einesteils war es eine große Ehre, wenn hier, in der kleinen Provinzkirche, ein solches Ereignis stattfand, andererseits war die jahrhundertlange Kirchenspaltung schon so vertieft, daß man sich gegenseitig verteufelte und als Ketzer bezeichnete. Mehr oder minder ernsthafte Versuche, die beiden Kirchen wieder zu vereinigen, waren gescheitert und hatten die Kluft eher noch vertieft.

Diese Krönung nun wäre das traditionelle Amt des Erzbischofs von Canterbury gewesen, doch der war kürzlich im Kreuzfahrerlager vor Akkon gestorben. Nun war es der Bischof von Évreux, der Berengaria die Krone aufs Haupt senkte, unter Assistenz der Erzbischöfe von Auch und Apamea.

Der prunkvolle Aufzug dieser zahlreichen höchsten weltlichen und geistlichen Würdenträger in ihren goldstrotzenden Festgewändern, die gestickten Fahnen, das Schmettern der Trompeten, das französisch-englisch-spanisch-italienische Sprachengewirr muß einen seltsamen Kontrast gebildet haben zu der kleinen bescheidenen Stadt mit ihren vorwiegend aus Holz oder Lehm errichteten Bauten und einer gewiß nicht sehr wohlhabenden Bevölkerung levantinischer Ackerbürger, die sich plötzlich mit dem ganzen Glanz des römisch-katholischen Abendlandes konfrontiert sahen.

Ohne eigentlich Grund dazu zu haben, brachen sie in Jubel aus, als das königliche Paar von der Kathedrale ins Quartier zurückkehrte – Berengaria im Glanz ihrer neuen Würde, Richard mit der goldenen Lilienkrone auf dem Haupt und dem Zepter in der Hand. Vom äußeren Prunk einmal abgesehen – allein durch sein Äußeres, mit seiner großen athletischen Gestalt, den roten Haaren, den grauen Augen, muß er den kleinen dunklen Griechen wie ein nordischer Märchenprinz erschienen sein.

Jetzt brutzelten die Spießbraten auf den Straßen, und der Wein floß in Strömen. Einem solchen Königspaar jubelte man gern zu, wenn auch der Bruch alter Traditionen nicht zu übersehen war: Eigentlich hätte es das englische Volk in den Straßen Londons sein müssen, das die neue Königin durch Akklamation willkommen hieß. Richard wußte dies zwar, doch dergleichen ließ sich später nachholen. Jetzt galt es, naheliegendere und deshalb wichtigere Probleme zu lösen.

Wer wird König von Jerusalem?

Guido von Lusignan, der von König Philipp recht eigenmächtig, doch mit gutem Grund abgesetzte König von Jerusalem, suchte nun Hilfe bei Richard in seiner Eigenschaft als Herzog von Aquitanien und damit auch Lehnsherr der Lusignan. Der eigentliche Gründer dieses Adelsgeschlechts war im 10. Jahrhundert Hugo I. gewesen, mit dem Beinamen «der Jäger». Sein Sohn Hugo II. erbaute das Stammschloß in dem Städtchen Lusignan nahe Poitiers und setzte die Familientraditon fort, den Erstgeborenen Hugo zu nennen. Mitte des 12. Jahrhunderts nannten die Lusignan sich Grafen von Poitou und von La Marche und waren bei Hugo IX. angelangt. Dieser nun besaß in bezug auf das Heilige Land keinerlei Ehrgeiz; denn als einer der reichsten Feudalherren in Aquitanien lebte er «wie Gott in Frankreich» und sah keinen Grund, dies gegen die Strapazen und Gefahren eines Kreuzzugs einzutauschen. Doch da gab es drei jüngere Brüder, die nichts besaßen als den Namen Lusignan und ihrem älteren Bruder ständig auf der Tasche und mit absurden Forderungen in den Ohren lagen. Ihnen also schlug der neunte Hugo vor, doch ein wenig Ruhm und Gotteslohn für die Familie zu erwerben und sich im Heiligen Land nützlich zu machen. Dieser

Vorschlag zündete bei den drei so unbeschäftigten wie tatendursti-gen jungen Rittern, und sie zogen los. Der außerhalb Aquitaniens wenig bekannte Name Lusignan sollte von da an für Jahrhunderte mit der Geschichte Palästinas und des östlichen Mittelmeeres ver-bunden bleiben. Gottfried, ältester der drei Kreuzfahrer, gewann die Herrschaften Askalon und Jaffa und gab sich damit zufrieden. Amalrich und Guido aber wollten höher hinaus, und König Richard war es zu verdanken, daß beide – trotz mancher Umwege – schließ-lich doch endgültig zu Königskronen gelangten.

Das erste Mal hatte Guido von Lusignan die Krone aus zarteren Händen empfangen: sie war ihm von Sibylle, der Erbin des Königs-reichs Jerusalem, aufs Haupt gesetzt worden. Nach dem Fall des Königreichs war Guido der Gefangene Saladins gewesen, der ihn – ein christlicher Fürst hätte dergleichen niemals getan – im Juli 1188 allein auf sein Versprechen hin freiließ, er werde alle Ansprüche auf das Königreich Jerusalem aufgeben.

Guido ging nach Antiochia zu seiner Sibylle und erwartete sehnsüchtig ein Kreuzfahrerheer, das ihm zur Krone auch wieder das Reich zurückgewinnen sollte. Als nach und nach die Vorhut der beiden großen Kreuzfahrerheere eintraf, meist Abenteurer und Glücksritter, wurden sie mit der verwirrenden Tatsache konfron-tiert, daß auch der Graf von Tyros, Konrad von Montferrat, mit der Unterstützung von König Philipp Ansprüche auf die Krone Jerusa-lems erhob. Auch er gründete dies auf Ansprüche seiner Gemahlin, einer Halbschwester Sibylles. Hinzu kam noch, daß Konrads Bru-der Wilhelm Sibylles erster Mann gewesen war, doch er war bereits zu Lebzeiten von König Amalrich, seinem Schwiegervater, gestor-ben. Ohne Zweifel wäre er der neue König gewesen, doch nun war Sibylle mit Guido verheiratet. Sie waren das vom Patriarchen in Jerusalem gesalbte und gekrönte Königspaar und hatten also das Recht auf ihrer Seite. Daran wäre auch kaum zu rütteln gewesen, hätte diese glückliche Ehe nicht jetzt durch Sibylles Tod im Lager vor Akkon ihr Ende gefunden. Die vier Nachkommen des Paares waren schon im Kindesalter gestorben, so daß Guidos Krone zu wackeln begann. Wäre er ein Mann nach dem Herzen der Kreuzfah-rer gewesen, ein Mann wie Richard Löwenherz, so hätte ihm nie-mand das Erbe streitig gemacht. Doch der gute Gatte war immer ein schlechter, ja unfähiger Politiker und Heerführer gewesen. So etwas mochte im alten Europa noch hingehen, doch hierzulande mußte der König auch ein tüchtiger Soldat sein, gerade jetzt in dieser mißlichen Lage. Philipp hatte diese Problematik sofort erkannt und ohne langes Zögern den zweifellos fähigeren Konrad von Montferrat zum Erben der Krone erklärt.

Nun sah Guido keinen anderen Weg mehr, als Hilfe bei seinem Lehnsherrn Richard zu suchen, der ja längst in Palästina hätte sein müssen. Richard ging auf Guidos Bitten ein und versprach ihm, mit ihm zusammen nach Akkon zu segeln und ihm zu seinem Recht zu verhelfen.

Das zyprische Abenteuer (2. Teil)

«Kaiser» Isaak war noch immer in Freiheit, und solange er sich irgendwo auf der Insel aufhielt, war die Sache nicht bereinigt. Richard bat also Guido um etwas Geduld, sandte einen Boten an Isaak Komnenos und forderte ein verbindliches Abkommen. Der «Kaiser» schien zuzustimmen, denn er wollte nicht sein restliches Leben auf einer zugigen Bergfestung verbringen. So ganz wollte er sich allerdings auch nicht in die Höhle des Löwen wagen; also traf man sich auf einer Brücke zwischen Amathos und Kitium. Lange, lange wurde hin und her verhandelt, bis der «Kaiser» sich einverstanden erklärte, König Richard die Treue zu schwören, ihm fünfhundert Mann für den Kreuzzug zur Verfügung zu stellen sowie 3500 Mark Silber als Ausgleich für die Beraubung der gestrandeten Schiffe zu zahlen. Ein Friedenskuß besiegelte den Vertrag, aber wer Isaak kannte, wußte, daß dies nur ein Judaskuß sein konnte.

Unter dem Einfluß eines ansonsten unbekannten Abenteurers namens Payen de Caiffa – vermutlich ein normannischer Ritter aus Akkon – änderte nämlich Isaak schnell seine Meinung, floh nach Constantia und begann neue Truppen zu sammeln. Richard, sonst eher mißtrauisch, hatte Isaaks Eid ernst genommen und ihm als Zeichen des guten Willens einige kostbare Beutestücke, darunter ein besticktes Zelt sowie Gold- und Silbergeschirr, zurückgegeben.

Schon auf dem Weg zu seinem Schiff rüstete er sich zu einem neuen Kampf mit dem eidbrüchigen Isaak. Auch Guido von Lusignan, da er nun schon einmal hier war und Richard für die Zukunft dringend brauchte, schloß sich dem Zug in den Norden Zyperns an. In diesem schwer zugänglichen und dichtbewaldeten Teil der Insel hoffte Isaak, durch eine Art Guerillakampf den Gegner – dessen Zeitnot er kannte – zu ermüden und schließlich zum Aufgeben zu bewegen. Richard nahm den Seeweg und wollte sich in Constantia mit König Guido treffen.

Auf ihrem Marsch berührten die Anglo-Normannen auch die uralte, größtenteils aus Ruinen bestehende Stadt Kitium, das Chittim der Bibel. Jetzt nur noch ein größeres Fischerdorf, barg der Ort in seiner byzantinischen Kirche einen seltsamen Schatz, nämlich ein «Grab des Lazarus». Auf welche Weise hier die Tradition des «zweimal Begrabenen» entstand, ist nicht mehr festzustellen. Den Kreuzfahrern wurde jedenfalls erklärt, hier sei 890 auf wunderbare Weise das Grab des biblischen Lazarus entdeckt worden, worauf der Körper nach Konstantinopel gebracht wurde. Auf dem Marmorsarkophag standen die Worte: «Lazarus, der Freund Christi».

Hier also machten die Kreuzfahrer auf besonderen Wunsch König Guidos halt und beteten am Lazarus-Grab. Danach zogen sie weiter nach Constantia, das nur noch als Schatten seiner einstigen Größe dahinvegetierte und auf etwa ein Zehntel seines früheren Umfangs geschrumpft war.

Inzwischen war auch König Richards Schiff angekommen, so daß der kleine verschlafene Ort plötzlich von Menschen wimmelte. Hier also trafen sich die beiden Könige wieder, um die weiteren Maßnahmen gegen «Kaiser» Isaak zu besprechen.

Am nächsten Tag saß Richard in seinem Zelt an der Küste und besprach gerade mit einigen seiner Vertrauten den künftigen Feldzug, als ein Bote die Ankunft einer großen Galeere mit der Flagge des Königreichs Jerusalem meldete. Richard sprang auf und ging ans Ufer, wo gerade die neuen Gäste an Land gingen. Es waren der Ritter Drogo de Merle und der Bischof von Beauvais. Die Herren kamen aus Palästina und baten König Richard fußfällig, den Zypernfeldzug abzubrechen und sofort mit seiner gesamten Truppe nach Akkon zu segeln. Es herrschte bereits große Unruhe bei den christlichen Streitkräften, man käme mit der Belagerung nicht voran und er, König Richard, sei noch die einzige Hoffnung des Unternehmens. König Philipp habe bereits zu verstehen gegeben, er werde keinen Handstreich mehr tun und möglicherweise sogar abfahren, falls die englischen Kreuzfahrer nicht in allernächster Zeit erschienen. Richard wußte dies alles und versicherte den Herren, er würde lieber heute als morgen in See stechen, könne aber Zypern nicht verlassen, ehe alles ins reine gebracht sei. Da wurden die Herren noch deutlicher. Während König Richard hier Christenbrüder umbringe, sammle Sultan Saladin ein großes Heer und werde wohl demnächst die wenigen noch verbliebenen Christenstädte Palästinas angreifen und erobern. Das Schicksal der Belagerer von Akkon sei dann auch besiegelt und der Kreuzzug damit gescheitert.

Richard fühlte sich von diesen Worten tief getroffen. Er schwor mehrere Eide, seine Pflicht als Kreuzfahrer demnächst zu erfüllen, es handle sich nur noch um wenige Tage. Außerdem habe er mit der Befreiung Zyperns allen künftigen Kreuzfahrern einen großen Dienst geleistet; denn nun könne jedermann hier gefahrlos Station machen.

Dies war tatsächlich richtig, schien aber die Herren wenig zu interessieren. Sie reisten enttäuscht ab und gaben in Akkon ein recht negatives Bild von Richard und seinen Absichten.

König Richard aber befahl für den nächsten Morgen Aufbruch und Abmarsch ins Landesinnere. Er hatte die Mitnahme von Wasser und Proviant angeordnet, da man mit einem Marsch von zwei Tagen durch unbesiedeltes Gebiet rechnen mußte. Beim Überqueren eines ausgetrockneten Flußlaufs bekamen die Kreuzfahrer Kaiser Isaaks neue Guerillataktik zu spüren, als sie ein Pfeilhagel aus dem Buschwerk empfing. Zwar gab es kaum Verluste, doch einem solchen Feind, der immer nur aus dem Hinterhalt angriff und sich nicht stellte, war schwer beizukommen.

Am zweiten Tag erreichten sie den kleinen Ort Tremythos, wo Isaak seine Truppen zusammengezogen hatte, wohl in der Hoffnung, hier im Landesinnern eine Entscheidung zu seinen Gunsten erzwingen zu können.

Genau darauf hatte Richard gewartet. Er zweifelte nicht daran, diesem Gegner in einer offenen Feldschlacht überlegen zu sein. Gegen die durch Kettenpanzer geschützten Ritter mit ihren langen Schwertern und die treffsicheren englischen Bogenschützen konnten Isaaks nur noch halbherzig kämpfende Söldner tatsächlich nichts ausrichten. In wenigen Stunden war der Kampf entschieden, doch Isaak entwischte ein zweites Mal. Er verschanzte sich in seiner fast uneinnehmbaren Felsenburg Kantara im Nordosten der Insel.

Richard nahm mit seinen Truppen wahrscheinlich in Tremythos Quartier. Einer seiner periodischen Fieberanfälle zwang ihn zur Bettruhe. Um welche Krankheit es sich bei diesem auch später immer wiederkehrenden Fieber handelte, ist schwer zu sagen. Es wäre möglich, daß Richard sich während seiner Landreise durch Süditalien mit Malaria infiziert hatte, die dann immer wieder aufflackerte.

Während Richards Krankheit eroberte König Guido die Burgen von Kerynia und Didimus, wobei er Isaaks Frau und seine Tochter gefangennahm. Der Name dieses Mädchens ist von keinem Chronisten erwähnt, doch handelte es sich bei ihr um Isaaks einzigen lebenden Nachkommen.

Daraufhin bat der von allen verlassene Isaak um eine Audienz. Offensichtlich hatten ihn seine letzten Getreuen in der Felsenburg Kantara allein sitzengelassen, so daß er im Kloster San Andrea um Asyl bat. Die orthodoxe Geistlichkeit aber gab ihm zu verstehen, daß er hier auf die Dauer nicht bleiben könne und sich wohl besser der Gnade des englischen Königs anheimgebe, was Isaak dann auch tat.

Isaak wußte, daß er nach seinem Eidbruch nichts mehr zu erhoffen hatte und fügte sich Richards Bedingungen. Diese lauteten: Isaak wird das Leben geschenkt, er soll auch nicht in Eisen gelegt werden. Seine Tochter wird als Geisel in die Obhut der Königinnen Berengaria und Johanna gegeben. Ansonsten ist der gefangene Despot in lebenslanger Haft zu halten. Da Richard versprochen hatte, ihn nicht schimpflich in Eisen zu legen, wurde Isaak in silbernen Fesseln abgeführt. Daß man mit diesem Verräter noch solche Umstände machte, klingt wenig glaubhaft; vielleicht aber war es eine Reverenz vor Isaaks kaiserlicher Abstammung.

Das weitere Schicksal Isaaks, seiner Tochter und seines verspielten «Kaiserreiches» werden wir später noch schildern.

Die Eroberung Zyperns hatte Richard reiche Beute gebracht. Durch Erpressungen und unmäßige Steuern hatte Isaak ein ziemliches Vermögen angehäuft, dazu kamen die jetzt reichlich fließenden «Geschenke» des zyprischen Adels – man wollte sich dem neuen Herrn verpflichten. Ehe Richard abreiste, besetzte er die Burgen der Insel mit seinen Leuten. Richard von Camville und Robert von Turnham wurden mit der vorläufigen Verwaltung Zyperns beauftragt.

Am Ende des zyprischen Abenteuers sei noch Peire Vidal erwähnt, der im Gefolge Richards mitziehende Troubadour und Frauenheld. Er verliebte sich auf Zypern in eine hübsche junge Griechin und heiratete sie – vielleicht durch das Vorbild seines Herrn angeregt – gleich an Ort und Stelle. Nun hatte er plötzlich keine Lust mehr, die Kreuzfahrt fortzusetzen. Konnte er als ritterlicher Troubadour seine junge zarte Frau den Strapazen und Gefahren eines solchen Unternehmens aussetzen? Da mußte er eben das Opfer bringen und auf die weitere Teilnahme am Kreuzzug verzichten. Richard hatte dafür offenbar Verständnis und entließ den Troubadour aus seinen Diensten. Peire Vidal kehrte also nach Hause zurück, wo irgendwelche Scherzbolde dem etwas törichten Phantasten einredeten, seine Frau sei ein illegitimer Sproß des byzantinischen Kaiserhauses. Vidal steigerte sich daraufhin in den Wahn, er habe Ansprüche auf den oströmischen Thron. Fortan führte er das kaiserliche Wappen, ließ sich gerne «Hoheit» titulieren und legte Geld für die Ausrüstung einer Flotte zurück. An den jeweiligen Fürstenhöfen wird man seinen Spaß mit diesem Vorläufer Don Quijotes gehabt haben.

Sein und seiner griechischen Frau weiteres Schicksal liegt ziemlich im dunkeln. Er soll um 1215 im Dienst König Alfons' III. von Aragon gestorben sein. Bei all dem war aber dieser herumabenteuernde Kürschnersohn aus Toulouse ein vorzüglicher Dichter, dessen etwa fünfzig erhaltene Lieder durch Kraft und Anmut bezaubern.

Die Belagerung von Akkon

Als Richard am 5. Juni 1191 von Zypern absegelte, begann er mit der Verspätung von fast einem Jahr den eigentlichen Kreuzzug. Die Damen Johanna, Berengaria und des «Kaisers» etwa vierzehn- bis fünfzehnjährige Tochter waren schon ein paar Tage zuvor abgesegelt. Den gefangenen Isaak hatte König Guido an Bord. Guido von Lusignan wird diese Fahrt mit einigem Bangen angetreten haben. Zwar war er noch immer der gesalbte und gekrönte König von Jerusalem, doch im Kreuzfahrerlager von Akkon hob sich keine Hand mehr zu seinen Gunsten, so daß er seine ganze Hoffnung auf Richard setzte.

Die Flotte segelte nun die syrische Küste entlang und ging am Abend des 6. Juni in der Nähe von Tyros vor Anker. Schon hier zeigte sich, daß die Schwierigkeiten vor allem im eigenen, völlig zerstrittenen Lager der Kreuzfahrer liegen würden. Tyros verschloß auf Befehl Konrads von Montferrat seine Tore, so daß Richard mit seinem Gefolge außerhalb der Stadtmauern nächtigen mußte.

Am 8. Juni lief die Flotte unter den Jubelrufen der Belagerer in Akkon ein. Wie immer bei sehr langen Belagerungen hatten die Leute jeden Schwung verloren, waren träge und aufsässig geworden. Um diese Mißstimmung zu bekämpfen, versprach König Philipp jedem eine monatliche Extrazuwendung von drei Gold-Besant. Der Chronist Ambroise schildert uns Richards Reaktion auf diese Geste:

«Als König Richard ankam und die große Neuigkeit hörte, ließ er im Heer ausrufen, jeder Ritter, der sich in seinen Sold begeben wolle, aus welchem Lande er auch sei, bekäme von ihm vier Gold-Besant…»

Da war er wieder, der alte Zwist dieser beiden äußerlich wie charakterlich so unterschiedlichen Monarchen. Richard konnte es einfach nicht lassen, aufzutrumpfen und den anderen auf jede Weise übertreffen zu wollen.

Kaum war Richard an Land, sandte er einen Boten zu Sultan Saladin und schlug ein Treffen vor. Richards unbezähmbare Neugierde richtete sich sogleich auf diesen schon zu Lebzeiten von Legenden umwobenen islamischen Herrscher, dessen Ritterlichkeit und Freigebigkeit auch bei den Christen Respekt fand.

Saladin meinte jedoch, für verfeindete Könige zieme sich ein Treffen erst nach vereinbartem Waffenstillstand. Er sei aber gerne bereit, statt dessen seinen Bruder Malik El-Adil zu senden. Richard war einverstanden, und man einigte sich auf eine dreitägige Kampfpause. Doch gerade zu dieser Zeit erkrankten Philipp und Richard an einem schweren Fieber, so daß das Treffen nicht zustandekam.

Auch Philipp war, seit er vor Akkon lag, nicht untätig geblieben. Seine Ingenieure hatten eine Anzahl raffinierter Belagerungsmaschinen gebaut. Neben Sturmleitern und fahrbaren Holztürmen gab es da ein riesiges Katapult, genannt «böse Nachbarin», mit dem man gewaltige Steinbrocken gegen die Stadtmauern schleudern konnte. Da wollte auch Richard nicht zurückstehen und befahl das sofortige Ausladen der zerlegten Schleudermaschinen. Der Chronist Ambroise, vermutlich in Richards Gefolge, vermerkt dazu:

«Unsere Wurfgeschütze wurden von den Schiffen geholt; man brachte sie Stück für Stück an Land, und wir sahen, wie der tapfere König von England und seine Begleiter auf ihren Schultern die Holzteile der Ballisten ungefähr eine Meile weit durch den Sand trugen, alle zu Fuß und das Gesicht mit Schweiß bedeckt…»

Gerade dieses Verhalten aber brachte neuen Schwung in die schon träge gewordenen Belagerer. Richard packte mit an, riß die anderen durch sein Beispiel mit, so daß wieder Hoffnung und Zuversicht einkehrten. Obwohl Richards Epoche noch weit von der Erfindung des Sprengpulvers entfernt war, hatte man also doch schon allerlei Hilfsmittel ersonnen, um eine Belagerung voranzutreiben. Man muß bedenken, daß Akkons Stadtmauer ähnlich der Großen Chinesischen breit genug war, um zwei Pferdekarren aneinander vorbeizulassen.

Auch die Belagerten blieben nicht untätig. Da Philipps «böse Nachbarin» offenbar den meisten Schaden anrichtete, postierten die Verteidiger auf den Mauern eine ähnliche Maschine mit dem Namen «böse Cousine» und schossen sich mit ihr auf die «böse Nachbarin» ein, so daß diese immer wieder ausgebessert werden mußte. Da gab es auch den «verwünschten Turm», ein besonders massives und mit vielen Soldaten bemanntes Bauwerk, das jedem Angriff widerstand. Schließlich trieb man Stollen unter diesen Turm, um ihn so allmählich zum Einsturz zu bringen. Die Verteidiger merkten es und gruben Gegenstollen, um die Aktion zu verhindern.

Die Moslems hatten allerdings den Fehler begangen, für diese harte und gefährliche Arbeit christliche Gefangene zu verwenden. Als diese unter der Erde auf ihre Glaubensgenossen trafen, setzten sie sich natürlich ins christliche Lager ab. Richard hatte unterdessen seine eigenen Maschinen aufgestellt, mit denen er pausenlos einen bestimmten Turm beschießen ließ, bis dieser zur Hälfte einstürzte.

Alle spürten es: Seit König Richard mit seinen Anglo-Normannen an der Belagerung teilhatte, ging die Sache voran.

Richard mußte die Aktionen vom Krankenbett aus leiten; seine immer kritischer werdende Krankheit ließ ernste Zweifel an einer Wiedergenesung aufkommen.

Auch König Philipp hatte sich angesteckt, erholte sich aber

schnell, während Richard erst Anfang Juli wieder auf die Beine kam. Die überstandene Krankheit schien doppelte Kräfte in ihm zu entfachen. Die Lage begann jetzt gefährlich zu werden, da Sultan Saladin aus mehreren Teilen seines Landes Verstärkungen zusammenzog, um einen Schlag gegen das Kreuzfahrerheer zu führen und damit Akkon zu retten. Eine Vorhut dieser Truppen begann schon im Juni die Belagerer zu belästigen. Sobald nämlich eine Bresche in die Stadtmauer geschlagen war und die Soldaten losstürmten, drangen die Moslems ins Lager ein, so daß man gezwungen war, die Kräfte zu zersplittern.

Um so erstaunlicher scheint es uns, daß auch in dieser schwierigen Lage die Zwiste im Lager unablässig weiterschwelten. Richard hatte gleich nach seiner Ankunft klar zu verstehen gegeben, daß Guido von Lusignan für ihn nach wie vor die Krone Jerusalems trage. König Philipp beharrte jedoch auf Konrad von Montferrat, wobei ihn viele unterstützten. Jetzt gab es neuen Streit um das Erbe des am 1. Juni im Lager verstorbenen Grafen Philipp von Flandern. Da er keine direkten Nachkommen hinterließ, meldete der mit dem Verstorbenen entfernt verwandte König Philipp sofort seine Ansprüche an. Richard, der keine irgendwie gearteten Rechte auf Flandern besaß, legte Protest ein, denn dieses Land grenzte an sein eigenes Herrschaftsgebiet und war von großer strategischer Bedeutung. Gut, konterte Philipp, dann werde er auf dem Abkommen von Messina bestehen und verlange hiermit die Hälfte von Zypern. Einverstanden, gab Richard zurück, falls er die Hälfte von Flandern bekomme. Zwar setzten sie dieses Spiel nicht weiter fort, doch die ohnehin schon bestehende Kluft war um einiges tiefer geworden.

Auf die Moslems hatte Richards Erscheinen großen Eindruck gemacht. Sie spürten, daß ihnen jetzt ein furchtloser und unerschütterlicher Krieger die Stirn bot. Der arabische Chronist Beha-eddin – er wirkte in Akkon als Baumeister – schilderte Richard so:

«Der König besaß eine schreckliche Körperkraft, einen erprobten Mut, einen unbezähmbaren Charakter; er hatte sich schon durch seine früheren Kriege einen großen Ruf erworben. An Würde und Macht war er dem König von Frankreich unterlegen; aber er war reicher als dieser, tapferer und von größerer Erfahrung im Krieg. Seine Flotte bestand aus fünfundzwanzig großen Schiffen, angefüllt mit Kriegern und Kriegsbedarf.»

Während Richard schwerkrank in seinem Zelt lag, versuchte

man, ihm mit einem naiven Trick etwas leichte Kost zu verschaffen. So wurde ein Bote zu Malik, dem Bruder des Sultans, gesandt. Dieser Bote erklärte, es sei zwischen Herrschern auch in Kriegszeiten Sitte, einige Geschenke auszutauschen. Wie der Chronist Beha-eddin berichtet, fuhr der Abgesandte fort:

«Wir haben Falken und andere Raubvögel mitgebracht, die unter der Reise sehr gelitten haben und verhungern. Wird es Euch gefallen, uns Hühner und Hähnchen zu schenken, um sie zu füttern? Sobald sie wiederhergestellt sind, werden wir sie dem Sultan als Huldigung bringen.»

«Sagt lieber», entgegnete Malik, «daß Euer Herr krank ist und Hühnchen braucht, um sich zu erholen. Übrigens soll es daran nicht fehlen; er wird so viele bekommen, wie er will…»

Die Legende hat aus dieser tatsächlichen Begebenheit später ein Gruselmärchen destilliert.

Demnach sehnte sich Richard während seiner Krankheit unwiderstehlich nach dem gewohnten Schweinebraten, der natürlich in einem islamischen Land kaum aufzutreiben war. Als sein Verlangen immer dringlicher wurde, gab ein Soldat dem Koch einen Wink.

«Bring einen der gefangenen Moslems um, würze und röste das Fleisch, und es schmeckt wie Schweinebraten.»

Der Koch tat's und servierte Richard die Speise. Der König war begeistert, fiel danach in einen tiefen Schlaf und war beim Erwachen gesund. Da wollte Richard auch noch den Kopf des Schweines verspeisen und fragte danach.

Der tieferschrockene Koch antwortete mit Ausflüchten, bis Richard ihn anfuhr: «Entweder den Kopf des Schweins, oder du verlierst deinen eigenen.»

Da brachte der Koch den Kopf des getöteten Gefangenen.

Richard stutzte zuerst und lachte dann laut heraus. «Was, schmeckt das Fleisch der Sarazenen so gut?» Dann meinte er noch, die Gefahr von Hungersnot sei gebannt, solange man Moslems zur Verfügung habe. In einer anderen Version lud Richard eine Gruppe von Abgesandten des Sultans zu einem Mahl, bei dem die gedünsteten Köpfe von moslemischen Gefangenen aufgetragen wurden, und jedem steckte ein Zettel mit seinem Namen im Mund. Den entsetzten Gesandten erklärte Richard, daß nichts einen Engländer besser nähre als die Köpfe der Moslems, und sie sollten dies ihrem Sultan ausrichten.

Seltsamerweise stammen diese schauerlichen Legenden nicht aus islamischen, sondern aus europäischen Quellen.

Zurück zu Saladins freundlicher Geste, die uns schon ein wenig seltsam anmutet. Der Sultan hätte doch alles daransetzen müssen, diesen Gegner auszuschalten, und wenn ihn seine Krankheit dahinraffte – um so besser.

Sultan Saladin und sein Bruder wußten genau, daß dieser englische König der eigentliche Kopf des Kreuzzugs war, dessen Erfolg mit ihm stand oder fiel. Hatte sich nicht auch das deutsche Kreuzfahrerheer nach Barbarossas Tod aufgelöst? Nachdem nun Richard schwer krank geworden war, hätte Saladin sich nichts Besseres als den Tod seines Hauptwidersachers wünschen können. Aber nein, man schickte ihm Krankenkost und die besten Genesungswünsche. Auch nach Richards Genesung wäre es Saladin ein leichtes gewesen, ihn zu beseitigen. Die Assassinen des «Alten vom Berge» führten solche Aufträge – wie wir noch sehen werden – furchtlos und genau aus.

Wie sich später zeigte, schien Saladin diesen Gegner geradezu in sein Herz geschlossen zu haben. Er hätschelte ihn wie einen Bruder.

Akkon fällt

Da wir Sultan Saladin noch als tüchtigen und geschickten Heerführer kennenlernen werden, ist es um so erstaunlicher, daß es ihm nicht gelang, Akkon zu befreien. Fast scheint es, als habe man im islamischen Lager nicht erfaßt, welchen Verlust der Fall dieser Stadt eigentlich darstellen würde. Die uralte Hafenstadt im Norden des Landes war seit jeher so etwas wie ein Tor zu Palästina gewesen, ein Bollwerk, das dem, der es besaß, den Eintritt ins Land erleichterte.

Von den Phöniziern als «Akko» Anfang des zweiten Jahrtausends v. Chr. gegründet, kam die Stadt unter ägyptische, hebräische, assyrische, babylonische und persische Herrschaft, wurde von den Griechen in «Ptolemais» umgetauft und von den Arabern «Akka» genannt. 1104 von den Kreuzfahrern erobert und zu ihrem Hauptstützpunkt ausgebaut, konnte Saladin sich Akkons 1187 nach seinem Sieg bei Hattin ohne Schwierigkeiten bemächtigen. Dieses Tor zu Palästina mußten die Kreuzfahrer aufbrechen – blieb es geschlossen, war der Kreuzzug gescheitert. Jedenfalls wurde Akkons Lage so kritisch, daß ein Bote – er schwamm nachts durch den Hafen an Land – Saladin die verzweifelten Hilferufe der Belagerten überbrachte. Saladin tat, was er konnte und führte am 5. Juli einen Großangriff auf das christliche Lager. Doch Allah war diesmal gegen die Seinen. Dem arabischen Chronisten Ibn-al-Athir wird der Bericht über Akkons Fall nicht leicht geworden sein:

«Saladin stürzte sich sogleich auf das Lager der Christen, um sie abzulenken; aber alles war vergebens: Die Christen machten gleichzeitig Front gegen die Garnison und das Heer des Sultans. Alle Moslems waren in Tränen; Saladin ritt hin und her und feuerte seine Krieger an. Wenig fehlte, und er wäre sogar in das feindliche Lager eingedrungen; schließlich wurde er durch die Überzahl zurückgeworfen. (…) Als Maschtûb die verzweifelte Lage der Stadt sah und die Unmöglichkeit, sie zu verteidigen, begann er mit den Franken zu verhandeln. Sie kamen überein, daß die Einwohner und die Garnison mit ihrem Besitz in Freiheit abziehen sollten, gegen die Summe von zweihunderttausend Goldstücken und die Freilassung von zweitausendfünfhundert christlichen Gefangenen, fünfhundert davon höheren Ranges, sowie gegen die Rückgabe des Kreuzes der Kreuzigung; überdies versprach Maschtûb zehntausend Goldstücke für den Markgrafen von Tyrus und viertausend für seine Leute; ein gewisser Aufschub für die Zahlung des Geldes und die Herausgabe der Gefangenen wurde gewährt. Als alles so vereinbart war, beschworen beide Parteien die Einhaltung des Vertrages, und die Franken zogen in die Stadt.»

Der Sultan scheint mit diesen Bedingungen keineswegs einverstanden gewesen zu sein, doch sein Befehlshaber Maschtûb handelte eigenmächtig und übergab die Stadt. Saladin war gerade dabei, ein Antwortschreiben an die Kreuzfahrer zu diktieren, als er von seinem Zelt aus sah, wie über Akkon christliche Fahnen aufgezogen wurden. Saladin fügte sich den Tatsachen und zog mit seinen Truppen ab. Der Stadt konnte er jetzt nicht mehr helfen, und die in seinem Namen, wenn auch ohne sein Wissen getroffene Absprache wollte er nicht brechen.

Beim Hissen der christlichen Fahnen und beim Verteilen der Quartiere kam es zu einem Streit, der sich später für Richard als verhängnisvoll erweisen sollte. Als die Quartierfrage nach langem Hin und Her endlich gelöst war – Philipp wohnte im früheren Ordenshaus der Tempelritter und Richard im ehemaligen Königspalast –, erklärte sich Herzog Leopold von Österreich als Führer des deutschen Heeres den beiden Königen für gleichberechtigt und pflanzte sein Banner neben Richards Palast auf. Richard, in solchen Dingen empfindlich wie ein Protokollbeamter, ließ die österreichische Fahne herunterreißen und in den Burggraben werfen. Wenn auch manche diesen Vorfall für eine Legende halten, so würde er dennoch genau in Richards Charakterbild passen.

Am 12. Juli war die Stadt übergeben worden, vier Tage hatte man gebraucht, um sich einzurichten, und jetzt galt es, die vordringlichste Christenpflicht zu erfüllen. Unter der Leitung des päpstlichen Legaten Adelard von Verona wurden sämtliche Kirchen der Stadt gereinigt und neu geweiht. Danach ging es wieder um ein weltliches, doch sehr dringendes Problem. Wer sollte nun endgültig die Krone Jerusalems tragen?

Inzwischen hatte Richard den Markgrafen Konrad von Montferrat persönlich kennengelernt. Der kluge und tapfere Piemontese scheint Richard nicht übel gefallen zu haben. Im Gegensatz zu dem glücklosen und ängstlichen Guido von Lusignan war Konrad ein Mann von Richards Art: draufgängerisch, zäh und schlau. Es war schließlich erst drei Jahre her, daß Konrad die von Saladin belagerte Stadt Tyros aus hoffnungsloser Lage befreit und sie zum Zentrum und Ausgangspunkt der Rückeroberung Palästinas gemacht hatte.

König Richard mußte nun einen Mittelweg finden zwischen seiner Verpflichtung als Lehnsherr der Lusignan und seiner Erkenntnis, daß Konrad einfach der bessere Mann war.

Der von den Fürsten ausgehandelte Kompromiß sah dann so aus: Guido sollte auf Lebenszeit König von Jerusalem bleiben, während Konrad und seine Nachkommen die Krone erben würden. Inzwischen sollten die Einkünfte der Krone zwischen beiden geteilt werden und Konrad außerdem die Herrschaft Tyros, Beirut und Sidon erhalten.

An Einkünften und Hausmacht war Konrad damit seinem Konkurrenten weit überlegen, doch die Krone Jerusalems, dieses heilige Symbol, blieb auf dem Haupt des anderen.

Der Massenmord

Als König Philipp für seinen Kandidaten Konrad von Montferrat das Beste herausgeholt hatte, erklärte er überraschend, er habe sich entschlossen, die Heimreise anzutreten. Wohl wissend, daß ihm dies als Verrat und Fahnenflucht ausgelegt werden könnte, nannte Philipp als Hauptgrund seine andauernde Krankheit. Außerdem habe er an der Eroberung Akkons mitgewirkt, und er werde einen großen Teil des französischen Heeres unter dem Befehl des Herzogs von Burgund zurücklassen.

Philipps für alle überraschender Entschluß löste trotzdem ziemliche Empörung aus.

«Die französischen Barone waren voll Wut und Zorn, als sie sahen, daß das Haupt, dessen Glieder sie waren, sich so entschlossen hatte...», bemerkte ein Chronist.

Auch Richard versuchte, den französischen König umzustimmen. Er schlug eine gemeinsame Erklärung vor, daß sie beide drei Jahre lang im Heiligen Land bleiben würden, doch Philipp ließ sich nicht umstimmen. Schon am 31. Juli reiste er mit Konrad von Montferrat nach Tyros ab. Dies war der zweite Schlag, den man Richard versetzte. Gerade auf die Mitwirkung des tüchtigen Konrad hatte Richard gehofft, und nun kehrte ihm dieser mit der Ausrede, er müsse sich um seine Länder kümmern, den Rücken.

Philipp hatte noch einmal unter Eid versichert, Richards französische Besitzungen nicht anzugreifen.

Daß beide Könige sich dies schon vor ihrer Abreise gegenseitig geschworen hatten, war wohl in Vergessenheit geraten.

In Akkon schwirrten jetzt die abenteuerlichsten Gerüchte. Der wahre Grund für Philipps überstürzte Abreise, so munkelte man, sei Richards geheime Absicht, den anderen zu beseitigen. Habe König Richard nicht einmal, als Philipp krank darniederlag, das Gerücht verbreiten lassen, der französische Kronprinz Ludwig sei gestorben, um so bei Philipp einen tödlichen Schrecken auszulösen? Wie dem auch sei, Philipp war nun fort, und Richard hatte den Oberbefehl über das gesamte Kreuzfahrerheer. Dies war wohl auch der Grund für Konrads Rückzieher.

Vermutlich kam Richard diese Entwicklung gar nicht so ungelegen. Er, der bei seinen Soldaten so beliebt war, weil er sie wie Kameraden behandelte, duldete einfach keinen gleichrangigen Nebenbuhler. Dieser war nun fort, und Richard ging mit Feuereifer an seine Aufgaben. Als erstes befahl er den Wiederaufbau der Stadtbefestigungen, die er noch verbessern und verstärken ließ. Dann nahm er die Verhandlungen mit Sultan Saladin wieder auf, womit wir zu einem der traurigsten Kapitel dieser Kreuzfahrt kommen.

Am 2. August ließ Richard Saladin sein Einverständnis mitteilen, daß die Zahlungen und die Rückführung der christlichen Gefangenen innerhalb von drei Monaten und in drei Schüben erfolgen würden. Nach der ersten Teilzahlung sollten die moslemischen Gefangenen freigelassen werden. Als am 11. August der erste Schub von Menschen und Geld eintraf, stellte Richard fest, daß zwar die Zahl der Freigelassenen korrekt sei, es sich aber nicht, wie vereinbart, um bestimmte Leute höheren Ranges handle. Deshalb könne er nun auch die moslemischen Gefangenen nicht freigeben. Saladin bot Alternativen an, doch Richard lehnte ab. Er war ungeduldig, da er möglichst schnell gegen Jerusalem ziehen wollte, ärgerte sich über diese Spitzfindigkeiten, stellte sich taub und wurde schließlich so wütend, daß er rund dreitausend moslemische Gefangene – Männer, Frauen und Kinder – vor den Mauern Akkons abschlachten ließ. Dieser grausame Befehl wurde von den «christlichen» Soldaten mit Vergnügen ausgeführt.

Wir haben nun allerdings keinen Grund, über das «grausame Mittelalter» zu seufzen. In unserem Jahrhundert wurde oft genug, und zwar auch von Christen gegen Christen, ähnliches praktiziert.

In Richards Leben aber bleibt diese Tat ein dunkler Fleck, auch wenn sie zu seiner Zeit, da es sich ja um Heiden und Feinde handelte, allgemein gutgeheißen oder doch stillschweigend toleriert wurde. Zwar gab es auch Gegenstimmen, doch die fielen nicht ins Gewicht. Wolfram von Eschenbach empörte sich in seinem Versepos «Willehalm»:

> Ist das nicht Sünde, daß man die, die nie
> Kunde von der Taufe empfingen,
> erschlug wie Vieh?
> Ich spreche hierbei sogar von großer Sünd',
> Weil alle Geschöpfe Gottes sind.

Was ein sensibler Dichter empfand, wurde im Kreuzfahrerheer nicht nachvollzogen. Unter der Parole: «Wir wollen nur unsere gefallenen Kameraden rächen», ging die Metzelei vonstatten und war bald vergessen.

Richard und Saladin

Während der nächsten Monate entwickelte sich zwischen Sultan Saladin und König Richard – zwischen denen es übrigens nie zu einer persönlichen Begegnung kam – ein seltsames Freund-Feind-Verhältnis. Man darf nicht vergessen, daß auch Saladin im moslemischen Lager seine Gegner hatte, die er ständig im Auge behalten mußte. So war etwa, gleich nach Richards Einzug in Akkon, eine Abordnung des Sultans von Muskat erschienen, die ein Bündnis gegen Saladin anregte. Saladin erfuhr davon und kam gleich mit Gegenvorschlägen.

Doch dies half alles nichts. Das Ziel war Jerusalem, und zwischen Akkon und Jerusalem stand Saladin mit seinen Truppen.

Richard drängte also auf einen schnellen Aufbruch, was allenthalben auf wenig Begeisterung stieß. Zu gut hatte man sich in Akkon eingerichtet, zu sehr gefiel den Kreuzfahrern das sorglosüppige Leben. Und überhaupt: Jetzt, mitten in der heißesten Jahreszeit, einen Krieg beginnen? Damit sollte man besser bis zum Herbst warten...

Ein dichtender Chronist schildert die Situation:

Die Männer waren viel zu träge,
Denn die Stadt war köstlich allerwege
Von guten Weinen und von Frauen;
Sehr schöne gab es da zu schauen.
Nach Wein und Fraun die Männer gierten
Und toll daran sich delektierten.
Da war viel Häßliches zu finden
Und so viel Üppigkeit und Sünden,
Daß Scham die Biedermänner spürten
Vor dem, wie sich die andern führten.

Richard, von einmal gefaßten Entschlüssen schwer abzubringen, beharrte auf seinem Sommerfeldzug. Um seine Krieger nicht ablenken zu lassen, verbot er die Mitnahme «liederlicher Weiber». Nur ältere robuste Waschfrauen waren zugelassen, was die Stimmung nicht gerade hob. Die Franzosen unter dem Herzog von Burgund bildeten eine mürrische Nachhut und wünschten sich an die Seite ihres Königs, der schon die wesentlich mildere Heimatluft genoß.

Wer einmal erlebt hat, in welche Höhen sich die Celsiusgrade in jener Küstenregion während des Hochsommers verirren können, hält es für schier unmöglich, daß ein nach Heimatbrauch gerüstetes mittelalterliches Heer nicht schon nach wenigen Kilometern zusammenbrach.

Fangen wir einmal beim Fußvolk an. Ein Soldat der «Infanterie» trug üblicherweise einen Koller aus Leder oder Filz und einen leichten Metall- oder Lederhelm, dazu eine schwere Lanze, Streitaxt oder -keule, manchmal auch ein kurzes Schwert. Mußte sich der einfache Soldat zwar zu Fuß fortbewegen, so war er doch ein wenig luftiger gekleidet als sein Herr, der Ritter zu Pferde. Dieser trug auf dem Körper leichtes Leinenunterzeug, darüber Lederwams und -hose. Sie waren notwendig, um den schweren Kettenpanzer – er bedeckte meist den ganzen Körper – überhaupt aushalten zu können. Die Waffen des Ritters bestanden gewöhnlich aus einer leichten Lanze, einem langen zweischneidigen Schwert und der schweren Streitaxt.

Dermaßen gerüstet führte Richard sein Heer am Donnerstag, dem 2. August 1191, aus Akkon heraus und auf die Küstenstraße in südlicher Richtung. Man könnte nun einwenden, die Männer hätten es sich leichter machen und ihre Kettenpanzer erst vor der Schlacht anlegen sollen. Da Saladin jedoch nach Guerillataktik operierte, ging niemand dieses Wagnis ein. Ständig schwirrten Pfeile hinter irgendwelchen Hügeln hervor, und man mußte jede Minute auf einen plötzlichen Überfall gefaßt sein. Es kam dann allerdings auch zu spürbaren Ausfällen wegen der kaum zu ertragenden Hitze. Die Männer fielen wie matte Fliegen vom Pferd, und wer den Hitzschlag überlebte, wurde von den blitzschnell heranpreschenden Moslems getötet.

Sultan Saladin vermied sorgfältig die offene Feldschlacht, denn er wußte genau, daß dabei seine Leute den «eisernen Männern» unterlegen waren. Seine Taktik war es, das Heer mehr und mehr durch blitzartige Überfälle zu ermüden und zu beunruhigen. Richard achtete darauf, daß seine Soldaten jeden zweiten Tag eine längere Ruhepause einhielten, was aber wegen der dauernden Bedrohung durch moslemische Reiterhorden nicht immer möglich war. Seit dem Blutbad von Akkon machte Saladin keine Gefangenen mehr. Wer seinen Leuten in die Hände fiel, wurde verhört und – falls er dies überlebt hatte – niedergemacht.

Während Richard an dem von Saladin zerstörten Haifa vorbei und um den Berg Karmel herumzog, versuchte die Kreuzfahrerflotte, trotz widriger Winde, mit dem Heer Schritt zu halten. Richards Kämpfernatur kam bei diesem Kriegszug zur vollen Entfaltung. Da die Nachhut am meisten gefährdet war, hielt er sich meist dort auf, preschte aber sofort an die Spitze, wenn sich dort etwas regte.

Das mürrische Hinterhertrotten des Burgunderherzogs und seiner Franzosen hätte fast ein schlimmes Ende gefunden, als sie einmal umzingelt und hart bedrängt wurden. Sie konnten sich gerade noch freikämpfen und blieben von da an in engerem Kontakt mit den anderen. So wälzte sich der christliche Heereszug durch die glühende, ausgedörrte Landschaft und machte sich gelegentlich Mut durch das gemeinsame Stoßgebet:

«Sanctum sepulcrum adiuva!» (Heiliges Grab, hilf uns!)

Richard versuchte jetzt alles, um bei seinem Gegner einen Zeitgewinn herauszuholen. Am 5. September traf er mit Saladins Bruder Malik zusammen und bot einen Waffenstillstand an.

Als Malik nach den Bedingungen fragte, nannte Richard als erste Voraussetzung die Abtretung von ganz Palästina.

Auf diese Frechheit fand Malik keine Worte mehr und zog sich sofort zurück.

Da der gepanzerte Heerwurm offenbar durch nichts aufzuhalten war, blieb Saladin aber schließlich nichts anderes übrig, als sich doch zur Schlacht zu stellen. Er wählte den Ort mit Bedacht nördlich von Arsuf, wo das Gelände für seine Reitertruppen eben genug war, wo es aber auch einen bewaldeten Küstenstreifen gab, der Deckungsmöglichkeiten bot.

Als erfahrener Feldherr merkte Richard sofort, was sich da ankündigte. Nun, darauf hatte er ja gerade gewartet – die Moslems sollten ihre Schlacht haben. Steven Runciman schildert uns genau Richards Schlachtordnung:

«Am Samstag morgen, dem 7. September 1191, war es Richard offenkundig, daß die Muselmanen eine Schlacht zu erzwingen gedachten, und er stellte seine Leute in vorbereiteter Kampfesordnung auf. Der Gepäckzug wurde entlang der Küste verteilt und Heinrich von Champagne und ein Teil des Fußvolkes zu seiner Bewachung bestellt. Die Bogenschützen standen in der vordersten Reihe und die Ritter hinter ihnen. Die Tempelritter standen auf der Rechten, am südlichen Ende der Schlachtlinie. Ihnen zunächst befanden sich die Bretonen und die Leute aus Anjou, neben ihnen die Truppen von Guyenne unter Guido und seinem Bruder Gottfried von Lusignan. In der Mitte stand der König selbst mit seinen englischen und normannischen Truppen; sodann kamen die flämischen und ortsansässigen Barone unter Jakob von Avesnes und die Franzosen unter Hugo von Burgund und auf der äußersten Linken schließlich die Hospitaliter. Als die Aufstellung beendet war, ritten Richard und der Herzog von Burgund die Reihen entlang und sprachen den Truppen Mut zu.»

Jetzt, da es um Sein oder Nichtsein ging, fügte sich Hugo von Burgund widerspruchslos Richards Anordnungen.

Wie üblich sandte Saladin seine leichte Fußtruppe als erste ins Gefecht. Im dichten Hagel der Wurfgeschosse wich die christliche Vorhut zurück, doch der Angriff zerschellte an den schwergepanzerten Rittern. Gleich darauf fiel die moslemische Reiterei in die linke Flanke des Kreuzfahrerheeres, ohne sie jedoch aufreißen zu können. Richard zögerte bewußt den Angriffsbefehl hinaus. Er fürchtete, seine Truppe zu zersplittern, ehe sich Saladins Hauptheer zum Kampf stellte. Die kampfesdurstigen Hospitaliter hielten es indessen nicht länger aus und stürzten einfach los. Da dies nun einmal geschehen war und alle anderen Ritter den Hospitalitern folgten, setzte Richard sich an die Spitze. Wie eine riesige Eisenwalze brach die gepanzerte Meute in Saladins Heer ein und zerstreute es in alle Winde. Die Schlacht bei Arsuf war gewonnen! Sie hatte beide Seiten wunderbarerweise nur wenig Verluste gekostet.

Der Wert dieses Sieges war auch mehr moralischer Natur. Seit der für die Christen so vernichtenden Schlacht bei Hattin war dies endlich wieder ein Sieg auf offener Walstatt gegen den bisher so erfolgreichen Saladin. Bei den Kreuzfahrern herrschte frenetischer Jubel, der zu einem guten Teil auch Richard galt.

Für Saladin war dies nach Akkon die zweite große Niederlage, und er begann im eigenen Lager ein wenig sein Gesicht zu verlieren. Wer war er denn schon, dieser Saladin? Ein Emporkömmling, ein Usurpator, der nur ein wenig Glück gehabt hatte und über den Allah aus unerfindlichen Gründen – vorläufig noch – seine Hand hielt. Saladin war nicht in der glücklichen Lage seiner christlichen Standesgenossen, denen, da sie schon im Purpur geboren waren, niemand ihr Herrschaftsrecht abstritt, während er sich aus sehr einfachen Verhältnissen emporgearbeitet hatte und sich gegen widerborstige Emire, die in einer Art Lehnsverhältnis zu ihm standen, behaupten mußte. Er litt zudem an häufig wiederkehrenden Malariaanfällen und hätte am liebsten durch ein vernünftiges Abkommen seinen Frieden mit den Christen gemacht. Noch aber war es nicht soweit, noch mußte er fürchten, nun auch Jerusalem und damit vielleicht seinen Thron zu verlieren. Zur Resignation gab es allerdings keinen Grund, da sein Heer zwar geschlagen, doch keineswegs vernichtet war.

Was Richard nun tat, hat Unverständnis und Erstaunen sowohl bei seinen Zeitgenossen wie auch bei den Geschichtsschreibern erregt. Anstatt nach kurzer Ruhepause das kaum geschützte Jerusalem in einem Handstreich zu nehmen, marschierte er nach Jaffa, um sich dort einzurichten. Ich kann dies so unvernünftig nicht finden. Abgesehen davon, daß sein erschöpftes Heer eine längere Ruhepause dringend nötig hatte, konnte ein fester Stützpunkt an der Küste von großem Nutzen sein, ehe man auf die Hauptstadt marschierte. Daß Richard später durch langes Zögern und nutzlose Verhandlungen die richtige Gelegenheit, doch noch das Ziel dieser Kreuzfahrt zu erreichen, verpaßte, ist allerdings kaum verständlich.

Seltsame Pläne

Richard beschäftigte die Kreuzfahrer mit dem Wiederaufbau der Festungsmauern von Jaffa, während Saladin das blühende Askalon niederreißen ließ, nur um den Kreuzfahrern die Möglichkeit zu nehmen, sich auch hier einzunisten. Das Prinzip der «verbrannten

Erde» ist uralt, wenn ihm auch auf dem begrenzten Raum Palästinas nicht allzu große Bedeutung zukam. Doch Saladins Befürchtungen erwiesen sich als gegenstandslos. Richard begann sich in Jaffa – dem biblischen Joppe – behaglich einzurichten und knüpfte erst einmal Verhandlungen mit Malik an. Dieser, nicht so edelmütig, dafür aber listenreicher als sein Bruder, nutzte die Gelegenheit, seinen Gegner kunstvoll hinzuhalten, und seltsamerweise machte Richard dieses Spiel willig mit.

Das schön inmitten fruchtbarer Gärten gelegene Jaffa bot alle Voraussetzungen für ein angenehmes Leben. Die inzwischen eingetroffene englische Flotte brachte die lange vermißte Weiblichkeit aus Akkon mit, so daß es an nichts mehr mangelte. Als Richard aber bemerkte, daß sich ein Teil der Truppe allmählich nach Akkon abzusetzen begann, sandte er König Guido dorthin, um die Leute an ihre Pflichten zu erinnern. Da dies nichts half, weil man in Akkon eher auf Konrad von Montferrat als auf den nominellen Noch-König hörte, fuhr Richard Anfang Oktober selber hin. Sein Versuch, bei dieser Gelegenheit Konrad endlich zur Mithilfe bei der Eroberung Jerusalems zu bewegen, schlug erneut fehl.

Am 13. Oktober traf Richard wieder in Jaffa ein, begleitet von Berengaria, Johanna und einigen der abtrünnigen Kreuzfahrer.

Unterdessen zogen sich die Verhandlungen mit Saladin hin und begannen immer seltsamere Formen anzunehmen. Auf Richards Forderung nach der Übergabe Jerusalems mit allem Land westlich des Jordans sowie nach der Rückgabe des Wahren Kreuzes antwortete Saladin, auch dem Islam sei Jerusalem heilig. Was Richard dann am 19. Oktober vorschlug, würde bis heute niemand für möglich halten, wäre es nicht von christlichen wie moslemischen Chronisten einwandfrei belegt.

Richard schlug vor, Malik solle seine Schwester Johanna heiraten und mit ihr gemeinsam von Jerusalem aus ganz Palästina regieren. Des weiteren müsse das Wahre Kreuz den Christen ausgehändigt und alle Gefangenen müßten freigelassen werden. Jerusalem müsse zur jedermann zugänglichen offenen Stadt erklärt werden.

Saladin nahm den höchst ungewöhnlichen Vorschlag der Heirat zustimmend auf. Ungewöhnlich deshalb, weil es damals sowohl für Moslems als auch für Christen undenkbar war, daß ein Moslem eine Christin heiratete oder umgekehrt. Vielleicht war Saladin über diese Denkweise schon hinaus. Denn er war es gewesen, der im

Jahre 1173 – damals noch Wesir von Ägypten – Friedrich Barbarossa vorgeschlagen hatte, seinen Sohn mit einer Tochter des Kaisers zu verheiraten. Es fehlte ihm also keineswegs an Toleranz und Phantasie, um jetzt Richards ähnlichen Plan nicht als völlig undurchführbar abzutun.

Auch Malik, der Hauptbetroffene, erklärte sich grundsätzlich einverstanden. Aber vielleicht nahmen beide diesen Vorschlag gar nicht wirklich ernst, sondern Saladin, der Listenreiche, wandte nur wieder einmal seine oft erprobte Verzögerungstaktik an. Solange er mit dem Gegner verhandeln konnte, brauchte er nicht Krieg zu führen, und er wußte recht genau, daß die Zeit für ihn arbeitete. Er wußte zum Beispiel, daß die Reste des deutschen Heeres den ganzen Kreuzzug längst satt hatten, wußte auch, daß die Franzosen, soweit sie nicht am Landgewinn beteiligt waren, nichts lieber getan hätten, als endlich heimzufahren. Dies alles zog Saladin in Betracht, als er Richards abstruse Vorschläge scheinbar wohlwollend aufnahm.

Es war dann eine Frau, die diese männlichen Luftschlösser zum Einsturz brachte. Johanna, der man zumutete, einen Moslem zu heiraten, sagte ganz energisch und eindeutig nein. So mußte Richard am 23. 10. dem Gesandten des Sultans mitteilen, daß Königin Johanna über diesen Plan sehr erzürnt sei und sich weigere, ihn auch nur in Betracht zu ziehen. Um sie geneigter zu stimmen, schlage er Maliks Übertritt zum Christentum vor.

Mit arabischer Höflichkeit wies Malik diese Ehre zurück, lud aber Richard zu einem Freundschaftsmahl, das am 8. November tatsächlich stattfand und recht friedlich verlief. Richard bat Malik bei dieser Gelegenheit, zwischen ihm und dem Sultan ein Treffen zu vermitteln. Malik schickte tatsächlich zu Saladin – aber dieser lehnte ab. Dies erscheint zunächst unverständlich, da der Sultan von Richards Persönlichkeit fasziniert war und deshalb an einem persönlichen Kennenlernen hätte interessiert sein müssen. Doch diese Ablehnung hatte einen guten Grund. Während Richard mit Malik fröhlich tafelte, hatte der Sultan in seinem nahegelegenen Feldlager einen Abgesandten Konrads von Montferrat empfangen. Der ehrgeizige Franzose hatte es Richard niemals verziehen, daß er ihn um die Krone brachte, und bot nun Saladin an, er wolle sich künftig völlig neutral verhalten, falls er Sidon und Beirut zurückbekäme. Er ging sogar so weit, dem Sultan anzubieten, ihn bei der Rückgewinnung Akkons zu unterstützen. Saladin hatte wieder einmal Gelegenheit, sich über die Christen zu wundern. In offener Schlacht tapfer, stark und einig, verkauften und verrieten diese Herren sich gegenseitig, sobald etwas Ruhe herrschte. Als Saladin Konrads Gesandten fragte, ob sein Herr tatsächlich gegen König Richard die Waffen erheben würde, bekam er freilich nur Ausflüchte zu hören.

Auch von Richard kamen neue Vorschläge. Er hoffe zwar noch immer, vielleicht mit päpstlichem Dispens, seine Schwester Johanna zu einer Heirat zu überreden, doch habe er auch eine Ersatzbraut in petto. Seine Nichte Eleonore von Bretagne nämlich könne er, da sie sein Mündel sei, auch ohne päpstliche Zustimmung verheiraten. Er wäre dann sogar bereit, Malik als Herrscher über ganz Palästina anzuerkennen, falls Jerusalem für die Christen zugänglich bleibe. Sobald dies alles verwirklicht sei, werde er die Heimreise antreten.

Nun hatte Saladin die Wahl. Er berief eine Ratsversammlung ein und ließ abstimmen. Malik und die meisten Emire entschieden sich für den Plan Richards, denn er konnte ja nicht ewig bleiben, und er war der am meisten ernst zu nehmende Gegner. Saladin, in bezug auf die Vertragstreue der Christen inzwischen aller Illusionen beraubt, bemerkte jedoch resignierend: «Auch wenn wir mit ihnen Frieden schließen, sichert uns nichts gegen einen verräterischen Angriff von dieser Seite. Das beste ist vielleicht doch, nicht vom Heiligen Krieg zu lassen, bis wir sie vertrieben haben oder uns der Tod trifft.»

Wie schnell hätten die Kreuzfahrer mit diesem klugen und ritterlichen Herrscher eine vorteilhafte Einigung erzielen können, wären sie nur selber einig gewesen.

Ein Winter in Palästina

Während dieser end- und ergebnislosen Verhandlungen zwischen Christen und Moslems schmorte der Krieg auf kleiner Flamme weiter. Da und dort gab es kleinere Scharmützel, die aber keiner Seite nennenswerten Schaden zufügten. Als Richard Ende November auf seine geliebte Falkenjagd ging, geriet er in einen Hinterhalt und wäre wohl Saladins Gefangener geworden, hätte nicht der getreue

Ritter Wilhelm von Préaux ausgerufen, er sei der König. Es gab ein paar Gefallene, und Ritter Wilhelm wurde gefangengenommen.

Als im November die Regenzeit begann, beurlaubte Saladin die eine Hälfte seines Heeres und zog sich mit der anderen nach Jerusalem zurück. Er konnte in Ruhe abwarten, denn in Jerusalem war er sicher, und aus Ägypten waren Verstärkungen angekündigt.

Richard jedoch, unfähig zum Stillhalten, nicht geschaffen zur Untätigkeit, ging mit einem Teil seines Heeres in das südöstlich von Jaffa gelegene Ramleh, das die Moslems zerstört hatten. Hier schlug er für sechs Wochen sein Quartier auf und scheint dabei auch einen Feldzug gegen das nicht weit entfernte Jerusalem erwogen zu haben. Doch außer einigen feindlichen Überfällen, die schnell abgewehrt wurden, geschah nichts Wesentliches.

Warum zögerte Richard so lange? Wäre es nicht den Versuch wert gewesen, Saladin, der nur noch ein halbes Heer zur Verfügung hatte, anzugreifen? Hoffte Richard noch immer auf ein Ergebnis der längst festgefahrenen Verhandlungen? Wo war denn der alte Richard Löwenherz geblieben mit seinen jähen Entschlüssen, seiner listenreichen Kriegführung, seiner unbändigen Angriffslust: Drauf und drein!

Am 23. Dezember zog Richard in das noch näher an Jerusalem gelegene Latrun, wo er mit den beiden Königinnen und Guido von Lusignan das Weihnachtsfest feierte.

Während der letzten Dezembertage ließ Richard seine Truppe in das Hügelland von Judäa hinaufziehen. Warum jetzt, da der eisige Regen in Strömen fiel und die Winterstürme das Aufstellen der Zelte fast unmöglich machten? Trotzdem herrschte bei den Soldaten eine gehobene Stimmung. Endlich, endlich sollte das Ziel dieses beschwerlichen Feldzugs erreicht werden: Jerusalem. Die Heilige Stadt mit der Grabeskirche, die es zu befreien galt, die reiche Residenzstadt des Sultans, wo man sich die herrlichsten Plünderungen, die schönsten Mädchen, die fetteste Beute versprach.

Ja – Richard hätte jetzt sein Heer trotz Kälte, Regen und mangelnder Ernährung im Sturm auf Jerusalem führen können. Warum also tat er es nicht? Für viele von Richards Entscheidungen gibt es keine oder nur unzureichende Erklärungen, doch in diesem Fall wissen wir genau, was ihn bewog, den Angriff nicht zu unternehmen. Vernunft und taktische Überlegungen zwangen ihm diese Entscheidung auf, doch sie wird ihm nicht leichtgefallen sein.

Falls nämlich Richard seine Soldaten nach Jerusalem geführt hatte, wäre er dort in die tödliche Umklammerung des auf den Hügeln vor der Stadt gelegenen ägyptischen Ersatzheeres und Saladins ausgeruhten Truppen geraten. Selbst wenn – nach der Rechnung: ein Christ besiegt zehn Moslems – man diese Umklammerung gesprengt und Jerusalem erobert hätte, wäre es unmöglich gewesen, die Stadt auch zu halten. Der größte Teil der Kreuzfahrer sah mit der Rückgewinnung der Heiligen Stadt seine Pflicht als erfüllt an und wäre mit den nächstbesten Schiffen heimwärts gezogen. Wie aber sollte Jerusalem gegen das vereinigte islamische Heer gehalten werden? Auf Konrad von Montferrat war kein Verlaß, denn der hätte zwar gerne die Krone von, doch nicht die Verantwortung für Jerusalem getragen.

Für Tage zögerte Richard seine endgültige Entscheidung hinaus. Was mag ihm dabei durch den Kopf gegangen sein? Er, der Mann spontaner Entschlüsse, wird jetzt erwogen haben und zu der Erkenntnis gelangt sein, daß es diesmal, trotz des unbändigen Kampfgeistes seiner Männer, keine wirkliche Chance gab.

So führte er denn sein Heer durch den immer tiefer werdenden Schlamm bei Hagel, Regen und Sturm zurück nach Ramleh. Obwohl es keinen Schwertstreich getan hatte, war es im Grund ein geschlagenes Heer.

Die Anglo-Normannen standen wie immer treu zum König und seinen Entscheidungen, doch die Franzosen begehrten zornig auf. Das also war Richard Cœur de Lion, der mutige und gefürchtete Kriegsheld. Ob sie nun Richards Beweggründe nicht verstanden oder nicht verstehen wollten – sie warfen ihm vor, er habe Jerusalem verschenkt, und begannen sich abzusetzen. Der Herzog von Burgund ging mit dem größten Teil seiner Franzosen nach Jaffa, einige reisten in die Heimat ab, andere zogen sich in das sichere Akkon zurück. Richard wußte, wie ansteckend eine solche Stimmung sein konnte und tat, was die Heerführer aller Zeiten und Länder in solchen Situationen getan hatten: Er suchte eine Beschäftigung für seine Soldaten.

In Askalon

Askalon, südlich von Jaffa an der Küste gelegen, doch ohne eigenen Hafen, gehörte zu den ältesten Städten Palästinas. In altägyptischen Texten seit der 11. Dynastie mehrfach bezeugt, finden wir Askalon auch im Alten Testament als eine der fünf Städte (Pentapolis) des Philisterreiches erwähnt.

«Dies aber sind die goldenen Beulen, die die Philister dem Herrn zum Schuldopfer gaben: Asdod, Gaza, Askalon, Gath und Ekron…» Bei Askalon schlug 1099 im 1. Kreuzzug Gottfried von Bouillon das ägyptische Heer, doch erst 1157 fiel die Stadt in die Hände der Christen. Nach Saladins großem Sieg bei Hattin wurde auch Askalon erobert und zerstört. Saladin ließ die Stadtmauern schleifen, damit sich die Christen nicht wieder dort einnisten konnten.

Genau das aber tat nun Richard mit seinen Anglo-Normannen, die wieder einmal Bauarbeiter spielen mußten. Während der nächsten Monate baute Richard die schon fast abgestorbene Stadt zu einer der stärksten Festungen Palästinas aus, trotz aller Schwierigkeiten mit dem in diesem Jahr besonders schlechten Winterwetter und dem durch das Fehlen des Hafens erschwerten Nachschub an Lebensmitteln.

Wider Erwarten ließ Saladin die Christen in Ruhe arbeiten, obwohl er doch wissen mußte, welches gefährliche Nest hier entstand. Zu den Aufgaben der Historiker gehört es, für dergleichen eine plausible Erklärung zu finden. In diesem Fall erklärt man sein Stillhalten damit, daß er sein Heer durch neue Truppen aus Mossul und Gezira verstärken wollte und außerdem mit einigen Emiren wieder einmal in Streit geraten war.

König Richard konnte dies nur recht sein. Je dichter er den Ring starker Festungen um Jerusalem zog, desto schwerer würde es Saladin fallen, die Stadt zu halten.

Ende Januar richtete Richard einen eindringlichen Appell an die französischen Kreuzfahrer, ihn doch jetzt, kurz vor dem Ziel, nicht im Stich zu lassen. Noch einmal gelang es ihm, die zersplitterten Truppen wieder zusammenzuführen. Die Franzosen versprachen, bis Ostern (5. April 1192) bei ihm auszuharren, und wurden in

Askalon gleich zum Festungsbau eingesetzt. Ende Februar war die Hauptarbeit getan, doch schon gab es wieder Schwierigkeiten mit ihnen. Richard war mit dem Herzog von Burgund in Streit geraten. Der Hauptgrund dieses Streites war finanzieller Natur. Der knauserige König Philipp hatte seinen Franzosen nicht sehr viel Geld zurückgelassen, so daß ihr Sold aus Richards Tasche bezahlt werden mußte. Als nun auch Richards vorher so wohlgefüllte Kriegskasse immer leerer wurde, mußte er seine Zahlungen an die Franzosen einstellen, was den Herzog von Burgund dazu bewog, sich mit dem größten Teil seiner Truppe wieder nach Akkon abzusetzen.

Inzwischen hatte Richard von neuem an den starrsinnigen Konrad von Montferrat appelliert, endlich auch einmal etwas für den Kreuzzug zu leisten. Der wiederholte zwar sein kategorisches Nein, erklärte sich aber zu einem Treffen bereit.

Mittlerweile waren sich in Akkon Pisaner und Genuesen so in die Haare geraten, daß es zum offenen Aufruhr kam.

Die reichen Seerepubliken Pisa und Genua hatten in Akkon Handelsniederlassungen gegründet und unterhielten einen lebhaften Schiffsverkehr. Den beiden Handelsstädten bedeutete der eigentliche Sinn dieser Kreuzfahrt nichts. Sie witterten neue Märkte und dachten rein kaufmännisch. Durch sie wurde der Glaubenskrieg zum Handelskrieg. Es begann damit, daß die Pisaner – angeblich im Namen von König Guido – einfach ganz Akkon besetzten. Wenig später traf Hugo von Burgund mit seinen Franzosen vor der Stadt ein, die nun ihre Tore vor ihm schloß. Hugo belagerte Akkon – wieder einmal kämpften Christen gegen Christen. Saladin im fernen Jerusalem nahm es kopfschüttelnd, doch sehr zufrieden zur Kenntnis.

Richard, schon auf dem Weg zu dem Treffen mit Konrad von Montferrat in Castel Imbert (zwischen Akkon und Tyros), wurde nun von den Pisanern dringend um Hilfe gebeten. Am 20. Februar war er in Akkon und konnte mit großer Mühe den Frieden wiederherstellen.

Das Treffen mit Konrad verlief ergebnislos. Der designierte König weigerte sich nach wie vor, Richard mit Geld oder Truppen zu unterstützen. Richard drohte ihm mit der Wegnahme seiner sämtlichen Besitzungen, doch Konrad blieb hart. Er fühlte sich stark und sicher, außerdem wußte er, daß fast alle christlichen Fürsten in Palästina in ihm den eigentlichen König von Jerusalem sahen, während Guido von Lusignan sich nur mit Richards Hilfe noch auf seinem symbolischen Thron hielt.

Richard kehrte enttäuscht nach Askalon zurück. Unter solchen Umständen blieb nur ein Weg: Er mußte mit Saladin einen möglichst vorteilhaften Frieden aushandeln. Also sandte er Stephan von Turnham mit neuen Verhandlungsangeboten nach Jerusalem. Als dieser englische Ritter am Stadttor eintraf, sah er zwei Gesandte Konrads herausreiten. Turnham wußte nun, daß Saladin weiterhin mit beiden christlichen Parteien verhandelte und – wer wollte es ihm verdenken? – im Zwist der Europäer seine Vorteile suchte.

Am 20. März erschien Malik el-Adil, Saladins Bruder, in Richards Feldlager. Sein Angebot lautete: Die Christen durften behalten, was sie bis jetzt erobert hatten. Freier Zugang nach Jerusalem und das Recht, dort Priester zu unterhalten, wurde zugesichert. Auch das Wahre Kreuz sollte nun endgültig zurückgegeben werden. Richard schien keine Einwände zu haben. Ihm war inzwischen jede halbwegs annehmbare Regelung recht, denn die Nachrichten aus England waren alarmierend.

Machtkampf in England

Da dies eine Biographie König Richards von England ist, kommen wir nicht umhin, das Heilige Land für eine Weile zu verlassen, um – zum Verständnis des Folgenden – die etwas verworrenen Zustände auf den Britischen Inseln näher zu betrachten.

Erinnern wir uns an den Februar vorigen Jahres auf Sizilien, als Richard dauernd Klageschriften aus England bekam, in denen Johann ohne Land und der Kanzler Wilhelm von Longchamps sich gegenseitig der Untreue und des Verrats beschuldigten.

Richard hatte daraufhin seinen Vertrauten, Walter von Coutances, mit ausgedehnten Vollmachten nach England geschickt. Nach langem Hin und Her hatten Adel, Bürger und Geistlichkeit den anmaßenden Longchamps einstimmig abgesetzt und statt dessen Walter von Coutances zum Obersten Richter ernannt. König Richard und seinen möglichen Nachkommen wurde erneut die Treue geschworen, wie auch Johann und seinen Erben, falls Richard ohne Nachfolger sterben sollte. Nun hatte Johann die erste Stufe zum Thron erklommen. Sein Hauptfeind war geflohen, sein Bruder kämpfte im Heiligen Land und würde wohl dort auch, so hoffte Johann, sein Grab finden.

Der Abgang des Kanzlers, Obersten Richters und Bischofs von Ely war jämmerlich. Der stolze Longchamps mußte den Tower, das Schloß Windsor und fast alle seine Burgen übergeben. Aller Macht entkleidet floh er nach Dover und versuchte von dort in Frauenkleidern auf das Festland zu gelangen. Von einigen Bürgern erkannt, durch die Straßen gejagt und in einen Keller gesperrt, wäre es ihm wohl übel ergangen, hätte nicht Johann nach Übergabe der restlichen Burgen seine Freilassung befohlen.

Doch damit war der Leidensweg des Gestürzten noch nicht zu Ende. Als er endlich in Flandern war, fiel er dort einigen Widersachern in die Hände und mußte sich freikaufen. Über Paris ging er in die Normandie, wo seine Feinde verbreiteten, er sei exkommuniziert. Überall wurde Longchamps gemieden wie ein Aussätziger, bis es ihm zu bunt wurde und er sich direkt an Papst Coelestin wandte. Zwar ordnete der Papst eine Untersuchung des Falles an, doch Longchamps hatte keinen Nutzen davon, denn die von Richard eingesetzte Fünferregentschaft mit Walter von Coutances an der Spitze besprach sich mit dem englischen Klerus und setzte Longchamps auch noch als Bischof von Ely ab.

Richard, damals auf Sizilien, wurde davon in Kenntnis gesetzt, während Longchamps den König vor Johanns Absichten warnte. Johann, dessen Beiname nur noch ein Relikt aus alten Zeiten war, regierte seine Grafschaften Cornwall, Devon, Dorset, Gloucester und Somerset wie ein autonomer Fürst. Anstatt mit dem königlichen Schatzamt abzurechnen – er war ja schließlich der Vasall seines Bruders –, ließ er den ganzen Segen in seine Taschen fließen, und niemand wagte, ihn daran zu hindern. Konnte nicht jede Stunde die Nachricht von Richards Tod aus Palästina eintreffen? Dann war Johann König, und jedermann wußte, wie er mit seinen Gegnern verfuhr.

Mittlerweile war König Philipp nach Frankreich zurückgekehrt und hatte nichts Eiligeres zu tun, als seinen Kreuzfahrereid zu brechen. Was hatten die beiden Könige sich damals geschworen? Keiner wollte des anderen Besitz in dessen Abwesenheit antasten.

Im Januar 1192 lud Philipp seinen «lieben Vetter Johann» nach Paris. Er bot ihm die Hand seiner Schwester Alice sowie seine Unterstützung bei der Gewinnung des englischen Thrones. Eleonore von Aquitanien, die stets wach und aufmerksam die Entwicklung in England verfolgt hatte, erfuhr von diesem Plan und handelte sofort. Johann, schon im Aufbruch, wurde von Eleonore, den fünf Regenten und dem Erzbischof von Rouen sehr nachdrücklich an dieser Reise gehindert. Man drohte dem Verräter mit der Wegnahme der Ländereien, falls er sich derart gegen seinen Bruder verschwören sollte. Da dieses Komplott nun gescheitert war, suchte diese gierige Seele sofort nach einem anderen Weg, um Beute zu machen.

Sein Erzfeind Longchamps bot ihm 5000 Pfund, wenn Johann ihn bei der Wiedergewinnung seiner Ämter unterstütze. Johann nahm das Geld und forderte Longchamps auf, nach England zu kommen. Dieser, mißtrauisch und ängstlich, schickte sicherheitshalber auch an Eleonore einen schönen Batzen Geld. Als Longchamps im März 1192 in Dover landete, setzte er sich dort in eine feste Burg und wartete ab. Johann, der Longchamps gerne im Land haben wollte, weil er diesen Gegner brauchte, um die Gunst von Volk und Adel zu gewinnen, versuchte, die fünf Regenten zur Wiedereinsetzung Longchamps' zu bewegen. Richards fünf Getreue lehnten ab. Auch Eleonore stellte sich gegen Longchamps, als sie Einzelheiten aus seiner früheren Tätigkeit erfahren hatte. Als Johann seine Pläne durchkreuzt sah, kassierte er von den Regenten 2000 Pfund und ließ Longchamps wieder fallen. Der abermals gescheiterte Emporkömmling kehrte am 3. April eilends auf das Festland zurück. Er fürchtete um seinen Kopf.

Die Nachrichten von diesen Vorgängen trafen während des Jahres 1192 bei Richard ein und bewogen ihn, die Kreuzfahrt auf jede nur halbwegs ehrenvolle Art abzuschließen, um nach England zurückzukehren.

Die Rache des Alten vom Berge

Richard wollte geordnete Verhältnisse in Palästina hinterlassen und berief am 16. April eine Generalversammlung nach Askalon ein. Er gab seine Absicht bekannt, bald nach England aufzubrechen, und schlug vor, den Streit um die Krone Jerusalems nun endgültig zu bereinigen.

Sollte König Guido sich noch Hoffnungen auf den Thron gemacht haben, so wurde er bitter enttäuscht. Außer Richard stimmte niemand für ihn, und Konrad von Montferrat hatte nun endlich sein Ziel erreicht. Richard, sonst weit davon entfernt, demokratische Entscheidungen ohne weiteres hinzunehmen, gab diesmal seine Zustimmung. Insgeheim zog auch er den harten Kämpfer Konrad vor, doch die Lusignan waren nun einmal seine Lehnsleute, und da hieß es eben: Treue gegen Treue. Richard wich auch diesmal nicht von seinem Prinzip ab. Guido von Lusignan, nun nicht mehr König von Jerusalem, erhielt von Richard die Insel Zypern als neues Königreich, und sein Geschlecht sollte dort noch regieren, als die Erinnerung an ein christliches Königreich im Heiligen Land nur noch wie eine fromme Legende klang.

Nach der Wahl des neuen Königs von Jerusalem machte sich sofort eine Gesandtschaft unter Heinrich von Champagne auf den Weg nach Tyros. Als Konrad die gute Nachricht empfing, gab er sich recht fromm. Er kniete nieder, faltete die Hände, sagte etwas von unwürdig und unverdient, doch habe man sich Gottes Willen zu fügen. Vielleicht hat der kalte und rücksichtslose Ehrgeizling es in diesem Augenblick sogar ehrlich gemeint. Der von Konrad so fromm zitierte Wille Gottes hatte aber doch etwas anderes im Sinn.

Einige Tage später, am Abend des 28. April, saß die künftige Königin Isabella im Bad, während Konrad mit ihr zu Abend speisen wollte. Da sie einfach nicht fertig wurde, ging Konrad zu seinem Freund, dem Bischof von Beauvais, um in dessen Gesellschaft seinen Hunger zu stillen. Da der Bischof aber schon gegessen hatte, kehrte Konrad wieder um. Inzwischen mußte ja auch Isabella fertig sein. Als er auf dem Weg zu seinem Palast um eine Ecke bog, hielten ihn zwei Männer mit einer Bittschrift auf. Während Konrad das Schriftstück entgegennahm, stieß ihm einer der Männer einen langen Dolch ins Herz, mit den Worten: «Du wirst weder Markgraf noch König sein!»

Wenig später war Konrad von Montferrat tot.

Den einen der beiden Mörder erschlug man sofort, der andere gestand vor seiner Hinrichtung, er habe die Tat im Auftrag seines Herrn, des «Alten vom Berge», verrichtet. Damit war Scheich Sinan gemeint, Oberhaupt der geheimnisumwitterten Assassinen-Sekte. Diese Glaubensgemeinschaft wurde um 1080 von einem persischen Schiiten namens Hassan gegründet, der seine Anhänger – meist schwärmerische Jünglinge – durch ein betäubendes Hanfgetränk in willenlose, fanatische Befehlsempfänger verwandelte. Von «Hasch-schaschi» – Hanfesser – leitet sich auch die Bezeichnung Assassinen her. «Ermorden» heißt noch heute auf italienisch «assassinare».

Mit einer ständig wachsenden Anhängerschar gelangte Hassan mordend und raubend nach Syrien und Libanon, wo sie – auf 60 000 angewachsen – weite Gebiete unter ihre Kontrolle brachten. Von dem in Persien residierenden Nachfolger des Sektengründers, Hassan II., sagte sich 1169 Scheich Raschid ud-din Sinan los und machte sich unabhängig. Da weder die Christen noch Sultan Saladin gegen ihn und seine Anhänger etwas ausrichten konnten, versuchten beide Seiten, sich mit dem «Alten vom Berge» gutzustellen, wovon diese furchtbare Sekte natürlich profitierte.

Die schreckliche Tat war geschehen, jetzt stellte sich die Frage nach dem Warum. Die beiden Mörder waren nur Handlanger gewesen, der Befehl kam von Scheich Sinan, und dieser tat nichts ohne gewichtigen Grund. Es war allgemein bekannt, daß der gewalttätige Konrad kurz zuvor ein Handelsschiff der Assassinen gekapert, ausgeraubt und das Schiff samt Besatzung versenkt hatte. Auf Scheich Sinans Forderung nach Rückgabe der Beute hatte Konrad nicht reagiert – da hatte der «Alte vom Berge» sich eben gerächt. Ein weiterer und wohl auch der tiefere Grund wird gewesen sein, daß der Scheich das Erstarken der christlichen Herrschaft vor allem im Küstenbereich fürchtete und nun alles tat, um im christlichen Lager Verwirrung zu stiften. Wir werden sehen, daß ihm dies ausgezeichnet gelang. Die Leute damals waren allerdings nicht zufrieden mit den eben genannten einfachen und plausiblen Erklärungen, sondern suchten nach weiteren Gründen für die Mordtat. Bald kursierten zwei Versionen. Die eine besagte, Sultan Saladin habe Scheich Sinan bestochen, Richard und Konrad umbringen zu lassen, um beide

Gegner auf einmal loszusein. Der schlaue Sinan jedoch, in der Befürchtung, Sultan Saladin – von seinem Hauptgegner befreit – könne sich gegen die Assassinen wenden, habe nur Konrad ermorden lassen.

Die zweite Version besagte schlicht, Richard habe den von ihm gehaßten Konrad durch bezahlten Auftrag von den Assassinen umbringen lassen. Beide Versionen sind unwahrscheinlich. Abgesehen davon, daß Richard trotz seiner Abneigung voll hinter Konrads Wahl stand, da sie geordnete Verhältnisse schuf, war ihm eine solche Tat völlig wesensfremd.

In gewissen Kreisen jedoch pflegte man eifrig die Version von Richards Täterschaft, und dieser Vorwurf sollte ihn noch lange verfolgen.

Vor dem Ziel umkehren

Auf seiner Rückreise nach Askalon erfuhr Richard von den Ereignissen und von dem Plan, Graf Heinrich von Champagne als Nachfolger Konrads vorzuschlagen. Dieser so plötzlich für eine Königskrone in Aussicht genommene junge Mann war der Neffe von zwei Königen, nämlich Philipps von Frankreich und Richards von England. Richard zeigte sich auch sofort einverstanden, und es ging dann alles sehr schnell. Zwei Tage nach der Ermordung ihres Gatten war Isabella schon wieder verlobt. Denn als Heinrich von Champagne in Akkon erfuhr, was geschehen war, eilte er zurück nach Tyros, wo Isabella sich in die Burg eingeschlossen hatte. Sie ließ wissen, daß sie nur einem Vertreter der Könige von England oder Frankreich die Tore zur Stadt öffnen werde. Aber Heinrich, jung und hochgemut, aus bestem Hause, wurde vom Volk zum König ausgerufen. Da konnte Isabella nicht anders, als ihm Herz und Burgschlüssel anzuvertrauen.

Eine Woche nach dem Mord waren die beiden Mann und Frau. Wenn es bei Isabella Liebe auf den ersten Blick war, so hatte Heinrich wohl eher seine schnelle Karriere im Sinn.

Als Richard noch vor der Hochzeit seinen Neffen traf, setzte er ihn davon in Kenntnis, daß Isabella ein Kind erwarte, das, wenn es ein Junge war, die Krone erben würde.

«Und ich sitze dann mit der Dame da», antwortete der offenbar nicht mehr ganz so begeisterte Heinrich. Nun, alle redeten ihm zu, und aus dieser Blitzhochzeit wurde eine sehr glückliche Verbindung. Heinrich verliebte sich nachträglich so sehr in seine Frau, daß er sie kaum noch aus den Augen ließ. Isabella weinte dem alternden und groben Konrad keine Träne nach und lebte glücklich mit ihrem Heinrich in Akkon.

Richard, durch Konrads starre Haltung schon etwas mutlos geworden, erhielt nun neuen Auftrieb. Jetzt, da sein Neffe Heinrich von Champagne der neue König war, sah die Sache anders aus. So dachte er, so hoffte er, doch der vom Grafen zum König avancierte junge Ritter genoß in Akkon heftige Flitterwochen und hatte vorerst keine Lust, seinem plötzlich wieder so tatendurstig gewordenen Onkel nun gleich vom Ehebett aufs Schlachtfeld zu folgen. Richard nämlich hatte den jähen Entschluß gefaßt, die Festung Daron zu erobern, Saladins letzten Stützpunkt an der Küste.

Nach fünftägigem schwerem Kampf war die Stadt erobert, worauf die Besatzung der Festung sich ergab. Trotzdem gab es keine Gnade für die Verteidiger der Burg. Ein Teil wurde niedergemacht oder über die Zinnen hinabgestürzt, ein anderer Teil gefangengenommen. Noch gab es keinen Vertrag mit Saladin, und Richard wollte durch diese Brutalität demonstrieren, was den Feind künftig erwartete.

Am Tag nach dem Sieg traf nun auch König Heinrich mit den französischen Truppen ein. Richard übergab seinem Neffen die Stadt, und das darauffolgende gemeinsame Pfingstfest wurde zur triumphalen Siegesfeier. Jerusalem schien wieder in greifbare Nähe gerückt. Richard wurde von allen Seiten gedrängt, diesen Erfolg zu nützen und gleich nach Jerusalem weiterzuziehen. Richard aber zögerte. In diesen Tagen waren höchst beunruhigende Nachrichten aus England eingetroffen. Sein Bruder Johann schien mit Unterstützung des französischen Königs ganz ernsthaft die Usurpation des englischen Thrones zu betreiben. Richard war hin- und hergerissen. Einesteils hatte er sich fest vorgenommen, dieses Land nicht zu verlassen, bis Jerusalem gefallen war, andererseits wollte er auch nicht tatenlos zusehen, wie ihn Johann durch List und Tücke um den Thron brachte. Die anderen Führer des Kreuzzugs ließen ihn wissen, daß der Angriff auf Jerusalem beschlossene Sache sei, ob mit oder ohne ihn.

Richard wollte die Sache ein paar Tage überdenken und führte das Heer erst einmal nach Askalon. Am 5. Juni endlich hatte er sich zu einem Entschluß durchgerungen. Durch Philipp, seinen Feldprediger und Sekretär, ließ er mitteilen, daß er bis zum nächsten Osterfest (28. März 1193) im Heiligen Land bleiben und alles unternehmen wolle, um Jerusalem zu erobern.

Was mag Richard bewogen haben, trotz der heiklen Lage in England seinen Aufenthalt in Palästina um fast neun Monate zu verlängern? Es heißt, sein Beichtvater habe ihm derart ins Gewissen geredet, daß er – spontan wie immer – dieses Versprechen gab. Allerdings war es nur ein Versprechen, kein Schwur, und vielleicht wollte er damit nur die Stimmung bei den Kreuzfahrern wieder heben. Am 7. Juni zog das Heer von Askalon nach Beit-Naba, das nur dreizehn Meilen von Jerusalem entfernt lag. Hier blieb Richard einen Monat, um Verstärkungen aus Akkon abzuwarten. Während dieser Zeit erschien der syrische Bischof von Lydda und übergab einen Teil des von ihm in Sicherheit gebrachten Wahren Kreuzes. Ein anderes Stück hatte ein griechischer Abt vergraben und schenkte es nun Richard. Das Hauptstück der berühmten Reliquie aber hatte Sultan Saladin inzwischen der Grabeskirche in Jerusalem zurückerstattet.

In Beit-Naba wurde nun heftig beraten, ob, wie und wann die Belagerung Jerusalems begonnen werden sollte. In diese Beratungen platzte die Nachricht von einer riesigen Karawane, die von Ägypten kommend mit Waffen, Proviant und zahlreichen Lasttieren nach Jerusalem unterwegs war.

Während die Karawane bei der «runden Zisterne» rastete, überfiel Richard sie und kehrte mit einer gewaltigen Beute nach Beit-Naba zurück.

Sultan Saladin war entsetzt, als er dies erfuhr. Nun mußte er jeden Tag damit rechnen, daß das christliche Heer vor Jerusalem erschien. Um dessen Anmarsch zu erschweren, ließ er das Land zwischen Jerusalem und Beit-Naba völlig verwüsten. Brunnen wurden zugeschüttet, Obstbäume umgehauen, Getreidefelder verbrannt.

Doch das christliche Heer war durch den Beutezug wohlversorgt, und nun traten vor allem die Franzosen für einen sofortigen

Abb. 1 Gottfried IV., der Schöne, von Anjou; Richards Großvater.

Abb. 2 Kirche Notre-Dame-la-Grande (12. Jahrh.) in Poitiers.

Abb. 3 Palast der Herzöge von Aquitanien in Poitiers. Einzelne Bauteile im Innern stammen noch aus Richards Epoche.

Abb. 4 Richards Vater, König Heinrich II., bei König Ludwig VII. von Frankreich. Als Vasall für seine französischen Besitzungen beugt Heinrich das Knie.

Abb. 5 König Richard Löwenherz von England. Aus einer Chronik des 14. Jahrh.

Abb. 6 König Richards Staatssiegel, dazu unten das Siegel von Johann ohne Land.

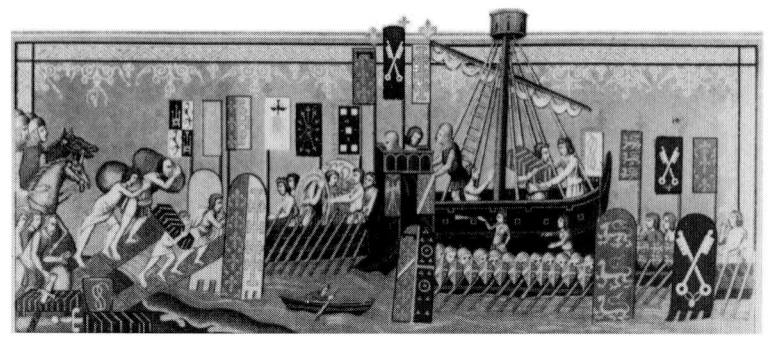

Abb. 7 Ein Kreuzfahrerschiff wird beladen. Die Wimpel der verschiedenen Teilnehmer sind gehißt, darunter die Wappen von Kaiser und Papst, England, Frankreich etc.

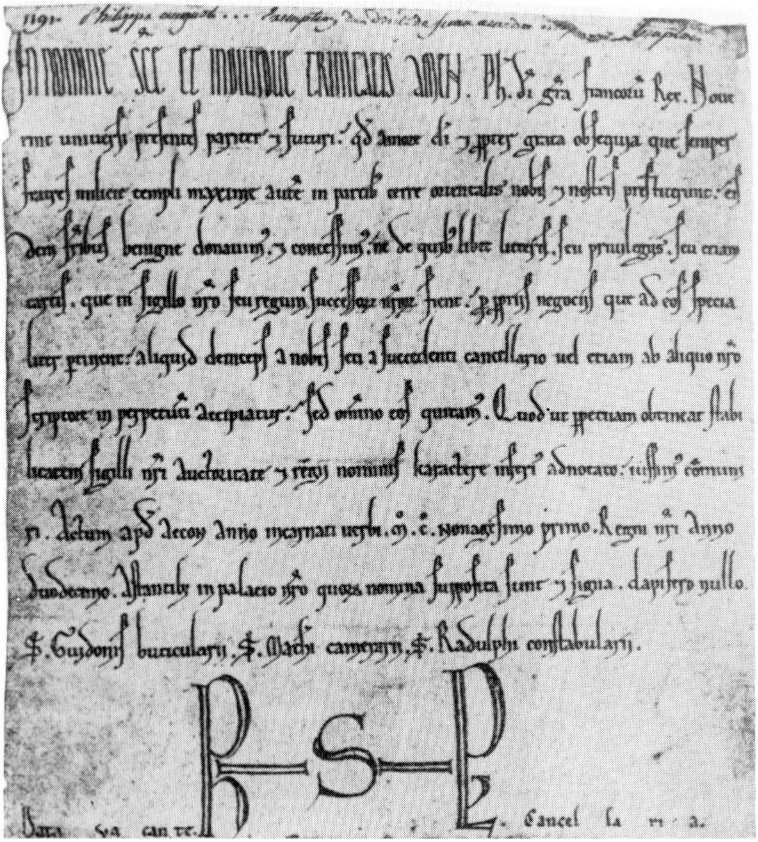

1191. Philippus augustus ...

In nomine sancte et individue trinitatis amen. Ph. Dei gratia Francorum Rex. Nove-
rint universi presentes pariter et futuri. quod amore Dei et propter grata obsequia que semper
fratres milicie templi maxime autem in partibus terre orientalis nobis et nostris prestiterunt: eis-
dem fratribus benigne donavimus et concessimus: ut de quibuslibet litteris. seu privilegiis. seu etiam
cartis. que in sigillo nostro seu regum successorum nostrorum fient: pro propriis negociis que ad eos specia-
liter pertinent: aliquid deinceps a nobis seu a succedenti cancellario vel etiam ab aliquo nostro
scriptore in perpetuum accipiatur. sed omnino eos quitamus. Quod ut perpetuam obtineat stabi-
litatem sigilli nostri auctoritate et regii nominis karactere inferius adnotato. iussimus communi-
ri. Actum apud Acon anno incarnati verbi. M. C. nonagesimo primo. Regni nostri anno
duodecimo. Astantibus in palatio nostro quorum nomina supposita sunt et signa. dapifero nullo.
S. Guidonis buticularii. S. Mathei camerarii. S. Radulphi constabularii.

Data va can te. Cancel la ri a.

Abb. 9 Hauptportal am Refektorium des Königspalastes in Nikosia (Zypern). Ganz rechts das Wappen der Lusignan.

Abb. 8 (linke Seite unten) Eine von König Philipp II. von Frankreich 1191 in Akkon ausgestellte Urkunde.

Abb. 10 Akkon, Hauptstützpunkt der Kreuzfahrer. Mole und Seemauer stammen noch aus dem Mittelalter.

Abb. 11 Krak des Chevaliers, eine der besterhaltenen Kreuzfahrerburgen in Palästina. Sultan Saladin hat sie 1188 vergeblich belagert.

Abb. 12 Jaffa, die von Richard wiederaufgebaute und später heißumkämpfte Stadt.

Abb. 13 Kreuzgewölbe im Innern der Burg von Akkon.

Abb. 15 (rechte Seite unten) Die Hinrichtung der rund 3000 Moslems vor Akkon am 20. 8. 1191.

Abb. 14 Die Reiterei des Sultans Saladin.

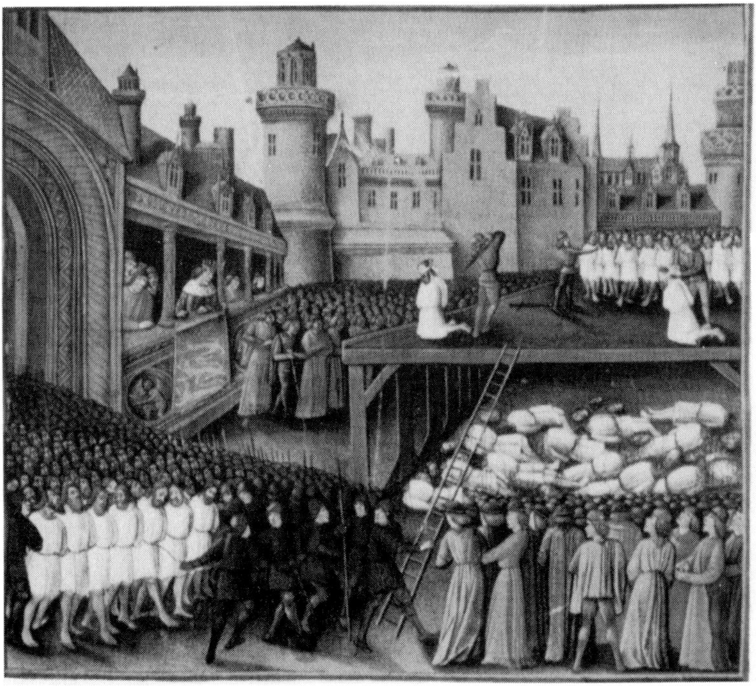

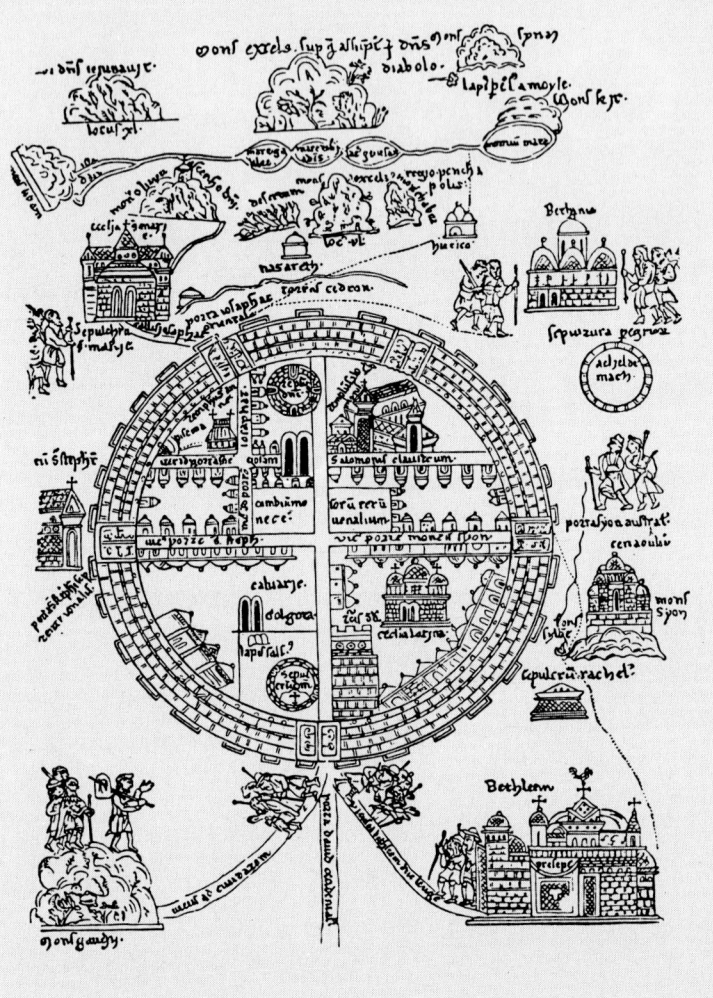

Abb. 16 Plan der Stadt Jerusalem aus einer Handschrift des 12. Jahrhunderts.
Auf den Wegen um die Stadt sind wandernde christliche Pilger dargestellt.

Abb. 17 Sultan Jussuf Salah-ed-din (Saladin), Gegenspieler Richards in
Palästina.

Abb. 18 Richards Gefangennahme durch Bewaffnete des Herzogs Leopold von Österreich.

Abb. 19 Richard wird als Gefangener vor Kaiser Heinrich VI. gebracht.

Abb. 20 Kaiser Heinrich VI. aus der Manessischen Liederhandschrift.

Abb. 21 Der heutige Ort Dürnstein mit der Bergfeste und der unteren Burg, links im Bild.

Abb. 22 Wappen der Stadt Dürnstein von 1476. Deutlich sind die beiden Burgen – die untere und die obere – zu erkennen.

Abb. 23 Reste der Festung Trifels, wo Richard viele Monate gefangensaß.

Abb. 24 Ruine der Burg Chinon an der Vienne. In dieser Hauptfestung der Plantagenet starb König Heinrich II., hier wurde auch der Staatsschatz aufbewahrt.

Abb. 25 Ruine von Château Gaillard. Diese von Richard errichtete Lieblingsburg war sein häufiger Aufenthalt.

Abb. 26 Reste der Schloßkapelle von Chalus. Hier wurden nach Richards Wunsch seine Eingeweide bestattet.

Abb. 27 Von diesem Turm der Burg Chalus fiel der tödliche Pfeilschuß.

Abb. 28 Reste des Gedenksteins für König Richard unterhalb der Burg Chalus.

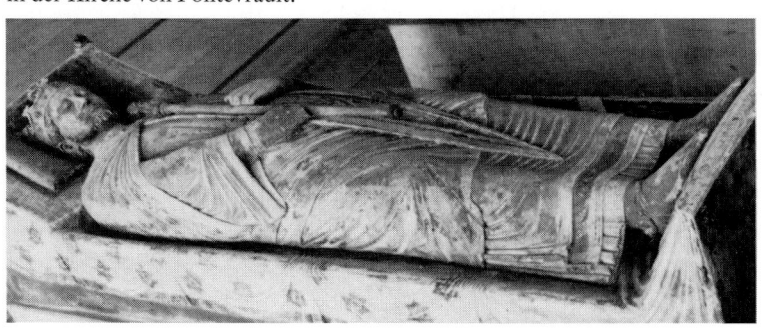

Abb. 29 Die Abteikirche von Fontevrault (12. Jahrh.). Hier liegt Richard Löwenherz mit seinen Eltern begraben.

Abb. 30 Polychrom gefaßte, lebensgroße Grabfigur von Richard Löwenherz in der Kirche von Fontevrault.

Abb. 31 Grabfigur des Königs Philipp II. († 1223) von Frankreich in der
Abteikirche von St. Denis.

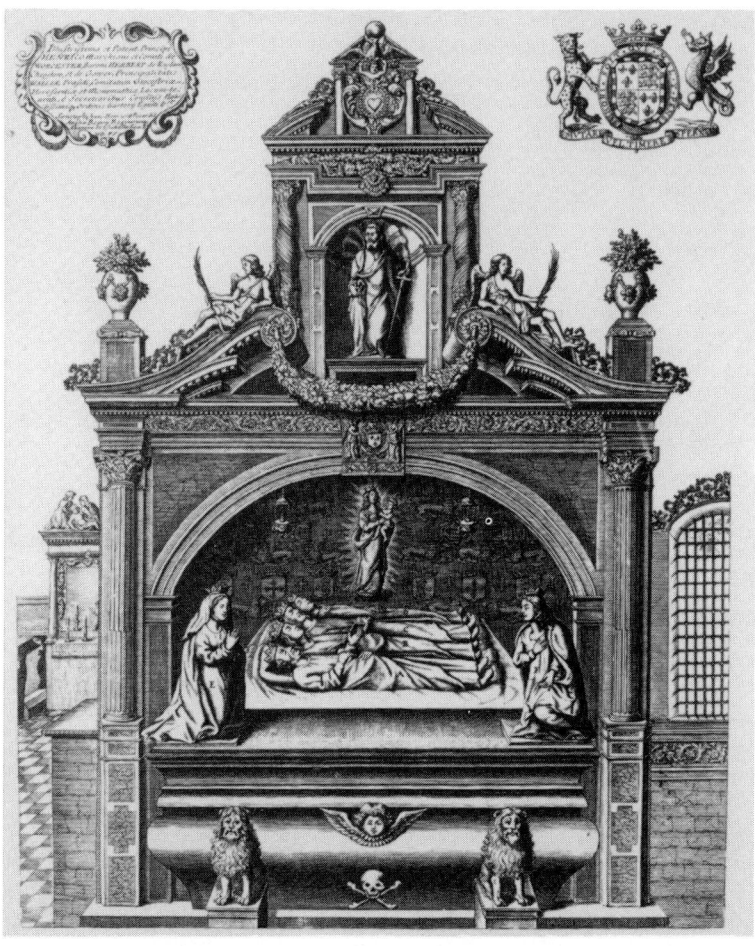

Abb. 32 Die ursprüngliche Anordnung der Grabfiguren in Fontevrault nach einem barocken Kupferstich.

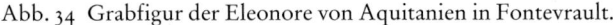

Abb. 33 Grabfigur Heinrichs II. von England in Fontevrault.

Abb. 34 Grabfigur der Eleonore von Aquitanien in Fontevrault.

Angriff auf Jerusalem ein. Richard gab zu bedenken, daß zwar Nahrung, doch wegen der zerstörten Brunnen kein Wasser vorhanden sei, und außerdem habe man für das Problem, wie Jerusalem künftig zu halten sei, noch immer keine Lösung gefunden. Zwar waren alle bereit, die Heilige Stadt zu erobern, doch bleiben wollten dort nur wenige. Und diese wenigen, gab Richard zu bedenken, würden die Stadt kaum eine Woche halten können.

So geschah das für Saladin unverständliche: Das christliche Heer zog ab. Saladin wollte es einfach nicht glauben. Er ritt auf eine Anhöhe vor der Stadt und konnte mit eigenen Augen sehen, wie der lange Heerwurm der Kreuzfahrer in westlicher Richtung davonzog.

Der Held von Jaffa

Nun war es offensichtlich, daß König Richard die Hoffnung auf eine Eroberung der Heiligen Stadt aufgegeben hatte. Er versuchte jetzt mit Saladin einen Waffenstillstand auszuhandeln. Saladin schlug vor, die Auferstehungskirche in Jerusalem den Christen zu übergeben und die Stadt den Pilgern zu öffnen.

Im übrigen hielt er sich an den Status quo: die Küstenstädte sollten die Christen behalten, alle von den Moslems besetzten Festungen blieben unangetastet. Die Festung Askalon aber sollte zerstört werden. An diesem Punkt scheiterten die Verhandlungen, denn gerade auf Askalon wollte Richard nicht verzichten, auch als Saladin die Festung Lydda zum Austausch anbot.

Während dieses ganzen Hin und Her ging Richard mit seinen Truppen nach Akkon, fest entschlossen, von dort in See zu stechen, auch wenn es zu keiner Einigung mit Saladin käme.

Nun überstürzten sich die Ereignisse. Saladin, der fruchtlosen Verhandlungen müde, nützte die Gelegenheit und griff das nur noch schwach besetzte Jaffa an. Das dramatische Geschehen des 28. Juli hat uns Beha-eddin, ein moslemischer Augenzeuge, überliefert. «Schon hatten die Mineure die Wälle untergraben und den Teil, der einzubrechen drohte, mit Holz abgestützt; auf ein gegebenes Zeichen legten sie Feuer daran, und die Mauer stürzte ein, aber im selben Augenblick entdeckten wir dahinter ein furchtbares Feuer, das die Bresche verteidigte; die Christen hatten sich daraus eine Art Schutzwall gemacht. Vergebens ließ der Sultan zum Sturm antreten; die Franken setzten einen hartnäckigen Widerstand dawider. Mein Gott, was für Männer! Welcher Mut! Welche Tapferkeit! Welche seelische Stärke! Trotz der Gefahr dachten sie nicht an ihr Leben; sie nahmen sich nicht die Mühe, die Tore des Platzes zu schließen, sie verblieben außerhalb der Mauern und verteidigten jeden Fußbreit Boden; der Kampf endete erst mit der Nacht. Der Sultan bereute jetzt, die Kapitulation nicht angenommen zu haben, aber dazu war es zu spät. Am nächsten Tag, am Freitag, begann das Stürmen von neuem, das ganze Heer griff unter lautem Geschrei gleichzeitig an. Die Trommeln und Trompeten machten einen fürchterlichen Lärm, die Maschinen wurden eingesetzt, die Mineure untergruben den Wall; endlich stürzten die Mauern ein. Der Lärm war derartig, daß man hätte glauben können, die Welt ginge unter. Und mit lautem Geschrei liefen die Moslems Sturm; aber die Christen blieben standhaft auf ihren Posten. Der Staub und der Rauch hatten sie zuerst unserm Blick entzogen, als die Wolke sich verzog, sahen wir sie hinter der Bresche aufgestellt, einen undurchdringlichen Wall von Piken und Lanzen bildend. Die Moslems wurden zunächst durch diesen Anblick erschreckt; die Wahrheit ist, daß der Feind eine erstaunliche Standhaftigkeit zeigte. Ich selber habe zwei Christen gesehen, die von der Bresche herab die Angreifer zurückstießen; als der eine getötet worden war, nahm der andere seinen Platz ein und schlug sich mit derselben Kaltblütigkeit. Da die Stadt jedoch von allen Seiten offen war, schickten die Christen einen der ihren zum Sultan mit dem Angebot, sich zu ergeben; und als der Kampf keine Unterbrechung erfuhr, baten sie, daß man ihn einstellen lasse. ‹Das kann ich nicht›, antwortete der Sultan. ‹Mögen die Belagerten sich in der Zitadelle einschließen. Bei dem Zustand, in dem sich die Soldaten befinden, ist es unmöglich, die Stadt vor der Plünderung zu bewahren.› Nachdem der Abgesandte mit dieser Antwort zurückgekehrt war, verließen die Christen die Stadt und zogen sich in die Zitadelle zurück; aber unsere Truppen waren so erregt, daß sie einige Christen während des Rückzuges töteten. Die Stadt wurde sogleich besetzt und geplündert.

Inzwischen empfing der Sultan von einem seiner Statthalter einen Brief, der ihm meldete, der König (Richard) habe bei der

Nachricht von der Gefahr, die Jaffa drohe, sich sofort in Akkon mit seiner Flotte aufs Meer begeben, um den Seinen zu Hilfe zu kommen, anstatt Beirut anzugreifen. Saladin war ungeduldig, die Zitadelle einzunehmen, aber das (arabische) Heer war so erschöpft, daß man glaubte, die Unternehmung auf den folgenden Tag verschieben zu müssen. Es war wieder ein Freitag; ich selbst wurde am andern Tag ganz früh morgens vom Sultan beauftragt, die Räumung der Zitadelle durchzuführen. Schon sichtete man in der Ferne die Flotte des Königs, die mit vollen Segeln herankam, doch verhinderte der zu große Abstand, die Zahl der Schiffe zu erkennen. Als ich mich am Tor der Zitadelle einfand, leisteten die Christen, die zuerst die Trompete geblasen hatten, keinen Widerstand und versprachen herauszukommen. Da jedoch unsere Soldaten immer noch in der Stadt waren, wo sie sich allen Ausschweifungen der Plünderung hingaben, und da zu befürchten stand, die Christen würden beim Vorbeiziehen beschimpft, glaubte der Emir, der mich begleitete, es sei besser, vorher die Stadt räumen zu lassen. Unglücklicherweise waren die Soldaten ohne Vorgesetzte und ohne Disziplin, und es war unmöglich, sie zur Vernunft zu bringen. Der Emir mußte Gewalt anwenden und sogar zuschlagen, aber es war schon heller Tag, als die Christen anfingen, die Zitadelle zu räumen. Ohne Widerstand zu leisten, kamen sie heraus, mit ihren Pferden, Frauen und Kindern; ungefähr neunundvierzig zogen heraus. Aber dann bemerkten sie beim Näherkommen der Flotte der Kreuzfahrer, daß die Zahl der Schiffe beträchtlicher war, als sie zuerst angenommen hatten. Tatsächlich setzte sich die Flotte aus mehr als fünfzig Schiffen zusammen, unter ihnen die Galeere des Königs, rot bemalt und mit Segeln von gleicher Farbe. Bei diesem Anblick waren sie überzeugt, der König werde sogleich landen, um sie zu befreien, und griffen wieder zu den Waffen. Ich stieg hinunter, um die Unseren zu warnen, auf der Hut zu sein. Und kaum war eine Stunde vergangen, da kamen die Belagerten zu Pferde von der Zitadelle herabgejagt, alle gleichzeitig und wie ein Mann, und drangen in die Stadt ein. Die Unseren ergriffen die Flucht, und ihre Verwirrung war so groß, daß mehrere an den Toren im Gedränge fast zerdrückt wurden; ein Teil von ihnen, der sich in eine Kirche gerettet hatte, wurde in Stücke gehauen. Die moslemischen Banner flatterten indessen immer noch auf den Wällen, und als der König die Hafeneinfahrt erreichte, glaubte er, alles sei verloren. Er zögerte, an Land zu gehen, da der Lärm der

Wogen und das Geschrei der Soldaten die Verständigung verhinderten. Der Sultan hatte Trommeln schlagen lassen; er war mit seinem Heer herbeigeeilt und nahm die Stadt von neuem. Das stürzte die Christen von äußerster Zuversicht in tiefste Verzweiflung; sie waren so erschrocken, als die Flotte sich auf hoher See hielt, daß sie den Patriarchen und den Burgvogt zu Saladin sandten, um seine Verzeihung zu erbitten und dieselben Übergabebedingungen wie vorher zu erlangen. Inzwischen dauerte der Kampf an; noch einen Augenblick, und um die Belagerten wäre es geschehen gewesen. Plötzlich entschloß sich ein Christ aus Opfermut für den Ruhm des Messias, von der Höhe der Zitadelle herabzuspringen auf einen Sandhaufen, der sich darunter befand; er gelangte in ein Boot und ruderte zur Flotte hinaus, um dem König die Lage der Belagerten zu schildern. Sogleich näherte sich die Flotte dem Ufer; der König setzte als erster den Fuß aufs Land, und die Unsern ergriffen die Flucht. Ich eilte zum Sultan, ihm zu verkünden, was geschah; er war gerade mit den Abgesandten der Christen zusammen und hielt die Feder in der Hand, um eine neue Kapitulation zu unterzeichnen. Die wilde Flucht wurde alsbald allgemein, die ganze Stadt wurde geräumt; nicht einmal der Sultan hielt sich für sicher, er ließ sein Gepäck fortschaffen und zog sich selber zurück. Sein Lager wurde bald danach von den Christen besetzt, und der König wurde unangefochten Herr von Jaffa.»

Dieser Bericht eines moslemischen Chronisten, der die geschilderten Ereignisse hautnah miterlebt hatte, zeigt erstaunliche Objektivität und Respekt vor der Tapferkeit der Christen. Die Haltung des Sultans kann man nur als bewundernswert bezeichnen. Immer wieder begegnete er diesem brutalen und vertragsbrüchigen Feind mit Langmut und Verständnis, immer bereit zu Verhandlungen, zu friedlichen Regelung. Man sollte nie vergessen, daß die Christen mordend und brennend in ein seit vielen Jahrhunderten islamisches Land eingedrungen waren – ein Land, das sie aus islamischer Sicht nichts anging und auf das sie keinerlei politisches Anrecht besaßen. Nicht vergessen sollte man auch, daß seit dem 1. Kreuzzug bei den Moslems immer die Bereitschaft zu einer friedlichen Lösung der Probleme vorhanden war, während es den Christen keinesfalls genügte, die heiligen Stätten besuchen und in den Kirchen Priester unterhalten zu können. Sie wollten Land, immer mehr Land.

Wie Beha-eddin weiter berichtet, zeigte sich Richard sehr erstaunt über den Abzug des Sultans. Der Chronist zitiert seine Worte:

«Der Sultan ist ein großer Fürst, zweifellos der größte und mächtigste, den es heute im Islam gibt. Warum hat er sich bei meiner Annäherung zurückgezogen? Bei Gott, ich kam nicht in Kriegerrüstung, sondern nur mit den schlechtesten meiner Seeleute; ich bin gar nicht imstande, etwas zu unternehmen. Warum ist er geflohen?»

Richard übte sich hier in der Kunst der Untertreibung; denn er ankerte mit fünfunddreißig Schiffen vor Jaffa, da war er sehr wohl imstande, etwas zu unternehmen.

Auch nach der siegreichen Wiedergewinnung Jaffas hielt Richard an der Absicht fest, sich mit dem Sultan schnell zu einigen. Er ließ Saladin ausrichten: «Im Namen Gottes, gewähre mir den Frieden; es ist Zeit, daß der Krieg aufhört. Meine Staaten sind eine Beute innerer Schwierigkeiten. Dieser Krieg kann weder Euch noch mir von Nutzen sein.»

Der Sultan antwortete, er sei gerne zu neuen Verhandlungen bereit, falls Jaffa nicht mehr aufgebaut und Askalon ebenfalls zerstört werde.

Wieder begann ein zähes Ringen um Vorteile. Richard schrieb zurück:

«Bei den Franken ist es Brauch, daß ein Fürst, der einem anderen ein Land gibt, ihn zu seinem Lehnsmann und Vasallen macht. Ich bitte Euch unter dieser Bedingung um Askalon und Jaffa...»

Jaffa gebe er unter solchen Bedingungen her, Askalon jedoch nicht, ließ der Sultan wissen.

Richard bestand auf seinen Forderungen und drohte, im Falle der Verweigerung noch bis Ende des Jahres zu bleiben. Fast schien der Sultan an dieser Art psychologischer Kriegsführung Spaß zu finden. In seiner Antwort kam zum Ausdruck, daß er sich in der stärkeren Position sehe, während Richard viel zu verlieren habe.

«Was die Abreise des Königs betrifft, so wird er gar nicht bald fortgehen können, denn er weiß, daß er die Städte, die er besetzt hat, nur durch Gewalt hält; ich werde mich ihrer bemächtigen, sobald er abgefahren ist – oder schon vorher, wenn es Allah gefällt. Im übrigen, wenn er sich entschließen kann, den Winter hier zu verbringen, fern von seiner Familie und dem heimischen Herd, und das in der Blütezeit seines Lebens, in dem Alter, da man Vergnügungen genießt, warum sollte dann ich zögern, ebenfalls den Winter und den Sommer unter den Waffen zu verbringen, ich, der ich mich hier in meinem eigenen Land befinde, mit meinen Kindern und meiner Familie, und mir, wenn ich will, alle Annehmlichkeiten des Lebens leisten kann, überdies im Abstieg des Lebens, in dem Alter, wo man unempfänglich ist für Vergnügungen, mehr noch, wo ich abgestumpft bin gegen alles und die Welt satt habe? Zieht auch in Betracht, daß ich in der Lage bin, meine Truppen aufzufüllen und sie so einzuteilen, daß diejenigen, die im Winter dienen, im Sommer nicht dienen, was der König zu tun nicht imstande ist, und daß ich glaube, ein Allah gefälliges Werk zu tun, wenn ich diesen Krieg fortsetze. Daher bin ich auch bereit, durchzuhalten, bis Allah zwischen ihm und mir entschieden hat.»

In diesen wenigen Zeilen hatte Saladin die ganze Situation umrissen. Da Richard nicht nachgab, waren die Verhandlungen wieder einmal gescheitert. Der Sultan aber hatte bei den Christen eines gelernt: Schnell zuschlagen, damit der Feind keine Zeit fand, sich neu zu sammeln und zu kräftigen. Günstiger konnte die Zeit für einen Gegenschlag gar nicht sein. Die von Richard aus Akkon angeforderte Verstärkung war noch unterwegs, die Befestigungen von Jaffa nur ganz notdürftig wiederhergestellt.

In einem Bericht heißt es, daß in der Nacht vom 4. auf den 5. August einige Mamelucken – des Sultans Elitesoldaten – König Richard aus seinem Zelt zu entführen versuchten, jedoch ohne Erfolg. Diese Tat paßt eigentlich nicht zu Saladin, obwohl es schon denkbar wäre, daß er sich auf diese Weise alle Vorteile verschaffen wollte, um einen schnellen Waffenstillstand zu erzwingen.

Wie dem auch sei: Im Morgengrauen des 5. August erschien Saladin so überraschend vor Jaffa, daß die meisten Männer der Christen sich kaum richtig ankleiden oder ihre Rüstungen anlegen konnten. Jeder griff nach der nächsten Waffe, und Richard gelang es, die etwa zweitausend ihm zur Verfügung stehenden Soldaten in bewährter Ordnung paarweise hinter einer Palisade aus Zeltpflöcken aufzustellen, mit vorgehaltenen Schilden und schräg gegen den Feind in den Boden gerammten Lanzen. Kaum hatten sich die Bogenschützen hinter dieser lebenden Mauer aus Lanzen und Schilden postiert, als die Moslems zum Sturm ansetzten. Mit gewaltiger Übermacht, in sieben Wellen von je tausend Mann, versuchten Saladins berittene Truppen, die Mauer zu durchdringen, doch die Pferde scheiterten an den Lanzen, und die Reiter empfing ein tödlicher Pfeilhagel.

Laut Beha-eddin scheiterte der moslemische Angriff nicht nur an der Tapferkeit der Christen. «Die Wahrheit ist, daß unsere Soldaten einen lebhaften Groll über die Geschehnisse in Jaffa hegten. Unter dem Vorwand der Kapitulation waren sie am Plündern gehindert worden; und diejenigen, denen es gelungen war, einige Beute zu machen, sahen sich an den Toren der Stadt wieder beraubt; man wandte sogar Gewalt an, sie herauszuholen. Jetzt rächten sie sich, vergeblich ritt der erzürnte Sultan durch die Reihen, um die Krieger anzutreiben, vergeblich suchte sein Sohn Daher ihnen ein Beispiel zu geben, indem er sich auf den Feind stürzte: keiner wollte gehorchen. Ein Emir, Genah mit Namen, Bruder des Maschtûb, sagte zu dem Sultan: ‹Warum wendet Ihr Euch nicht auch jetzt an Eure Mamelucken, die die Soldaten bei der Plünderung Jaffas prügelten und ihnen die Beute wegnahmen?› Der Sultan fühlte, daß er sich nur nutzlos bloßstellen würde; er war außer sich vor Zorn, aber er ließ zum Rückzug blasen und nahm seine Truppen zurück. Ich habe sagen hören, der König sei an jenem selben Tag mit eingelegter Lanze die ganze Front des moslemischen Heeres entlanggeritten, doch keiner der Unseren habe gewagt, sich mit ihm zu messen.»

Der Chronist erwähnt nicht, daß Richard nach dem Scheitern des moslemischen Durchbruchversuchs seinerseits zur Attacke ansetzte. Als Richards Pferd verletzt zusammenbrach, ließ ihm der noble Sultan mitten durchs Schlachtgetümmel zwei neue Pferde zuführen.

Gegen Abend befahl Saladin den Rückzug. Er hetzte seine Soldaten in einem Eilmarsch nach Jerusalem, wo er sofort die Befestigungen verstärken ließ. Für ihn gab es keinen Zweifel, daß Richard mit den zu erwartenden Truppen aus Akkon die Stadt sofort angreifen würde.

Doch wieder geschah nichts. Richard, durch die Anstrengungen der letzten Tage geschwächt, erlitt einen schweren Fieberanfall und konnte nichts unternehmen. Vom Krankenbett aus bat er die in Caesarea lagernden Franzosen um Unterstützung, die ihm wieder einmal verweigert wurde.

Als der Sultan von Richards Krankheit erfuhr, tat er zweierlei. Er verließ Jerusalem, um in Ramleh seine Truppen zu sammeln.

Zum anderen ließ er seinem kranken Gegner frisches Obst und Schnee aus den Hermonbergen senden.

Inzwischen hatte Richard versucht, über Saladins Bruder Malik seine Verhandlungsziele zu erreichen, doch ohne Erfolg. Der Sultan war nicht bereit, die Schlüsselfestung Askalon preiszugeben.

Für König Richard war jetzt der Punkt erreicht, da er mit seinen körperlichen, seelischen und auch finanziellen Kräften am Ende war. Seine Anglo-Normannen waren erschöpft und dezimiert, die Franzosen taten nicht mehr mit, während König Heinrich und die in Palästina ansässigen Ritterorden ihm zunehmend mißtrauten. Sie fragten sich, warum Richard so hartnäckig auf Askalon beharrte, das nach seinem und seiner Truppen Abzug ohnehin nicht zu halten war.

Richard gab auf. Am 2. September 1192 unterzeichnete er einen dreijährigen Friedensvertrag, der die Küstenstädte bis Jaffa den Christen zusprach und freien Zugang zu den heiligen Stätten garantierte. Askalon aber, Richards Augapfel, mußte zerstört werden.

Nun wäre der Weg nach Jerusalem für jeden friedlichen Pilger frei gewesen. Auch Richard – und viele drängten ihn dazu – hätte jetzt ungestört am Heiligen Grab beten können, doch er tat es nicht. Mir scheint, als habe er sich selber diese Strafe für sein «Versagen» auferlegt. Sein Ziel war es gewesen, als Sieger in die Heilige Stadt einzuziehen. Als Gescheiterter, der er ja eigentlich war, wollte er es nicht tun. Was er sich nicht gestattete, untersagte er auch den Franzosen, um sie für ihre mangelnde Unterstützung gegen Saladin zu bestrafen. Er verweigerte ihnen den notwendigen Geleitbrief nach Jerusalem. Viele seiner eigenen Kreuzfahrer nützten die Gelegenheit und pilgerten in die Heilige Stadt. Bischof Hubert von Salisbury wurde in Jerusalem von Saladin empfangen, wobei die Sprache auf König Richard kam. Saladin sagte, er achte und respektiere den englischen König, bedaure aber dessen Mangel an Einsicht und Mäßigung.

So leicht es Saladin fallen mochte, die Christen als tapfere Gegner zu achten, so schwer mußte er sich dabei in bezug auf ihren Glauben tun, den er vielleicht respektieren, aber nicht mehr hochachten konnte, als er schon bald nach Vertragsschluß mit dem Gezänk der sich feindlich gegenüberstehenden christlichen Sekten konfrontiert wurde.

Als erstes erschien eine Gesandtschaft des oströmischen Kaisers und forderte uneingeschränkte Verfügung über die heiligen Stätten, wie sie die orthodoxe Kirche früher besessen hatte. Man könne doch schließlich den ketzerischen Katholiken nicht die gleichen Rechte zubilligen wie ihnen, den Rechtgläubigen. Der Sultan lehnte ab; denn ihm allein stehe die Oberhoheit zu, und er treffe bei Streitfragen die Entscheidungen. Ebenso lehnte er ein Angebot der Königin von Georgien ab, die 200 000 Dinar für das Wahre Kreuz bot.

Am 4. März 1193, wenige Monate nach Richards Abreise, starb Sultan Saladin, dieser ehrenwerte Mann und noble Herrscher, in Damaskus. Sein Bruder el-Malik el-Adil folgte ihm auf den Thron, blieb aber zeitlebens im Schatten des bald legendär gewordenen Saladin, dem auch das Abendland als ritterlichem Gegner ein ehrenvolles Gedächtnis bewahrte und auf dessen Namen christliche Ritter ihre Söhne taufen ließen. Wie lange die Erinnerung an den «edlen Sarazenen» wachblieb, zeigte sich siebenhundert Jahre später. Als Kaiser Wilhelm II. auf seiner Morgenlandreise das zerfallene Grab des großen Herrschers sah, ließ er ihm neben der Großen Moschee von Damaskus ein schönes Mausoleum bauen. Über dem Marmorsarkophag hängt eine Ampel mit Saladins und Wilhelms Namen.

Gefahrvolle Reise

Mitte September ging Richard nach Akkon, wo er Schulden bezahlte und Schulden eintrieb. Wilhelm von Préaux, der sich damals für Richard hatte festnehmen lassen, kaufte er aus moslemischer Gefangenschaft frei.

Am 29. September segelten die Königinnen Berengaria und Johanna ab und mit ihnen die Tochter des gestürzten und gefangenen «Kaisers» Isaak von Zypern. Richard folgte ihnen am 9. Oktober, doch diese Reise stand von Anfang an unter einem Unstern, was teils am Wetter, teils an dem etwas konfus geplanten Reiseweg lag.

Wie schon auf der Herfahrt war es auch jetzt Richards Schicksal, vom Sturm in Gegenden verschlagen zu werden, die gar nicht auf seiner Reiseroute lagen.

Während seine beiden Damen sicher in Brindisi landeten und von da den Landweg über Rom nahmen, mußte Richard wegen des schlechten Wetters am 11. November vor Korfu ankern.

Er ging dort als Tempelritter verkleidet an Land, weil die Insel zum Herrschaftsbereich des oströmischen Kaisers Isaak Angelos gehörte und er nichts riskieren wollte. Es heißt, er habe dann ein Piratenschiff gemietet, das auf dem Weg in die Adria war. Den ursprünglichen Plan, über Marseille heimzufahren, hatte Richard wegen der unsicheren Lage in Frankreich aufgegeben. Er wollte nicht Philipps Gefangener werden und so seinem verräterischen Bruder Johann in die Hand arbeiten. In Ragusa (heute Dubrovnik) gab es wegen des Sturms wieder eine unfreiwillige Zwischenlandung. Er blieb dort einige Tage, um besseres Wetter abzuwarten. Bis heute hat sich die Legende gehalten, König Richard von England habe die dortige Kathedrale gestiftet. Sogar nüchterne Reiseführer wie der «Große Polyglott» schreiben über den Dom:

«Dieser Barockbau entstand 1671–1713 an der Stelle einer Kirche, die der englische König Richard Löwenherz zum Dank für Errettung aus Seenot bei der Rückkehr vom Dritten Kreuzzug hatte errichten lassen...»

Da der alte Dom mitsamt seinem Archiv beim Erdbeben von 1667 untergegangen ist, existiert kein Nachweis über diese Stiftung. Heute nimmt man an, daß Richard bei seinem Besuch, der natürlich größtes Aufsehen erregte, dem gerade im Aufbau befindlichen Dom einige Zuwendungen machte. Die Legende hat ihn dann zum Stifter hochstilisiert. Etwa um den 10. Dezember ging die Seereise adriaaufwärts weiter. Dabei geriet das Schiff wieder in einen der gefürchteten Herbststürme und wurde irgendwo zwischen Venedig und Aquilea an Land geworfen. Was also tun? Richard blieb nichts anderes übrig, als den Landweg durch Österreich zu nehmen, um möglichst schnell nach Norden, in das Gebiet seines Schwagers Heinrich von Sachsen, «des Löwen», zu gelangen. Ob es auch diesmal ein Abenteuer nach seinem Geschmack war? Jedenfalls mußte er sich, was ihm nicht leichtgefallen sein mag, als Kaufmann verkleiden, der mit einigen Begleitern in Geschäften unterwegs war. Es waren: Balduin von Bethune, Wilhelm von Etang, Richards Sekretär Philipp und sein Hauskaplan Anselm.

Ganz korrekt bat Richard bei dem Grafen Meinhard von Görz, dem dieses Gebiet unterstand, um die Erlaubnis, dem «Kaufmann

Hugo» und seinen Begleitern die Durchreise zu gestatten. War nun die Kunde von Richards Identität schon zu dem Grafen gedrungen oder nicht: Er gestattete den «Kaufleuten» die Durchreise, ließ die Gruppe allerdings insgeheim überwachen. Ob Richard dem Grafen von Görz tatsächlich als eine Art Gastgeschenk einen wertvollen Ring überreichen ließ, ist nicht sicher. Es heißt, der Graf habe den Ring als Richards Besitz erkannt und seine Annahme verweigert, dem angeblichen Kaufmann Hugo aber die Durchreise zunächst erlaubt.

Um den 14. Dezember erreichte Richard mit seinen Getreuen das alte Kärntner Städtchen Friesach, das sich in manchen Teilen bis heute noch etwas von der Atmosphäre des Mittelalters bewahrt hat. Die im 9. Jahrhundert erbaute Kirche auf dem Petersberg etwa dürfte während Richards Aufenthalt nicht viel anders ausgesehen haben als jetzt. Um ja nicht aufzufallen, nächtigte Richard in einem Bauernhaus. Der Graf von Görz war inzwischen nicht untätig geblieben und verständigte seinen Bruder, Friedrich von Pettau, dem dieses Gebiet unterstand. Dieser wiederum beauftragte einen in seinen Diensten stehenden Normannen, Roger von Argenton, mit der Suche nach König Richard.

Er brauchte nicht lange zu suchen. In jener Zeit war die Ankunft von Fremden immer ein ganz besonderes, von jedermann mit Interesse zur Kenntnis genommenes Ereignis. Roger von Argenton brauchte sich entlang der alten Pilger- und Handelsstraßen nur durchzufragen, um dann in Friesach schnell fündig zu werden. Obwohl Richard sich in der Küche des Bauernhauses zu schaffen machte und einfache Kleidung trug, erkannte Ritter Roger seinen Landsmann und früheren Herrn sofort. Da regte sich in Roger die alte Normannentreue, und er tat genau das Gegenteil von dem, was seines Amtes gewesen wäre. Er riet Richard zur schnellen Flucht, verschaffte ihm ein gutes Pferd und einen deutschsprechenden Knappen als Dolmetscher. Wenn man bedenkt, daß Roger von Argenton mit einer Nichte des Grafen von Pettau verheiratet war und zudem eine hohe Belohnung zu erwarten gehabt hätte, dann verdient diese nur dem eigenen Gewissen verpflichtete Tat einigen Respekt. Seinem gräflichen Herrn meldete er, die Sache sei eben doch nur ein Gerücht, denn er habe von König Richard keine Spur gefunden. Friedrich von Pettau, dennoch mißtrauisch, ordnete die Festnahme der Reisegruppe an.

Da Richard mit Wilhelm von Etang und dem Knappen sofort losgeritten war, mußten sich die Häscher mit dem Rest der Gefolgschaft begnügen. Der Graf wußte mit ihnen offenbar nichts anzufangen und ließ sie bald darauf wieder frei.

Richard aber erreichte in einem dreitägigen Gewaltritt mit seinen beiden Begleitern das Dörfchen Erdberg bei Wien. Warum er die Unklugheit beging und sich der Residenzstadt des seit Palästina mit ihm verfeindeten Leopold von Österreich näherte, ist nicht völlig geklärt. War man früher der Meinung, Richard habe beabsichtigt, sich nach Salzburg durchzuschlagen, sei aber irrtümlich in die falsche Richtung geritten, so gilt heute die These, er habe über Ungarn, Böhmen und Mähren das Gebiet seiner welfischen Verwandten erreichen wollen. Es ist ja auch höchst unwahrscheinlich, daß ein erfahrener Heerführer «aus Versehen» drei Tage lang nach Nordosten ritt, während Salzburg im Nordwesten lag.

Die Gefangennahme

Hunger, Müdigkeit und die einbrechende Nacht zwangen die kleine Reisegruppe zum Anhalten. Da saß nun der englische König mit dem Ritter Wilhelm von Etang und einem halbwüchsigen Jungen in einer kleinen Herberge und überlegte, wie es weitergehen sollte. Durch den Gewaltritt war sein Fieber wieder ausgebrochen, er mußte also unbedingt einige Tage ausruhen. Am nächsten Morgen sandte Richard den Jungen zum Geldwechseln und Provianteinkauf nach Wien. Die heutige Metropole war damals ein aufstrebendes Provinzstädtchen mit dem erst 1156 erbauten Schloß der Herzöge von Österreich, die vorher in ihrer Burg auf dem Leopoldsberg residiert hatten. Dementsprechend kannte im Städtchen jeder jeden, und wenn dann plötzlich ein Halbwüchsiger auftauchte, der byzantinische Goldmünzen einwechseln wollte, so machte dies schnell die Runde über Marktplatz und Schenken durch die ganze Stadt. Schließlich knöpfte man sich den Buben vor und fragte nach der Herkunft dieser seltsamen Goldstücke. Der Knappe sagte, er sei der Diener eines griechischen Kaufmanns auf Geschäftsreise. Damit konnte er sich gerade noch herausreden, und man ließ ihn laufen. Er teilte Richard die Sachlage mit und riet ihm dringend zur Weiterreise, denn das Mißtrauen sei nun einmal geweckt, und man werde sie jetzt kaum noch in Ruhe lassen.

Richard, erschöpft und fiebrig, konnte sich nicht dazu aufraffen. In seiner unbekümmerten Art sandte er den Knappen ein zweites Mal in die Stadt und gab ihm noch dazu die eigenen Handschuhe mit, weil es, wenige Tage vor Weihnachten, schon empfindlich kalt geworden war.

So kam, was unweigerlich kommen mußte. Der Junge wurde wiedererkannt und trug nun auch noch Prachthandschuhe mit eingestickten goldenen Leoparden. Als er sich schnell davonmachen wollte, lief er der Stadtwache des Herzogs in die Hände. Wieder tischte er die Version vom griechischen Kaufmann auf, doch diesmal wollte es die Obrigkeit genauer wissen. Da der Knappe bei seiner Version blieb, prügelten sie ihn so lange, bis er die Wahrheit gestand. So brisant aber hatten sich die braven Stadtbüttel die Lage doch nicht gedacht. Der König von England! Sie meldeten die Sache dem Herzog, der vermutlich genauso überrascht war wie seine Stadtwachen und es wohl als Fügung des Himmels nahm, daß ihm sein alter Widersacher regelrecht in die Hände gelaufen war. Er gab den Befehl, die Herberge zu umstellen und Richard ja nicht entkommen zu lassen.

Von Richards Gefangennahme gibt es mehrere Versionen. Es wird so gewesen sein, daß die Leute des Herzogs, um nur ja keinen Fehler zu machen, in die Herberge eindrangen und Richard gleich festnehmen wollten. Der aber mußte sich nun nicht mehr verstellen und pochte sehr nachdrücklich auf seine königliche Würde. Sein Schwert zückend, soll er gesagt haben: «Ich ergebe mich nur dem Herzog persönlich.»

So geschah es dann auch. Herzog Leopold V. erschien in eigener Person, und Richard übergab ihm sein Schwert.

Der Ort des Geschehens, das Dörfchen Erdberg, ist inzwischen längst von der Weltstadt Wien aufgesogen worden. An seine Existenz erinnert nur noch die Erdberger Straße, und hier, am Haus Nummer 41, finden wir eine Tafel mit der Inschrift:

«An dieser Stelle stand das Jägerhaus (Rüdenhaus), in welchem im Jahr 1192 Richard I., König von England, durch Leopold von Österreich gefangengenommen und von da nach Schloß Dürnstein a. d. Donau gebracht wurde.»

Ehe wir Richards Weg in die Gefangenschaft weiter verfolgen, muß die Frage nach dem Grunde dieser Feindschaft zwischen ihm und Leopold noch einmal gestellt werden. War es tatsächlich nur die Demütigung von Akkon, als Richard das österreichische Banner in den Burggraben werfen ließ, oder gab es noch bedeutsamere Gründe? Falls Richard dem Herzog Leopold diesen Tort – was manche Historiker bezweifeln – tatsächlich angetan hat, so entsprang die gewiß unbedachte und beleidigende Handlung einer schon weiter zurückliegenden Gegnerschaft. Die Babenberger waren seit je Anhänger der Staufer gewesen, denen sie ja auch die Erhebung Österreichs zum Herzogtum und seine Abtrennung von Bayern zu verdanken hatten. Letzteres geschah auf Kosten der Welfen, mit denen Richard verwandt und verschwägert war. Heinrich der Löwe, in zweiter Ehe mit Richards Schwester Mathilde verheiratet, hatte – nicht ohne Grund – am meisten beim Streit mit den Staufern eingebüßt. Dieser gewalttätige Welfensproß hatte als Herzog von Bayern und Sachsen unter Friedrich Barbarossa den Höhepunkt seiner Macht erreicht, einer Macht, die bei den anderen Reichsfürsten Neid und auch Furcht erweckte. Als Heinrich dem Kaiser bei einem Italienzug die Heerfolge verweigerte und statt dessen Krieg mit seinen Nachbarn führte, wurde er 1180 geächtet, wobei er Sachsen und Bayern verlor. Nach seiner Unterwerfung erhielt er 1181 Braunschweig und Lüneburg zurück, mußte aber zu Heinrich II. von England – seinem Schwiegervater – ins Exil gehen. Ob der damals vierzehnjährige Richard seinen Schwager kennenlernte, ist nicht sicher. Aus Heinrichs des Löwen Ehe mit Richards Schwester Mathilde stammten drei Söhne, von denen einer als Kaiser Otto IV. den höchsten Rang des Abendlandes erreichte.

Aus familiären wie aus politischen Gründen war also die Gegnerschaft Richards zu den Staufern und damit auch zu Herzog Leopold von Österreich schon vorprogrammiert. Wenn Richard seinerzeit tatsächlich Leopolds Fahne verunglimpft hatte, so besaß der Herzog mehr als diesen Grund, die Gelegenheit zur Vergeltung beim Schopf zu packen.

Nach damaligem Recht und Brauch aber hätte Leopold sich trotzdem den Zugriff versagen müssen, denn ein heimkehrender Kreuzfahrer war unantastbar, noch dazu, wenn es sich um den unbestrittenen Helden dieser Kreuzfahrt handelte, dessen Taten schon jetzt legendenhaft ausgeschmückt ihre Runde durch Europa machten. Man mußte sich also etwas einfallen lassen, um dieser Gefangennahme einen Anschein von Recht zu geben. Das war nun nicht Leopolds Aufgabe, das mußte, um Gewicht zu haben, von ganz oben kommen. Schon wenige Tage nach Richards Festnahme hatte Kaiser Heinrich VI. sich eingeschaltet. Er behielt sich vor, über das Schicksal Richards zu entscheiden, und er war es auch, der eine Reihe von Anklagepunkten zusammentrug, die das Vorgehen Leopolds rechtfertigen sollten. Denn die Gefangennahme Richards war ein einzigartiger Glücksfall, der die staufischen Pläne um ein gutes Stück voranbringen konnte.

Bleiben wir aber zunächst einmal auf Richards Spuren.

Auf Dürnstein

Als Tag von Richards Gefangennahme gilt der 21. oder 22. Dezember 1192. Herzog Leopold ließ seinen kostbaren Gefangenen unverzüglich – vielleicht noch am selben Tag – in festen Gewahrsam auf die etwa 45 Meilen westlich von Wien an der Donau gelegene Burg Dürnstein bringen. Ort und Festung Dürnstein waren um 1130/40 vom Ministerialengeschlecht der Kuenringer begründet worden, und so war es nun die Aufgabe Hadmars II. von Kuenring, den erlauchten Gefangenen nach Dürnstein zu begleiten. Ein Chronist schreibt:

«Hadmar ... gab ihn in Gewahrsam einer strengen Wacht, die auf ihn bei Tag und Nacht mit gezogenen Schwertern aufpassen mußte.»

Diese wie die meisten Schilderungen von Richards Gefangenschaft in Österreich und Deutschland sind natürlich übertrieben, wenn auch das schwer zugängliche Dürnstein mit gutem Grund gewählt wurde. Ob Richard im Kuenringerhof, also in der unteren Festung, oder in der hoch über der Donau gelegenen Oberburg einsaß, wird sich nicht mehr klären lassen, da man nicht sicher weiß, ob die von Hadmar angelegte Oberburg zu jener Zeit schon vollendet war.

Wie mag König Richard zumute gewesen sein, als er das Weihnachtsfest 1192 in Gefangenschaft feiern mußte? Sein überstürzter

Aufbruch von Palästina, der kompromißreiche Vertrag mit Sultan Saladin – dies alles war doch nur unter dem Druck der Ereignisse in England geschehen. War es vergebens gewesen? Völlig isoliert, mit ungewisser Zukunft, seinen Erzfeinden ausgeliefert, konnte sich Richard jetzt ausmalen, wie Bruder Johann und Philipp von Frankreich die Köpfe zusammensteckten, um diese für sie so günstige Situation schnell zu nützen. Richard kannte seine Gegner gut. Aber Widerstände spornten Richard an. Er war die geborene Kämpfernatur und nicht der Mensch, um zu resignieren oder eine Sache aufzugeben, solange noch die geringste Hoffnung bestand.

Doch zuerst einmal hatten seine Gegner das Wort.

Richard vor Kaiser Heinrich VI.

Kaum hatte Kaiser Heinrich von der Gefangennahme Richards erfahren, hagelte es schon Forderungen und Bedingungen, zunächst einmal an die Adresse des Herzogs Leopold. Dieser war sich von vornherein darüber klar, daß ihm ein solch hoher Gefangener auf die Dauer nicht zustand, und er wußte auch, daß der Bannstrahl des ohnehin stauferfeindlichen Papstes Coelestin III. nicht lange auf sich warten lassen würde. Richard Löwenherz, den strahlenden Helden der Christenheit, den Sieger von Akkon und Jaffa gefangenzunehmen wie einen Strauchdieb? Das konnte nicht ohne Folgen bleiben. So hörte es Leopold nicht ungern, als Kaiser Heinrich bekanntgab, es stehe einem Herzog nicht zu, einen König in Haft zu halten. Außerdem solle König Richard wegen zahlreicher Verfehlungen vor ein kaiserliches Gericht geladen werden. Herzog Leopold war das alles sehr recht, doch wollte er einen Anteil am Lösegeld. Dies auszuhandeln, reiste er mit seinem Gefangenen nach Regensburg, wo am 6. Januar 1193 schon dessen Übergabe an den Kaiser stattfinden sollte. Wir wissen nicht, wie die erste Begegnung zwischen Richard und Kaiser Heinrich ausfiel, wir wissen auch nicht, welchen Anteil am Lösegeld Herzog Leopold forderte. Jedenfalls war dem Kaiser die Forderung zu hoch, und Leopold ging mit Richard nach Dürnstein zurück.

Um diese Zeit ließ König Philipp von Frankreich Richard wissen, daß er sich an seinen Treueeid nicht mehr gebunden fühle und ihm hiermit den Krieg erkläre. Gleichzeitig teilte Philipp dem Kaiser mit, er werde das Lösegeld, wie hoch es auch ausfallen möge, überbieten, falls man ihm König Richard ausliefere. Heinrich VI., für Geld zu allem bereit, war durchaus nicht abgeneigt, doch die Reichsfürsten rieten von einem derart «unwürdigen Handel» dringend ab. Der Kaiser ließ sich überzeugen und sah wohl auch ein, daß es besser war, ein solch wertvolles Pfand vorerst nicht aus der Hand zu geben.

Wir wissen nicht genau, wie lange Richard noch auf Dürnstein blieb. Zunächst mußte sich Kaiser Heinrich mit Leopold von Österreich einigen, und dies geschah Mitte Februar in Würzburg. Der Vertrag sah folgendes vor:

König Richard wird gegen ein Lösegeld von 100 000 Mark Silber freigelassen. Die Hälfte davon erhält Herzog Leopold als Mitgift für Eleonore von der Bretagne, Richards Nichte, die Leopolds Sohn Friedrich heiraten soll. Die erste Hälfte der Summe muß bis zum Michaelitag (29.9.1193), die zweite zum Beginn der Osterfastenzeit (23.2.1194) bezahlt werden. Diese zweite Hälfte soll zwischen dem Kaiser und Herzog Leopold aufgeteilt werden. Falls der Kaiser bis dahin sterben sollte, muß der Gefangene wieder an Herzog Leopold ausgeliefert werden. Dies waren die Hauptpunkte. Daneben gab es noch Forderungen wie: Isaak von Zypern und seine Tochter sind freizulassen. Richard muß fünfzig Kriegsschiffe für Kaiser Heinrichs Feldzug gegen Sizilien stellen sowie persönlich mit hundert Rittern und fünfzig Bogenschützen daran teilnehmen. Um dies alles sicher zu gewährleisten, muß König Richard zweihundert Geiseln stellen.

Während dieser Vertrag in Würzburg ausgehandelt wurde, war Richard mit ziemlicher Sicherheit nicht mehr in Dürnstein, sondern befand sich möglicherweise in Ochsenfurt. Niemand fragte ihn, ob er mit diesen Forderungen einverstanden sei. Sie wurden ihm einfach diktiert, und wenn er in absehbarer Zeit freikommen wollte, blieb ihm gar nichts anderes übrig, als sie anzunehmen.

Die Reaktion

Bei den damals sehr beschränkten Möglichkeiten der Nachrichten-
übermittlung dauerte es Tage und Wochen, bis Richards Schicksal
die Runde gemacht hatte. Wie reagierte die Welt darauf?

Am 11. Januar 1193, also gut zwei Wochen nach Richards Gefangennahme, scheint Papst Coelestin noch nichts davon gewußt zu
haben. Unter diesem Datum sandte er ein Schreiben nach Palästina,
in dem er die Streitigkeiten unter den Führern des Kreuzzugs scharf
verurteilte und ihnen vorwarf, damit den Erfolg des Unternehmens
vereitelt zu haben. Er ermahnte alle christlichen Fürsten, ihren Hader zu begraben und den Kreuzzug fortzusetzen. Daß dieser eigentlich schon zu Ende war, schien im Rom noch niemand zu wissen.
Als bald darauf die neuesten Nachrichten eintrafen, handelte der
Papst sofort.

Herzog Leopold von Österreich wurde exkommuniziert und
der König von Frankreich mit dem Kirchenbann bedroht, falls er in
Richards Länder einfallen sollte. Die gleiche Drohung wurde Adel
und Klerus von England zuteil, wenn sie von Richard abfallen und
das Lösegeld nicht aufbringen sollten. Gegen Kaiser Heinrich unternahm der Papst aus wohlüberlegten diplomatischen Gründen
vorerst nichts.

In England waren die Reaktionen unterschiedlich. Philipp von
Frankreich, einer der am frühesten Informierten, bat Johann ohne
Land sofort zu einer Besprechung über die neue Sachlage. Johann,
der nun die Erfüllung seiner Machtpläne in nächste Nähe gerückt
sah, reiste gleich zum Jahresanfang in die Normandie, wo ihn
der Adel freudig begrüßte, denn jedermann glaubte, es ginge um
Richards Befreiung.

Johann aber schlug vor, man solle ihm sogleich den Treueid
leisten, um sich dann gemeinsam besser gegen Frankreich verteidigen zu können. Wie immer, wenn dieser entartete Plantagenet-
Sproß auftauchte, gab es Verstellung, Lüge und Betrug. Die Herren
durchschauten seine Absicht und weigerten sich, Richard die Treue
zu brechen. Da ihm nun dies mißraten war, zog Johann weiter zu
König Philipp, dem er ohne zu zögern den Lehnseid für alle französischen Besitzungen Richards leistete – so als sei er schon König von

England. Außerdem gab er alle Ansprüche auf das normannische Vexin auf, wofür Philipp ihm einen Teil von Flandern versprach. Um dieses verräterische Bündnis noch fester zu kitten, bat Johann um die Hand von Philipps Schwester Alice, die vordem mit Richard verlobt gewesen war. Daß er selber noch verheiratet war, störte Johann wenig. In Siegerpose kehrte er nach England zurück und forderte die von Richard unter Leitung Walters von Coutances eingesetzte Fünferregentschaft auf, ihm den Treueeid zu leisten, denn Richard sei schon so gut wie tot. Als man ihn auch hier empört abwies, zog sich Johann in seine eigenen Grafschaften zurück, befestigte dort Burgen und versuchte aus Richards Gegnern eine Armee zu rekrutieren, was jämmerlich mißglückte. Johanns schmähliche Pläne scheiterten nicht zuletzt an der unbeugsamen Tatkraft seiner Mutter.

Kaum hatte Königin Eleonore erfahren, was Richard zugestoßen war, begann sie schnell und umsichtig zu handeln. Sie sandte die Äbte von Boxley und Robertsbridge nach Deutschland, wo sie ihren Herrn um den 20. März in Ochsenfurt aufstöberten. Davon wird später noch die Rede sein. Eleonores zweite wichtige Handlung waren einige Briefe an Papst Coelestin, die an Deutlichkeit nichts zu wünschen übrigließen. Vermutlich hatte sie die Nachricht von des Papstes scharfer Reaktion damals noch nicht erhalten.

Schon der Briefbeginn läßt ahnen, wie ihr zumute war.

«Eleonore, durch Gottes Zorn Königin von England...

Was die Kirche betrübt, worüber das Volk murrt und seine Achtung vor Euch verliert, ist, daß Ihr trotz der Tränen und der Wehklagen ganzer Provinzen noch keinen einzigen Boten geschickt habt. (...) Könige und Fürsten haben sich gegen meinen Sohn verschworen; man hält ihn fern, fern seinem Gott, in Ketten, während andere seine Länder verwüsten. Man hat ihn gefesselt und läßt ihn geißeln, und trotzdem bleibt das Schwert des heiligen Petrus in der Scheide!»

Hier war der Königin die Phantasie etwas durchgegangen, doch der Papst wird es ihr nicht übelgenommen haben.

In einem anderen Brief scheut Eleonore sich nicht, dem Papst mit einer Kirchenspaltung zu drohen, falls er nichts unternehme.

«Ich versichere Euch, der Tag ist fern, den der Apostel vorhergesagt hat. Der verhängnisvolle Augenblick ist nahe, wo um Christi Mantel erneut gewürfelt wird, wo die Bande des heiligen Petrus zerrissen werden...»

Letzteres sollte erst von Richards späterem Nachfolger Heinrich VIII. verwirklicht werden, doch die Gefahr des Abfalls von der Kirche war bei dem eigenwilligen insularen England auch vorher schon latent vorhanden.

Aus Eleonores Briefen nach Rom ersehen wir, daß die große alte Dame – sie hatte die Siebzig schon überschritten – sich ihr feuriges Temperament bewahrt hatte.

Auch sonst war noch so einiges in Gang gekommen, was geeignet war, Richard Hoffnung zu machen. Der Bischof von Bath ging sofort an den kaiserlichen Hof, um die Lage zu erkunden und eventuell gleich Verhandlungen aufzunehmen. Hubert Gautier, den Bischof von Salisbury – Richards Vertrauter und Weggenosse beim Kreuzzug –, erreichte die Nachricht von Richards Gefangennahme in Italien, worauf er seine Rückreise unterbrach, um König Richard in Deutschland aufzuspüren. Auch Wilhelm von Longchamps, der davongejagte Exkanzler, versuchte sich jetzt nützlich zu machen und ging nach Deutschland.

Die Anklage

Mittlerweile wurde König Richard, wie wir heute sagen würden, die Anklageschrift zugestellt. Kurz zusammengefaßt enthielt sie folgendes:

König Richard von England sei als Reichsfeind zu betrachten, weil er in Sizilien ein Schutzbündnis mit Tankred geschlossen und ihm eine ungeheure Summe abgepreßt habe. Dieses Geld stamme aus dem Normannenschatz und sei deshalb Eigentum des Kaisers. König Richard habe in Zypern einen rechtmäßigen christlichen Fürsten vertrieben und gefangengesetzt. In Palästina habe Richard Konrad von Montferrat ermorden lassen, König Philipp mit Giftanschlägen verfolgt und Herzog Leopold schwer beleidigt. Zuletzt habe er noch das Heilige Land durch einen Schandvertrag verkauft und verraten.

Richard werden beim Lesen seines Sündenregisters die Tränen gekommen sein...

Es scheint mir nicht notwendig, auf diese Anklagepunkte –

einen ausgenommen – näher einzugehen, da sie, wie wir bis jetzt gesehen haben, nur Lügen oder zurechtgestutzte Teilwahrheiten darstellen.

Den Vorwurf der Ermordung Konrads von Montferrat muß ich nochmals aufgreifen, weil er später auf recht plausible Weise entkräftet wurde. Der «Alte vom Berge» selber richtete nämlich in dieser Sache ein Schreiben an Herzog Leopold von Österreich. Ich gebe es leicht verkürzt wieder.

«Der Alte Mann vom Berg sendet Grüße an Herzog Leopold von Österreich. Da ich erfahre, daß viele Könige und Fürsten jenseits des Meeres den König Richard von England des Mordes am Marquis beschuldigen, schwöre ich beim Allmächtigen Gott und bei unseren Gesetzen, daß er keinen Anteil an diesem Tode hat.

Der wahre Grund ist folgender:

Einer unserer Brüder wurde auf einer Seereise von Solteleya zu unserem Hafen von einem Unwetter bei Tyrus an Land getrieben. Der Marquis ergriff und tötete ihn und bemächtigte sich seines Besitzes. Wir sandten Boten an den Marquis, verlangten die Rückgabe des geraubten Gutes und Rechenschaft für seinen Tod, an dem er Reginald von Sidon die Schuld gab. Wir aber erfuhren durch Freunde die Wahrheit, daß nämlich der Marquis selbst die Ermordung befahl und das Vermögen sich aneignete. Nochmals sandten wir einen Boten dorthin, den man in die See geworfen hätte, wäre es unseren Freunden nicht gelungen, Tyrus sofort zu verlassen.

Daraufhin haben wie uns entschlossen, den Marquis zu töten, indem wir zwei Brüder nach Tyrus sandten, die ihn vor aller Augen umbrachten. Dies also war die Ursache vom Tode des Marquis, und wir teilen Dir wahrheitsgemäß mit, daß König Richard daran nicht beteiligt war, und wer ihn trotzdem verleumdet, tut Unrecht.

Sei versichert, daß wir keinen Menschen dieser Welt für irgendeine Art von Gewinn oder Belohnung töten, es sei denn, er hat uns als erster Unrecht zugefügt.» (Dieser Brief wurde damals von einigen – aus parteiischen Gründen – für eine Fälschung gehalten, und so mancher gestrenge Historiker tut das wohl heute noch. Da das Schreiben nicht erhalten ist, wird man über seine Echtheit nur spekulieren können. Ich meine, es hätte, damals wie heute, dieses Briefes nicht bedurft, um Richard von dieser Mordanklage zu entlasten.)

Es war wohl weniger die absurde Anklageschrift, die Richard Sorgen machte, als Kaiser Heinrichs untragbare Forderungen.

Richard war klug genug, diese nicht in Bausch und Bogen abzulehnen, doch er wies den Kaiser bei einer Unterredung am 21. März in Ochsenfurt darauf hin, daß er seinen Vertrag mit Tankred zu halten gedenke und sich niemals persönlich an einem Feldzug gegen ihn beteiligen werde.

Diese Ehrenhaftigkeit gehört zu Richards besten Charakterzügen. Wir finden sie weder bei Kaiser Heinrich noch bei König Philipp und schon gar nicht bei Johann ohne Land. Es hätte Richard nichts gekostet, seine Teilnahme am Feldzug gegen Sizilien zu versprechen, um dann, wenn er einmal in England war, die Sache einfach zu vergessen. Er tat es nicht und wartete mit Gegenvorschlägen auf, die der Kaiser in den Hauptpunkten zunächst akzeptierte. Dazu bedurfte es allerdings schon der Vermittlung anderer, denn bei direkten Gesprächen der beiden Streithähne schien nichts herauszukommen.

Richards Kaplan Anselm, der die Ereignisse aus nächster Nähe miterlebte, bemerkt nach den ersten Verhandlungen:

«Der Kaiser verharrte noch längere Zeit in seinem Zorn gegen den König, wollte ihn nicht zu sich rufen lassen und beklagte sich darüber, dieser habe sich gegen ihn und die Seinen mehrfach schwer vergangen. Endlich gelang es den Freunden beider Parteien, vor allem den Bemühungen des Abtes von Cluny und des Königskanzlers, eine Vermittlung herbeizuführen.»

Allmählich kam man sich auch bei den Vertragsbedingungen näher. Diese lauteten jetzt:

Richard bezahlt an Kaiser Heinrich 100000 Silbermark Lösegeld. Der Kaiser vermittelt einen Frieden zwischen Philipp und Richard. Sollte ihm dies nicht gelingen, so wird Richard ohne Bezahlung freigelassen.

Wie nur brachte Richard den finsteren Staufer zu solchen Zugeständnissen? Daß Charme und Liebenswürdigkeit auch bei einem solchen Menschen ihre Wirkung taten, ist wenig wahrscheinlich. Ich glaube eher, daß Kaiser Heinrich, den im Grunde nur das Geld interessierte, von Richards Bereitschaft, die volle Summe ohne jedes Feilschen zu bezahlen, so überrascht und erfreut war, daß er in anderen Punkten spontan nachgab. Sein Hauptziel war, den sizilianischen Feldzug zu wiederholen. Er brannte vor Rachsucht und konnte sein früheres Scheitern nicht verwinden. Mit Richards Geld ließ sich in kurzer Zeit eine bewaffnete Armee aus dem Boden stampfen, und darauf kam es dem Kaiser hauptsächlich an. Sie müssen charakterlich wie äußerlich einen auffallenden Kontrast gebildet haben, diese beiden fürstlichen Kontrahenten.

Kaiser Heinrich, schwächlich, bleich und hager, häufig kränkelnd, unliebenswürdig, unritterlich, mit einem ins Grausam-Monströse übersteigerten Gerechtigkeitssinn, unruhig, unfähig zum Genuß, dabei durch enorme Willenskraft und schnellen Entschluß der geborene Machtpolitiker.

Richard dagegen von blendender äußerer Erscheinung, liebenswürdig und einnehmend trotz der gelegentlich aufschäumenden «schwarzen Galle», ein treuer Freund und fürsorglicher Bruder, wenig nachtragend und schnell – wie wir bei Johann gesehen haben: allzuschnell – bereit, die Versöhnungshand auszustrecken, dabei auch listenreich und – wie sollte es bei einem Sänger und Troubadour anders sein – schauspielerisch nicht unbegabt, wie wir bald sehen werden.

Wir haben inzwischen Richards dunkle Charakterseiten ausreichend kennengelernt, doch im Vergleich mit dem Kaiser schnitt er dabei gut ab. Seine feste Haltung und seine oft kaum verständliche Geduld in diesem noch zu schildernden erbärmlichen Ränkespiel während der langen Gefangenschaft verdienen jedenfalls einigen Respekt.

Der Sänger Blondel

Ehe wir Richards zähes Ringen um seine Freilassung weiterverfolgen, kommen wir nicht umhin, eine der populärsten Legenden im Zusammenhang mit seiner Gefangenschaft zu schildern.

Diese romantisch-rührende Geschichte erzählt von dem Sänger Blondel de Nesles, der während der schönen Tage von Poitiers an Königin Eleonores Musenhof Richards Freund gewesen war, mit dem zusammen er dichtete und Troubadourlieder sang. Als Blondel von Richards Gefangenschaft erfuhr, machte er sich auf den Weg nach Deutschland, um seinen Herrn und Jugendfreund aufzuspüren.

Die Sage läßt ihn ruhelos durch Österreich und Deutschland ziehen. Bei jeder Burg – er müßte demnach jahrelang unterwegs gewesen sein – machte er halt und spielte auf seiner Fiedel ein von ihm und Richard gemeinsam verfaßtes, nur ihnen beiden bekanntes Lied, dessen erste Strophe er in der vertrauten langue d'oc sang:

> Deine Schönheit, edle Frau,
> sieht niemand ohne Lust,
> kein noch so kühnes Lied
> erregt deine Leidenschaft.
> Noch seh' ich's mit Geduld,
> wie du mich und andere meidest.

Schließlich gelangte er zu der im Rheinland gelegenen Burg Trifels (nach einer anderen Version war es Dürnstein), und da endlich ertönte Richards Stimme von der Höhe eines Turmes herab und sang die zweite Strophe:

> Keine Nymphe kann mein Herz verwunden,
> wenn ihre Gunst sie teilt
> und allen ihr Lächeln schenkt,
> weil sie sich nicht entscheiden kann.
> Lieber würd' ich Haß ertragen,
> als Liebe mit anderen zu teilen.

Jetzt wußte der treue Blondel, wo sein Herr gefangensaß, und kehrte eilig nach England zurück, um dort dessen Befreiung einzuleiten.

Diese historisch unhaltbare Sage mag sich zum Teil auf Richards bekannte Sangesfreude gründen, die auch während seiner Gefangenschaft nicht nachließ. Da wird es gelegentlich vorgekommen sein, daß Richard herumziehende provençalische Musikanten zu sich lud und mit ihnen in heimatlicher Mundart einige Lieder sang. Andererseits lebte damals tatsächlich ein Troubadour mit dem Namen Jean de Nesles. Dieser aus dem Artois stammende Ritter soll schönes blondes Haar gehabt haben und war vielleicht einer der vielen adeligen Herren aus Aquitanien, dem Anjou oder der Normandie, welche Richard während seiner langen Gefangenschaft besuchten.

Der Reichstag zu Speyer

Wie lange Richard auf Dürnstein war, ist nicht exakt auszumachen, sein nächster Aufenthalt war wahrscheinlich Ochsenfurt. Im lateinischen Text der Überlieferung heißt es: «in villa quae dicitur Oxeter», und der Text verlegt das Städtchen nach Bayern, doch eine gewisse Schwäche in der Geographie findet sich bei englischen Chronisten häufiger, wenn es um das europäische Festland geht. Damals gehörte Ochsenfurt jedenfalls zum Fürstbistum Würzburg, also nicht zum Herzogtum Bayern.

Richard muß etwa vier bis fünf Wochen in Ochsenfurt gewesen sein, bis er auf dem Reichstag in Speyer am 23. März offiziell dem Kaiser als Gefangener überstellt wurde. Schon am Tag darauf trat das öffentliche Gericht der Reichsfürsten zusammen, die gegen Richard die schon erwähnte Anklage erhoben. Richard, der nichts anderes im Sinn hatte, als möglichst schnell freizukommen, inszenierte seinen Auftritt vor Kaiser und Fürsten sehr geschickt. Auf die Anklage ging er kaum ein, denn das hätte nur zu endlosen Debatten geführt. Wäre er erst frei, so polterte er los, würde er jeden, der ihn des Mordes oder des Verrats bezichtigte, mit dem Schwert zur Rechenschaft ziehen.

Dann warf er sich dem Kaiser zu Füßen und sagte erst einmal gar nichts mehr. Ein wirkungsvolles Schweigen senkte sich über die erlauchte Versammlung, jedes Getuschel erstarb, und Rührung breitete sich aus. Das waren die grellen Kontraste, die das Mittelalter so liebte und die sich in vielen Bereichen inneren und äußeren Lebens zeigten.

Kaiser Heinrich VI., seinem Wesen nach zur Rührung kaum fähig, doch scharfsichtig und mißtrauisch, wird als einer der wenigen Richards temperamentvoll-listigen Appell an die Gefühle durchschaut haben. Doch sie waren nicht allein – alle Welt schaute zu. Also mußte Heinrich VI. würdevoll von seinem erhöhten Thron herabsteigen, seinen Gefangenen aufheben und umarmen. Es machte sich immer gut, wenn man gelegentlich den Christen herauskehrte, der seinem Feind verzieh.

Nun, vor aller Öffentlichkeit, gelobten beide, sie wollten die einander gegebenen Versprechen halten.

Kaiser Heinrich versprach, nach besten Kräften zwischen Richard und König Philipp zu vermitteln, während Richard treuherzig versicherte, ihm sei nichts wertvoller als die Freundschaft des Kaisers. Um sich diese zu erhalten, werde er auch gerne die 100 000 Mark bezahlen.

Somit hatte Richard mündlich und vor vielen Zeugen kundgetan, daß er mit der geforderten Lösegeldsumme einverstanden war. Wieviel war das eigentlich, 100 000 Mark in Silber?

Die «Mark» ist in diesem Fall nicht als gemünztes Silber zu verstehen, sondern als – dies war vereinbart – «Mark Kölner Gewichts», und das waren 233,8 Gramm. Richard hatte also Silberbarren im Gewicht von 23 380 Kilogramm zu liefern. Den damaligen Wert des Silbers und seiner Kaufkraft mit dem heutigen zu vergleichen, fällt schwer. Falls wir den ungefähren Preis von 1000 DM pro Kilo ansetzen, kämen wir auf über 23 Millionen Mark, wobei noch zu berücksichtigen wäre, daß die Kosten für Nahrungsmittel (falls nicht Hungersnot oder Teuerung herrschte) und Kleidung – mit Silber als Währungsstandard – weitaus niedriger waren als heute. Ganz allgemein läßt sich dazu sagen, daß alle Dinge des einfachen täglichen Bedarfs wie Nahrung, Kleidung, Holz zum Heizen, Dienstleistungen etc. im Gegensatz zu heute unverhältnismäßig billig waren. Handelte es sich aber um Luxusgegenstände wie Samt, Seide, Bücher, künstlerische Arbeiten von hohem Rang oder auch schlicht nur um den begehrten Pfeffer, den man lange Zeit mit Gold aufwog, so kam dies, wieder mit heute verglichen, sehr teuer zu stehen. Dazu kamen noch die extremen sozialen Unterschiede. Wenn man bedenkt, daß ein gutes Pferd drei Silbermark kostete, so war dies für den Bauern oder kleinen Handwerker unerschwinglich. Soviel Geld konnte er sich niemals ersparen, bekam er nie in die Hand. Dem mit einigen guten Lehen ausgestatteten Ritter fiel es jedoch nicht schwer, die drei Mark für ein Roß hinzulegen.

Wie dem auch sei, es war eine ungeheuere Summe, die Richard aufbringen mußte, um sich seine Freiheit zu erkaufen.

In England war man schon emsig dabei, das Lösegeld für den König aus allen nur möglichen Quellen zusammenzutragen. Die tatkräftige Königin Eleonore sorgte dafür, daß dies schnell und gründlich geschah. Als erstes wurde eine Sondersteuer erhoben, die von jedem Freien ein Viertel seiner Jahreseinkünfte forderte. Kirchen und Klöster gaben, was sie geben konnten, und wer nach der

Ordensregel, wie die Zisterzienser, nichts besitzen durfte, lieferte Naturalien.

Graf Johann ohne Land beteiligte sich auf seine Weise an dieser Aktion. Er versah ein Schreiben mit Richards gefälschtem Siegel und begann damit, von den Baronen seiner Grafschaften «Lösegeld» einzutreiben. Der plumpe Schwindel wurde schnell erkannt, und Johann schlüpfte wieder in sein Rattenloch, auf die nächste Gelegenheit lauernd.

Richard wurde über die Geschehnisse in England laufend informiert. Am 30. März richtete er aus Speyer einen Brief an seine Mutter. Er bedankte sich herzlich für ihre Mühe, ihm das Land und den Thron zu erhalten. Dann legte er ihr den treuen Hubert Gautier, Bischof von Salisbury, ans Herz. Dieser vertraute Kreuzzugsgefährte war seit Richards Gefangenschaft unermüdlich für seinen Herrn tätig gewesen. Zum Dank versprach ihm Richard das Erzbistum Canterbury und bat nun seine Mutter, Huberts Wahl möglichst schnell in die Wege zu leiten.

Inzwischen hatte der Kaiser Richard zu verstehen gegeben, daß er mit seiner Freilassung erst nach der Bezahlung von mindestens 70000 Mark rechnen könne. Im übrigen begann nun ein endloses Tauziehen um bestimmte Einzelheiten des Vertrages.

Da Kaiser Heinrich nebenbei auch noch zu regieren und zu reisen hatte, nahm er seinen Gefangenen einfach mit. So finden wir Richard Anfang April auf der Burg Trifels, am 19. April in Hagenau, später in Worms und Mainz.

Als Hauptaufenthaltsort während Richards etwa einjähriger Gefangenschaft kann jedoch die Festung Trifels bei Annweiler angesehen werden.

In den letzten Apriltagen traf eine Hiobsbotschaft bei Richard ein. Nicht zuletzt sie wird ihn bewogen haben, lieber noch mehr Konzessionen für seine Freilassung zu machen, als hilflos mit ansehen zu müssen, wie sein Reich zerfiel. Am 12. April 1193 nämlich hatte Richards gewaltige normannische Grenzfestung, das ewig umstrittene Gisors, vor König Philipp kapituliert, und zwar kampflos. Richards maßlose Erbitterung über diesen Verrat ist verständlich, doch Gilbert von Vascœuil, der Festungskommandant, hatte kaum eine andere Wahl gehabt. Er hatte keine Ahnung, wie es um Richard wirklich stand, und König Philipp und Graf Johann drohten ihm ständig, daß die Herrschaftsverhältnisse sich sehr bald ändern könnten und ihn dann das Schicksal eines Hochverräters träfe. Nicht er allein war diesem Druck gewichen. Selbst Richards alte Waffengefährten auf dem Kreuzzug wie Wilhelm von Careux, Hugo von Gournay und Gottfried von Pache wichen diesem Druck.

Der Trifels

In seinem neunstrophigen Gedicht «Trifels» erwähnt Victor von Scheffel «Annweilers Berge» und «ihre Burgdreifaltigkeit». Weiter heißt es:

> Dort Scharfenburg, die schlanke, feine,
> Vor ihr der Felsklotz Anebos,
> Und hier als dritter im Vereine
> Der Reichspfalz Trifels Steinkoloß.
> Ihr Turm mit der Kapelle Erker,
> Der einst die Reichskleinodien barg,
> Des Löwenherzen Richard Kerker
> Wächst mächtig aus des Felsens Mark.

Die Geschichte des Trifels reicht bis in die Keltenzeit des letzten vorchristlichen Jahrhunderts zurück. Zahlreiche Funde aus der Römerzeit belegen eine Besiedlung des 494 Meter hohen Felsgrats bis Anfang des 5. Jahrhunderts n. Chr., also bis zum Abzug der Römer. Im 10. Jahrhundert scheint man sich des sicheren Platzes wieder bemächtigt zu haben, im Jahre 1081 geschieht die erste urkundliche Erwähnung einer Burg des Diemar von Trifels. Von 1125 bis 1274 wurden hier – mit kurzen Unterbrechungen – die Reichskleinodien aufbewahrt. Wegen seiner sicheren Lage und seiner Nähe zu den alten Reichsstädten Mainz, Worms und Speyer wurde aus dem Trifels im Laufe der Zeit eine Art Staatsgefängnis. So waren hier 1112 der Bischof Adalbert von Mainz und wenig später einige Anhänger des Gegenkönigs Rudolf von Schwaben inhaftiert. Was wir heute vom Trifels sehen, wirkt sehr romantisch und altertümlich, ist jedoch eine zwischen 1938 und 1966 geschaffene Rekonstruktion.

Da es so gut wie keine Hinweise auf das Aussehen des Trifels im Mittelalter gibt, kann man etwa den heutigen Palas mit seinem «Kaisersaal» als Phantasieprodukt bezeichnen. Der vom rheinland-pfälzischen Landesamt für Denkmalspflege herausgegebene Führer verschweigt diese Tatsache nicht:

«Basierend auf Studien an unteritalienischen Stauferkastellen und vielfach frei eigenen Intentionen folgend, hat der Architekt hier und vorwiegend im neuerstandenen Palas Baukörper geschaffen, die vornehmlich durch Monumentalität bestechen.»

Es gibt also auf dem Trifels leider keinen vorzeigbaren Raum, von dem man sagen könnte, hier hat Richard Löwenherz während seiner Gefangenschaft gewohnt.

Wie er hier gelebt hat, ist trotz der sehr divergierenden Darstellungen aus den Quellen eher zu erschließen.

Die englischen Chronisten haben in bezug auf Richards angeblich schlechte Behandlung ihre Phantasie besonders strapaziert. Von einem «grauenvollen Verlies» ist die Rede, das außer Richard noch niemand lebend verlassen habe. Außerdem heißt es, man habe Richard in schwere Fesseln gelegt und ihn erbärmlich hungern lassen. Aus Richards eigenen Briefen und Berichten neutraler Personen hat der Historiker Th. Toeche ein anderes Bild gezeichnet: «Der englische König durfte sich, von deutschen Rittern gefolgt, frei bewegen. Der Verkehr mit seinen Freunden und Landsleuten, die von England herüberkamen, ihm zu huldigen oder zu raten, wurde nicht gehindert. Nur des Nachts mußte er allein sein. Der Frohsinn verließ den König auch hier nicht; wer ihn sah, fand ihn launig und heiter. Die größte Belustigung gewährte es ihm, mit den Wächtern sein Spiel zu treiben, sie im Ringkampf mit meisterlicher Gewandtheit zu überwältigen oder im Zechgelage sie sämtlich trunken zu machen und allein obenan zu bleiben.»

Richards Hauskaplan Anselm, sein Gefährte auch während der Gefangenschaft, berichtet:

«All das konnte indes niemals die fröhliche Miene des erlauchten Fürsten verdüstern, immer war sein Wort heiter und witzig, seine Tat kühn und verwegen…»

Kaiser Heinrich hatte auch allen Grund, seinen Gefangenen auf dem Trifels gut zu behandeln. Die Sympathien im Reich waren nicht durchwegs auf seiner Seite. Wo käme man denn hin, wenn – ohne im Krieg zu sein – jeder Fürst den anderen einfach festnähme, um Geld zu erpressen? Und dann auch noch einen Kreuzfahrer! Dazu kam, daß die Reichsfürsten genau wußten, wofür Kaiser Heinrich das Lösegeld brauchte. Was ging sie Sizilien an? Es war eine Privatsache des Kaisers, wenn er glaubte, die Erbansprüche seiner Frau auf diese Weise durchsetzen zu müssen. Diesen Gefangenen schlecht zu behandeln, wäre töricht gewesen, und es gab auch keine Veranlassung dazu. Daß die umherziehenden Troubadoure die Gefangenschaft des Königs auf dem Trifels mit schaurigen Einzelheiten schmückten, war berufsbedingt. Das kam beim Vortrag gut an, und wo man sich gut unterhielt, öffneten sich die Börsen leichter.

Übrigens besann sich auch Richard während der Mußestunden seiner Haft wieder auf seine dichterischen Fähigkeiten. Von den beiden einzigen sicher überlieferten Liedern, die Richard verfaßt hat, ist eines davon mit hoher Wahrscheinlichkeit im Winter 1193/94 auf dem Trifels entstanden. Er richtete das Lied an seine Halbschwester, die Gräfin Marie von Champagne. Frei aus dem Provençalischen übersetzt lautet es:

> Zwar redet ein Gefangener – übermannt
> von Not und Pein, nicht eben mit Verstand;
> nun dichtet er, weil so das Leid er bannt.
> Freund' hab ich viel, doch keiner reicht die Hand.
> Jetzt schmacht' ich schon – zu ihrer Schand'
> zwei Winter hier in Haft.

> Es ist meinen Vasallen doch bekannt
> in Normandie, Poitou und Engeland:
> solch armen Söldner hab' ich nicht im Land
> – und ich sag's nicht zu ihrer Schand –,
> der wegen Geld zu solchem Los verdammt,
> wie ich in meiner Haft.

> Das habe ich gelernt in dieser Zeit:
> tot wie gefangen tut man keinem leid,
> und werd' ich Geldes wegen nicht befreit
> ist's mir um mich, mehr um mein Volk noch leid,
> dem nach meinem Tod niemand verzeiht,
> wenn ich hier bleib' in Haft.

So ist's kein Wunder, daß mein Herz sich quält,
wenn dieser Herr bewaffnet in mein Land einfällt.
Und wie ist es mit einem Eid bestellt,
den wir geschworen uns vor aller Welt?
Ich wünschte mir, daß er den seinen hält,
dann wär ich längst nicht mehr in Haft.

Von meinen Nachbarn – ich liebe sie bis heut' –
aus Cahors und Perche erreichen mich zur Zeit
seltsame Gerüchte, die ich schwer nur deut'.
Ich war zur Treue immer gern bereit.
Verachtet, wer dem Verrat noch Hilfe leiht,
während ich hier bin in Haft!

Was die von Tourraine und Anjou angeht,
ich hab' dort vergeblich um Hilfe gefleht,
während ihr Herr vor Kummer im Kerker vergeht.
Sie könnten mir helfen, noch wär's nicht zu spät;
Sie sind wohlbewaffnet, doch kein Finger sich regt,
und ich bin noch immer in Haft.

Diese bewegte Klage mag Richard in einer trüben Stunde verfaßt
haben, als er spürte, daß an eine schnelle Befreiung nicht zu denken
war. Kaiser Heinrich ließ sich nämlich Zeit. Dieser goldene Vogel
sollte erst davonflattern dürfen, wenn er nach allen Regeln der
Kunst gerupft war.

Das Tauziehen

Kaiser Heinrich schien zu Anfang tatsächlich gewillt, ohne weiteres
Feilschen die erarbeiteten Bedingungen zu akzeptieren, denn er
mußte damit rechnen, daß Johann doch noch den englischen Thron
gewann, und dann würde er niemals einen Pfennig Lösegeld sehen.
Um die Sache zu beschleunigen, richtete Heinrich VI. ein Schreiben
an Klerus und Adel von England mit der freundlichen Ermahnung,
«jene Schritte zu unternehmen, die der Ehre Unseres geliebten
Freundes, Eures Herrn Richard, angemessen sind».

Natürlich wußten alle, was mit diesen «Schritten» gemeint war.

Bei dieser Gelegenheit treffen wir wieder auf den nicht kleinzukriegenden Wilhelm von Longchamps, der seit dem Frühjahr für Richard mit solchem Eifer tätig war, als sei er noch immer der Kanzler von England. Er war es, der das Schreiben des Kaisers überbringen wollte, dessen Zustellung sich aber dann als gar nicht so einfach erwies. Man schnitt ihn überall. So wollte er nach seiner Ankunft in England im Kloster St. Eduards eine Messe hören. Der Abt verweigerte es ihm mit dem Hinweis auf Longchamps' Exkommunikation. Als der Exkanzler dann doch die Messe besuchte, unterbrach der zelebrierende Priester die Handlung so lange, bis Longchamps wieder gegangen war. Ziemlich gekränkt reiste er nach St. Albans weiter, wo sich Eleonore und die fünf Regenten aufhielten, um ihnen die Botschaft des Kaisers zu übermitteln. Nachdem er dort sehr reserviert empfangen wurde, versicherte Longchamps, er sei weder als Kanzler noch als kaiserlicher Gesandter gekommen, sondern als einfacher Bischof, der wichtige Nachrichten zu überbringen habe. Dann reiste er eilig zurück nach Deutschland, denn falls er jemals wieder zu Amt und Würden gelangen sollte, dann nur durch König Richards Fürsprache.

König Philipp von Frankreich war mittlerweile zu der Einsicht gelangt, daß es sehr schwierig oder gar unmöglich sein würde, die endgültige Einigung zwischen Kaiser Heinrich und Richard zu verhindern.

Nicht ohne Schadenfreude schrieb er an Johann, er solle jetzt nur gut aufpassen, denn bald sei der Teufel los.

Seine Befürchtungen trafen durchaus zu, denn schon am 29. Juni 1193 kam es in Worms zum endgültigen Vertrag zwischen Richard und dem Kaiser Heinrich.

Ich gebe den Vertrag, dessen Zustandekommen so lange Zeit bis zu seiner endgültigen Form in Anspruch nahm, hier im vollen Wortlaut wieder:

Im Namen des Vaters, des Sohnes und des Heiligen Geistes, Amen. Dies ist der Vergleich zwischen dem Herrn Kaiser, immerdar Mehrer des Reiches, und dem Herrn Richard, dem erlauchten König von England.

1. Der Herr Kaiser wird seine Boten mit denen des Herrn Königs nach London senden, wo sie hunderttausend Mark reines Silber Kölner Gewichts in Empfang nehmen werden. Dies Geld nehmen dann die Boten des Kaisers und wiegen und versiegeln es in Gegenwart der Abgesandten des Königs. Es wird hierauf unter königlichem Geleite auf die Gefahr des Königs durch dessen Gebiet geführt. Sobald es an die Grenze des Deutschen Reiches gebracht ist, wird es von den Boten des Königs an die des Kaisers ausgehändigt, die es daselbst übernehmen; geht es im Reichsgebiet verloren, dann trifft der Verlust den Kaiser, weder der König noch seine Geiseln haften in diesem Falle dafür.

2. Weitere fünfzigtausend Mark Silber wird der König dem Kaiser und dem Herzog von Österreich zahlen und hierfür Geiseln stellen, dem Herrn Kaiser für dreißigtausend Mark Silber vierzig Geiseln, dem Herzog sieben Geiseln für zwanzigtausend Mark.

3. Wenn die hunderttausend Mark bezahlt und die Geiseln gestellt sind, hat der König freien Abzug: Löst der König das Versprechen ein, das er dem Kaiser über den früheren Herzog von Sachsen, Heinrich (den Löwen), gemacht hat (die Verpflichtung, die Unterstützung der Welfen aufzugeben), so wird der Kaiser dem König die fünfzigtausend Mark erlassen und dem Herzog von Österreich selbst zwanzigtausend Mark bezahlen; der König braucht denn weder die vierzig noch die sieben Geiseln zu stellen.

4. Außerdem ließ der König auf seine Seele schwören, daß er seine Nichte, die Tochter des Grafen von der Bretagne, sieben Monate nach seiner Befreiung und der Rückkehr in sein Land dem Sohn des Herzogs von Österreich zur Ehe geben werde. Der König wird sie bis zur Reichsgrenze bringen lassen, falls jener sie nehmen wolle, wenn nicht, ist er, der König, dieser Verpflichtung ledig.

5. Wird das Versprechen über Heinrich, weiland Herzog von Sachsen, nicht eingelöst, so sind die dann noch fälligen fünfzigtausend Mark sieben Monate nach der Rückkehr des Herrn Königs zu bezahlen.

6. Wenn der König freigegeben ist und zurückkehren will, wird ihm der Kaiser sicheres Geleite durch sein Land bis zur

Reichsgrenze und zu dem Hafen geben, von dem aus der König überfahren will; dies Geleite hat so lange bei ihm zu bleiben, als er sich daselbst aufhält und auf einen günstigen Wind zur Überfahrt wartet.

Wie man sieht, hatte sich das Lösegeld auf 150000 Silbermark erhöht, doch nur für den Fall, daß es Richard nicht gelingen würde, zwischen seinem Schwager Heinrich dem Löwen und dem Kaiser erfolgreich zu vermitteln. Wir sehen, daß Kaiser Heinrich es sehr gründlich machte und aus dieser Affäre herausschlug, was nur irgend möglich war. Immerhin, der Vertrag war unterzeichnet, und Kaiser Heinrich nannte den kommenden Januar als voraussichtlichen Termin von Richards Freilassung.

Philipp und Johann hatten offenbar nicht an eine solch schnelle Einigung geglaubt. Kaum erfuhren sie von dem abgeschlossenen Vertrag, machten sie dem Kaiser recht lukrative Gegenangebote. Falls Richard bis zu Michaeli (29. Sept. 1193) gefangen bliebe, würden sie dem Kaiser gemeinsam 100000 Silbermark bezahlen. Als Alternative seien sie bereit, für jeden Monat – unbefristet – weiterer Gefangenschaft 1000 Mark zu überweisen. Wenn der Kaiser ihnen aber Richard ausliefere, wollten Philipp 100000 und Johann 50000 Mark dafür ausgeben. Offenbar betrachtete Kaiser Heinrich den eben geschlossenen Vertrag, auch wenn er unterzeichnet und beschworen war, keineswegs als endgültig oder absolut bindend. So verschob er Richards für den Januar gedachte Freilassung erst einmal auf den 2. Februar 1194.

Unter dem Druck der Ereignisse hatte Richard auch mit König Philipp am 9. Juli 1193 einen für ihn nicht sehr günstigen Vertrag geschlossen, dessen Hauptpunkt sehr großzügig lautete, daß Philipp alles Land, das er inzwischen Richard in der Normandie abgenommen hatte, oder einen beliebigen Teil davon, behalten könne.

Richard muß sich dabei insgeheim wohl gedacht haben: Bin ich erst einmal zu Hause, dann hole ich es mir wieder.

Kaiser Heinrich, wie viele seiner Zeitgenossen, besaß die Mentalität eines Renaissancesöldners, der für ein paar Kreuzer zum Gegner überlief. Doch vorläufig äußerte er sich nicht zu den Angeboten von Richards Gegnern, sondern sandte im Oktober seine Vertrauensleute nach London, um dort das bereitliegende Lösegeld überprüfen zu lassen. Die kaiserliche Gesandtschaft wurde mit allen

Ehren empfangen und mit kostbaren Geschenken bedacht. Bis in den November hinein, lange und gewissenhaft, prüften die Fachleute das in Barren gegossene Silber und gaben schließlich ihr Placet. Ende des Jahres wurde der gewaltige Silberschatz dann in Richtung Deutschland abtransportiert, und dies geschah – wie vereinbart – bis zur Grenze auf Richards Risiko. Königin Eleonore begleitete den Zug mit ihren zuverlässigsten Leuten in eigener Person. Außerdem wollte sie zugegen sein, wenn ihr geliebter Richard endlich freigelassen wurde.

Kaiser Heinrich, in dessen Verantwortung ab Reichsgrenze der Silbertransport überging, reiste dem sehnlich erwarteten Schatz bis zum Niederrhein entgegen. Für die noch ausstehenden 50 000 Mark hatte Richard dem Kaiser vierzig und dem österreichischen Herzog sieben Geiseln zu stellen.

Was geschah mit dem Schatz?

Mag die Verwendung des Silbers für Richards weiteren Lebensweg ohne Bedeutung sein, so interessiert es den Leser vielleicht doch, den Spuren des Geldes in großen Zügen zu folgen. Glück brachte das erpreßte Geld weder Kaiser Heinrich noch Herzog Leopold. Das Schicksal des letzteren und eigentlichen Urhebers der Geiselaffäre erfüllte sich bald. Er erhielt zunächst seine 50 000 Kölnischen Mark, also 11 690 Kilogramm reines Silber. Das meiste davon steckte er in sein Land. Mit dem Geld wurden die Orte Enns und Hainburg ausgebaut und befestigt sowie die als Grenzfestung gedachte Wiener Neustadt erbaut. Wie es scheint, hat Herzog Leopold den größten Teil des Silbers münzen lassen, was bei der Bezahlung von Handwerkern unumgänglich war. Wahrscheinlich beschleunigte der Zustrom dieser großen Menge Silbers die Gründung bzw. Verlegung der früher in Krems ansässigen Wiener Münzstätte.

Dieser spürbaren Belebung der österreichischen Wirtschaft stand die Tatsache gegenüber, daß auf Leopold nach wie vor das päpstliche Interdikt lastete. Leopold war ein frommer Mann und litt sehr schwer unter dieser Kirchenstrafe. Als Leopold gelobte, die englischen Geiseln freizulassen und den noch nicht verbrauchten Rest des Lösegeldes – angeblich 4000 Mark – zurückzugeben, versprach der Papst, ihn vom Bann zu lösen. Zu Lebzeiten des Herzogs wurde jedoch weder eine Geisel freigelassen noch eine Mark zurückbezahlt, so daß er als Gebannter starb. Der Tod ereilte ihn sehr bald.

Am Weihnachtstag 1194 stürzte er nämlich bei einem Turnier in Graz so unglücklich vom Pferd, daß er sich das rechte Bein kompliziert brach. Die Wunde wurde brandig, und von den Heilkundigen wagte keiner, die Hand an den Fürsten zu legen. In seiner Verzweiflung hackte sich Leopold das Bein selber ab, doch es war zu spät, er starb am 31. Dezember. Da er das restliche Lösegeld nicht zurückbezahlt hatte, forderte es Papst Innozenz III. von Leopolds Sohn und Nachfolger, Herzog Friedrich, am 3. Mai 1198 unter Androhung des Kirchenbannes. Die Mahnung des Papstes kam zu spät, denn etwa zwei Wochen zuvor war Herzog Friedrich bei der Rückreise von einer Kreuzfahrt gestorben.

Bei Kaiser Heinrich stand die Verwendung des Geldes schon lange fest: Mit ihm sollte der Sizilienfeldzug finanziert werden.

Es war immer gefährlich, wenn ein Kaiser dem Reich den Rücken kehrte. Nur zu oft hatte es dann Krieg und Hader unter den Reichsfürsten gegeben, oder – wie Otto IV. es erleben mußte – ein anderer hatte sich des Thrones bemächtigt. Für Kaiser Heinrich war der Zeitpunkt eines Feldzuges im Jahr 1194 ungemein günstig. Richards Lösegeld klingelte in seinen Kassen, und – was fast noch wichtiger war – er hatte den Rücken frei. Was niemand für möglich gehalten hatte, war eingetreten: Staufer und Welfen hatten sich versöhnt.

Wir erinnern uns an Richards Vertrag mit Kaiser Heinrich, in dem es hieß, daß 50000 Mark des Lösegeldes zu erlassen seien, falls es Richard gelänge, die beiden Heinriche, den Löwen und den Kaiser, dauerhaft zu versöhnen. Richard hatte nach seiner Freilassung Wichtigeres zu tun, als sich um den Staufer-Welfen-Konflikt zu kümmern, doch es hätte seiner Vermittlung auch nicht mehr bedurft. Heinrich von Braunschweig, des grimmigen Löwen ältester Sohn, verliebte sich in Agnes von Hohenstaufen, die Tochter des reichen Pfalzgrafen Konrad, eines Onkels von Kaiser Heinrich. Da das junge Paar zu Recht fürchtete, bei seinen verfeindeten Familien auf taube Ohren zu stoßen, tat es den in jenen Kreisen so seltenen und mutigen Schritt: Agnes und Heinrich ließen sich heimlich trauen, wohl mit Einverständnis des Pfalzgrafen Konrad, der damit seinen kaiserlichen Neffen schwer düpierte. Kaiser Heinrich hatte nämlich seine hübsche und reiche Kusine zuerst Herzog Ludwig von Bayern und dann König Philipp von Frankreich versprochen.

Freilich, für den Kaiser hätten sich Mittel und Wege gefunden, diese Ehe zu annullieren, doch er war ein Realpolitiker und machte das Beste daraus. Nun mit seinem alten Feind Heinrich dem Löwen verschwägert, söhnte er sich im März 1196 gleich mit ihm aus. Damit hatte er König Richard um die Möglichkeit gebracht, sich 50000 Silbermark zu ersparen, und im Reich hatte er den Rücken frei. Es muß hier gleich gesagt werden, daß der Kaiser – Richard hatte ihm ja erst 100000 Mark ausgehändigt – den Rest wohl niemals vollständig erhielt. 10000 sind im Jahre 1195 bezahlt worden, ob noch weiteres folgte, ist nicht mehr festzustellen und jedenfalls unwahrscheinlich. Man kann verstehen, daß Richard seinen Erpresser nicht noch nachträglich honorierte.

Für den Kaiser war der Weg vollends frei, als Heinrich der Löwe am 6. August 1195 starb.

In Kaiser Heinrichs Augen lag Sizilien jetzt ohnehin da wie ein herrenloser Schatz, denn König Tankred war schon am 20. Februar 1194 gestorben; für seinen dreijährigen Sohn Wilhelm regierte Königin Sibylle, womit ein Teil des sizilianischen Adels nicht einverstanden war.

Da hieß es also schnell zugreifen. Mit Richards Silber in der Tasche ging Kaiser Heinrich schon im Mai nach Italien, um die Seestädte Genua und Pisa gegen Sizilien aufzuwiegeln. Der Kaiser soll bei dieser Gelegenheit gesagt haben: «Wenn ich Sizilien erobere, habt ihr den Vorteil davon; denn ich muß nach Deutschland zurück, und ihr könnt bleiben.» Der Feldzug wurde zum mühelosen Siegeszug. Klugerweise öffneten ihm die Städte des Königreichs ihre Tore. Gegen die Heeresmacht des Kaisers hätten sie keine Chance gehabt. In Palermo lud Heinrich den Adel des Landes zu einer Generalversammlung, und nun ließ er die Maske des Friedensfürsten fallen. Es läßt sich heute nicht mehr klären, ob die dem Kaiser in die Hände geratenen Briefe falsch oder echt waren. In ihnen soll jedenfalls von einer Verschwörung die Rede gewesen sein. Dies war der willkommene Anlaß, ein beispielloses Blutgericht in Szene zu setzen. Kaum jemand, auch nicht die Toten, entging der grausamen Rache des finsteren Staufers. Bischöfe, Äbte, Barone, Grafen, Freunde des Königshauses wurden lebendig verbrannt, gepfählt, ertränkt, andere geblendet und als Gefangene nach Deutschland verbracht. Die toten Könige Tankred und Roger wurden aus ihren Gräbern gerissen, enthauptet und verbrannt. Diese beispiellose Barbarei inszenierte der fromme Kaiser während der Weihnachtsfeiertage 1194.

Hatte der Kaiser vergessen, wie Tankred seine Frau Konstanze ohne Gegenleistung freiließ? Er hielt es anders. Tankreds Witwe Sibylle schickte er mit ihren drei Töchtern lebenslang in ein Kloster, der Kronprinz Wilhelm wurde geblendet und in Deutschland eingekerkert, wo er bald darauf starb. Den sagenhaften «Normannenschatz» ließ der Kaiser auf den Trifels schaffen. Hier ist nicht der Platz, den blutgetränkten Lebensweg Kaiser Heinrichs weiterzuverfolgen. 1197 empörte sich der sizilianische Adel gegen die Ausbeutung des Landes durch den Kaiser. Heinrich schlug den Aufstand auf seine Weise nieder. Dem vom Adel gewählten Gegenkönig ließ er eine Krone aufs Haupt nageln, ansonsten wurde wieder tagelang gefoltert, verbrannt und geköpft.

Doch dieses Land, mit Richards Lösegeld erobert, brachte dem Kaiser kein Glück. Am 28. September 1197 starb er – erst zweiunddreißigjährig – in Messina. Wie lieb ihn seine Gemahlin Konstanze gehabt haben muß, geht daraus hervor, daß man vielerorts vermutete, sie habe ihn vergiftet.

Kehren wir zum Jahre 1193 zurück. Mit der einen Hand griff Kaiser Heinrich nach dem Lösegeld, mit der anderen öffnete er Richard die Tür zur lange entbehrten Freiheit.

Endlich frei

Die Weihnachtstage 1193 verbrachte Richard in Speyer, und wir dürfen annehmen, daß dies schon in relativer Freiheit geschah. Das Silber war unterwegs und mußte während der nächsten Tage eintreffen; es konnte eigentlich nichts mehr schiefgehen.

Ein paar Tage vor Weihnachten hatte Richard einen Brief des Kaisers aus der alten Stauferpfalz Gelnhausen erhalten, in dem der bereits geplante Freilassungstermin vom 17. Januar genannt wurde, und den Montag darauf, also den 24. Januar 1194, bestimmte der Kaiser zum Tag für Richards Krönung zum König der Provence. Über diesen sonderbaren Plan ist sonst nichts bekannt geworden, auch Richard führte später niemals einen entsprechenden Titel oder erhob Anspruch darauf. Vielleicht war dies eine Idee des Kaisers gewesen, um Richard das hohe Lösegeld etwas zu versüßen. Die Krönung scheint jedoch niemals stattgefunden zu haben.

Königin Eleonore hatte Hubert Gautier, der inzwischen auf Richards Wunsch zum Erzbischof von Canterbury gewählt worden war, während ihrer Abwesenheit zum Regenten bestimmt. Der bisherige Regent, Walter von Coutances, begleitete die Königin mit dem Schatz nach Deutschland. Unter ihrem zahlreichen Gefolge befanden sich auch der treue Balduin von Bethune, einer von Richards Fluchtbegleitern bis Friesach, Hugo von Lusignan, ein Verwandter des jetzigen Königs von Zypern, und – er schaffte es immer wieder, dabeizusein – Wilhelm von Longchamps, der offenbar auch bei Eleonore wieder Persona grata war. Den Dreikönigstag verbrachte Eleonore mit ihren Getreuen in Köln, der «Dreikönigsstadt», denn der Dom hütet ja bis heute die angeblichen Gebeine der rätselhaften Magier aus dem Morgenland.

Obwohl man in Köln alles tat, um den geehrten Gast seinem Rang und der Bedeutung seines Auftrags gemäß zu empfangen, ging Eleonores größter Wunsch nicht in Erfüllung, nämlich ein Treffen mit Richard. Hier erfuhr sie auch von dem beunruhigenden Gerücht, daß Philipp und Johann durch Überbieten des Lösegeldes den Kaiser für ihre Zwecke umstimmen wollten. Vorläufig konnte sie nichts tun als abwarten.

Am 2. Februar kam es dann zu dem großen Treffen von Mainz. An diesem Tag endlich wurde, wie der Chronist vermerkt, «Richard seiner Mutter und seiner Freiheit wiedergegeben».

Der Erzbischof von Mainz, Konrad von Wittelsbach, leitete die erlauchte Versammlung, an der neben Kaiser Heinrich VI., Königin Eleonore, König Richard und Herzog Leopold von Österreich noch zahlreiche weltliche und geistliche Fürsten teilnahmen. Neben den bereits fest vereinbarten Freilassungsbedingungen wartete nun Kaiser Heinrich mit zwei weiteren Überraschungen auf. Er übergab Richard die Briefe seines Bruders Johann und des Königs Philipp mit den, wie wir gesehen haben, sehr verlockenden Gegenangeboten. Dem Kaiser schienen sie während der ganzen Zeit im Kopf herumgegangen zu sein. Als er die Briefe nämlich präsentierte, bat er Richard, ihn doch unter diesen Umständen aus dem Vertrag zu entlassen. Kaiser Heinrich war, wie jedermann wußte, kein Mensch, der Scherze machte. Daß es ernst gemeint war, spürten auch die anwesenden Fürsten, von denen die meisten ihm dringend zurieten, diesen Vertrauensbruch nicht zu begehen. Der Kaiser zeigte sich großzügig und gab nach. Nun kam die zweite Überraschung. Als letzte Bedingung der Freilassung verlangte der Kaiser von König Richard den Vasalleneid. Das heißt: Richard sollte England aus des Kaisers Händen als Lehen empfangen und dafür auch noch jährlichen Tribut von 5000 Pfund Sterling entrichten.

Königin Eleonore muß ihrem Sohn wohl angesehen haben, daß für ihn das Maß nun voll war. Ehe die «schwarze Galle» der Anjou jetzt überschäumte, zog Eleonore ihren Sohn beiseite und riet ihm dringend – die Chronisten bemerken dies ausdrücklich –, dem Wunsch des Kaisers nachzugeben. Richard, nun wieder besonnen, gab nach. Er wußte, daß dieses Kaisertum auf schwachen Füßen stand und Heinrichs Arm nicht bis England reichte. Also kniete er nieder und legte seine Lederkappe als Symbol für die englische Krone in die Hände des Kaisers, der sie ihm wieder zurückgab. Danach schenkte der Kaiser seinem neuen «Vasallen» ein goldenes Kreuz. In diesem Augenblick war Richard Löwenherz nach über dreizehnmonatiger Gefangenschaft wieder ein freier Mann.

Am nächsten Tag sandte Kaiser Heinrich ein von ihm und den anwesenden Reichsfürsten gesiegeltes Schreiben an König Philipp und Johann ohne Land mit der Aufforderung, sämtliche während Richards Gefangenschaft eroberten Städte und Burgen wieder freizugeben. Im Falle der Weigerung würden Kaiser und Reich König Richard bei der Rückeroberung unterstützen. Als es dann soweit war und Richard mit Philipp einen jahrelangen Krieg um seine Besitzungen führen mußte, wollte sich niemand dieses Versprechens erinnern, und er erhielt weder Geld noch Soldaten zu seiner Unterstützung. Er hatte wohl auch nicht damit gerechnet.

Wenige Tage vor seinem Tod (am 28. September 1197) erließ Kaiser Heinrich eine Verfügung, daß der jährliche Lehnszins von 5000 Pfund Sterling König Richard zu erlassen sei. Es gibt jedoch keinen Hinweis, daß Richard ihn jemals bezahlt hätte. Der Rückweg geriet Richard zum Triumphzug. Mit Königin Eleonore und seinem Gefolge reiste er auf einem Schiff langsam rheinabwärts zur Nordsee. Allenthalben jubelte die Bevölkerung, und auch die Reichsfürsten begegneten Richard mit Hochachtung und Freundschaft. Der Erzbischof von Köln empfing die englischen Gäste mit großem Pomp. In Anspielung auf Richards Gefangenschaft zelebrierte er im Dom die Messe «St. Petrus in Banden».

Nach zweitägigem Aufenthalt reiste Richard von Köln über Lourain und Brüssel nach Antwerpen, wo er am 4. März 1194 in See stach.

Richard und Johann

Am 12. März 1194 landete Richard in England und betrat sein Königreich – das er am 11. Dezember 1189 verlassen hatte – nach über vierjähriger Abwesenheit zum ersten Mal wieder.

Als Graf Johann die für ihn niederschmetternde Nachricht von der Freilassung seines Bruders erhalten hatte, versuchte er in einer letzten verzweifelten Anstrengung, England gegen Richard aufzurüsten. Er ließ in aller Eile zahlreiche Burgen befestigen und bewaffnen. Der ihm ergebene Priester Adam von St. Edmund reiste mit Johanns Briefen an die Burghauptleute im Lande herum, bis man ihn in London festnahm und damit von Johanns Plänen erfuhr. Erzbischof Hubert von Canterbury berief eine Versammlung von Adel und Geistlichkeit ein, wies Johanns Briefe vor und erklärte ihn zum Landesverräter. Daraufhin wurde der einhellige Beschluß gefaßt, Graf Johann seine englischen Besitzungen abzuerkennen und seine Burgen zu besetzen.

Ohne diese unerschütterlich treuen Sachwalter hätte Richard seinen Thron nach so langer Abwesenheit wohl schon verloren gehabt. Die englische Geistlichkeit tat noch ein weiteres. Eine Versammlung von Bischöfen und Äbten exkommunizierte Graf Johann und all jene, die ihn gegen Richard unterstützten.

In jener Zeit und vor allem in England waren diese Bischöfe und Äbte zugleich auch harte Krieger, die, wenn's drauf ankam, schnell von der Soutane in den Kettenpanzer schlüpften.

Dies taten sie auch jetzt mit großem Eifer, so daß der Kampf gegen Johann schon in vollem Gange war, als König Richard in Sandwich landete.

Über Canterbury und Rochester zog der König nach London, wo er am 16. März eintraf und mit großer Begeisterung empfangen wurde. Nun hatten sie ihn wieder, ihren legendären Helden, den Richard Löwenherz, der ein Franzose war und ihre Sprache nicht verstand, den sie kaum jemals gesehen und doch in ihr Herz geschlossen hatten.

Der Londoner Jubel hallte so weit über Land, daß fast alle von Johann besetzten Städte und Burgen von ihm abfielen. Den Burgherrn Hugo von Pommeraye soll vor Schreck ein tödlicher Schlag getroffen haben, als er von König Richards Rückkehr erfuhr. Nur Tickhill und Nottingham gaben nicht auf, weil sie die Nachricht von Richards Ankunft für eine Finte hielten. Den Leuten in Tickhill wurde gestattet, zwei Ritter nach London zu senden, damit sie sich von Richards Anwesenheit überzeugen konnten. Sie taten es, und Tickhill öffnete Bischof Hugo von Lincoln, seinem Belagerer, die Tore. Jetzt blieb nur noch Nottingham, das die Übergabe standhaft verweigerte.

Richard, nach nur eintägigem Aufenthalt in London – es sollte sein letzter sein –, traf am 25. März mit einer ansehnlichen Armee vor Nottingham ein. Die Soldaten waren ihm unterwegs nur so zugelaufen. Wer wollte nicht unter der Fahne dieses strahlenden Helden kämpfen, der die Heiden aufs Haupt geschlagen hatte und nach langer Gefangenschaft endlich heimgekehrt war?

Nun konnte Richard wieder seiner großen Leidenschaft frönen, dem Kampf. Drauf und drein! Dieses Widerstandsnest Nottingham kam ihm gerade recht. Die Trompeten schmetterten, die Pferde schnaubten, die Waffen klirrten.

Als die Belagerten einen Ausfall versuchten, wurden sie blutig zurückgetrieben, doch die Burg konnte nicht genommen werden. Während sich Richard vor den Wällen verschanzte, trafen die Erzbischöfe Hubert von Canterbury und Geoffrey von York – sein Halbbruder – zur Unterstützung ein. Am nächsten Tag ließ Richard die Schleudermaschinen aufbauen, an gut sichtbarer Stelle Galgen errichten und daran einige von Johanns Leuten aufhängen. Als die Belagerten nun auch noch von der Übergabe Tickhills erfuhren, gaben sie auf.

Damit war Richard wieder unbestritten Herr in seinem Land. Er berief eine Versammlung von Baronen und Bischöfen nach Nottingham und forderte die Herren auf, über den Verräter Johann – der wieder einmal zu seinem Kumpan Philipp geflohen war – ein Urteil zu sprechen. An dieser Versammlung nahm auch Königin Eleonore teil. Mit Johann wurden dessen Anhänger, Bischof Hugo von Coventry und noch einige Adlige, des Verrats und Eidbruchs angeklagt. So erging folgender Beschluß:

Sollten die Herren nicht innerhalb von vierzig Tagen erscheinen, um sich zu verantworten, so würde Johann alle Rechte in England verlieren, und Bischof Hugo käme vor ein geistliches Gericht. Den Adligen drohte Verbannung auf Lebenszeit. Am 5. April traf Richard in Melton Mowbray mit König Wilhelm von Schottland zusammen. Der Herrscher dieses rauhen Landes mit seiner halbwilden kämpferischen Bevölkerung verlangte von Richard die Grafschaften Northumberland, Cumberland, Westmoreland und Lancaster mit der Begründung, daß schon seine Vorfahren diese Länder besessen hätten. Richard, diplomatisch, sagte, er müsse darüber eine Adelsversammlung befragen. Richard nahm den Schottenkönig gleich nach Nottingham mit, wo man am 11. April dessen seltsamen Wunsch abschlägig beschied.

Der Vorschlag, Richard solle sich ein zweites Mal krönen lassen, kam vermutlich von Königin Eleonore. Sie hatte den Kniefall ihres Sohnes vor Kaiser Heinrich nicht vergessen. Mit dieser zweiten Salbung und Krönung sollte aller Welt gezeigt werden, daß Richard kein Vasall des Kaisers, sondern der von Adel, Klerus und Volk erwählte autonome König Englands sei.

Am 17. April 1194 setzte Erzbischof Hubert von Canterbury seinem Freund und Waffengefährten die englische Krone aufs Haupt. König Wilhelm von Schottland trug zusammen mit den Grafen von Chester und Warenne die drei Zeremonialschwerter.

Bei diesem feierlichen Akt vermissen wir Königin Berengaria an Richards Seite. Doch die in Zypern sozusagen nur notdürftig gekrönte Königin von England war noch immer in Rom und schien es gar nicht eilig zu haben, den ihr zustehenden Platz einzunehmen. Oder war es Richard, der sie von sich fernhielt? Es hätte ja nur eines Winkes bedurft, um sie an seine Seite zu holen.

Während der nächsten Wochen reiste König Richard, meist von seiner Mutter begleitet, in Regierungsgeschäften durch sein Land.

Er hielt sich dabei häufig in Portsmouth auf, von wo er dann in Richtung Normandie absegelte. Aus Frankreich waren alarmierende Nachrichten eingetroffen. König Philipp hatte unter einem Vorwand den Waffenstillstand gebrochen und belagerte seit dem 10. Mai Verneuil.

Richard traf am 12. Mai in Barfleur ein, von wo er über Bayeux und Caen nach Lisieux weiterreiste. Dort aß er zu Abend, um sich dann ein wenig hinzulegen. Die folgende Szene hat uns der Biograph des Wilhelm Maréchal genau überliefert.

Während Richard ruhte, trat sein Gastgeber Johann von Alençon ins Zimmer.

«Warum schaut Ihr so finster?» fragte ihn Richard. Alençon antwortete mit Ausflüchten, doch Richard unterbrach ihn. «Ihr habt meinen Bruder Johann gesehen, leugnet es nicht. Sagt ihm, er soll hereinkommen; schließlich ist er trotzdem mein Bruder. Ich werde ihm keine Vorwürfe machen, obwohl er sich wie ein Narr benommen hat. Seine falschen Ratgeber haben ihre Belohnung schon erhalten oder werden sie noch bekommen!»

Als Graf Johann das Zimmer betrat, warf er sich seinem Bruder zu Füßen. Die Ratte kam wieder einmal herangekrochen, um – wie schon so oft – vor dem Stärkeren zu kuschen.

Richard hob ihn auf und sagte: «Fürchte nichts, Johann, du warst in schlechter Obhut. Die dich beraten haben, werden dafür bezahlen müssen. Jetzt setz dich zu mir und iß etwas.»

Da haben wir sie wieder, die Kumpanei der Mächtigen. Jetzt stand Johann plötzlich als Unschuldslamm da, und die schlechten Ratgeber waren an allem schuld. Schließlich war Eleonores Letztgeborener kein Kind mehr, sondern ein sechsundzwanzig Jahre alter Mann, der seine Taten hätte verantworten müssen.

Das Volk von Lisieux hatte jedenfalls einen schönen Grund zum Jubel. Während der ganzen Nacht wurde getanzt und gesungen, und sämtliche Kirchenglocken läuteten. «Dieu est venu en sa puissance, tôt s'en ira le roi de France!» (Gott ist erschienen in seiner Macht, für den König von Frankreich wird's doch bald Nacht!) skandierte eine begeisterte Menge, der es doch eigentlich egal sein konnte, welcher König ihnen die Steuern abpreßte. Richard hatte Johann zwar verziehen, doch er kannte dessen Charakter und gab ihm weder seine Grafschaften zurück noch ließ er ihn nach England reisen.

Wie Graf Johanns Treulosigkeit sich im Bewußtsein des englischen Volkes niederschlug, sehen wir am besten in den Geschichten um Robin Hood. Diese Geschichten entstanden durch den Zwist zwischen Normannen und Angelsachsen. Die Ursachen für diesen Zwist soll das folgende Kapitel erklären.

Normannen und Angelsachsen

England, als Großbritannien später selber der Welt mächtigster Kolonialherr, war noch hundert Jahre vor Richards Krönung nichts anderes als eine Kolonie der Normannen – erobert, besetzt und ausgebeutet. Falls der Leser sich intensiver mit englischer Geschichte befaßt, wird er irgendwann darauf stoßen, daß die Adligen in Heinrichs und Richards Epoche häufig mit zwei verschiedenen Namen genannt werden. Ich nenne zwei Beispiele: Hubert Walter – Hubert Gautier; Guillaume de Longchamps – William Longfield. Leider war es mehr als die Sprachgrenze, was damals zwischen Normannen und Angelsachsen stand. Es bedurfte noch vieler Generationen des Zusammenlebens, bis diese beiden Stämme zu einem Volk verschmolzen, bis beide Sprachen zum Englisch unserer Tage wurden. Befassen wir uns aber etwas näher mit dem modernen Englisch, dann wird schnell deutlich, daß es innerhalb des Wortschatzes diese Grenze noch immer gibt. Hier einige Beispiele: Angelsächsischen, also germanischen Ursprungs sind die Wörter bull, calf, pig. Normannischen, also romanischen Ursprungs ist jedoch die Bezeichnung für das Fleisch dieser Tiere: beef, veal, pork. Bei wörtergleicher Bedeutung finden wir häufig Benennungen aus beiden Sprachen. Freedom – liberty; begin – commence; ship – vessel; bedroom – dormitory u. v. a. Eine gewisse, freilich fließende Sprachgrenze verläuft auch noch durch den Anwendungsbereich der Sprache. So stammen wissenschaftliche, künstlerische, historische, politische und abstrakte Begriffe eher aus dem Normannischen, Ausdrücke für das bäuerliche Leben, für Familie, Handwerk und die Gefühlswelt jedoch überwiegend aus dem Germanischen. Diese englische Sprachgestaltung läßt sich auch deutlich in der Literatur nachweisen. Am augenfälligsten ist dies bei Shakespeare oder auch volkstümlichen Balladenstoffen. Der große Dramatiker kam fast ganz ohne romanische Wörter aus, während John Milton, dessen Werk eher vom Intellekt geprägt ist und der sich antike Autoren zum Vorbild nahm, germanische Wörter tunlichst vermied.

Wir dürfen dabei nicht vergessen, daß das Normannische bis 1362 Gerichtssprache und bis 1385 Unterrichtssprache war, während es sich in den Urkunden sogar bis in das 15. Jahrhundert hielt.

Nach diesem Ausflug in die Linguistik noch eine kleine Rückschau in die Politik, in der wir die eigentliche Ursache für diese Problematik zu suchen haben.

In das von Kelten bewohnte England fielen um 450, nachdem die Römer sich zurückgezogen hatten, die Angelsachsen ein. Dieser aus Angeln, Sachsen und Jüten gemischte germanische Stamm drängte die Urbevölkerung ins Hochland oder in entlegene Gebiete zurück, und genau dort, nämlich in Wales, Cornwall, Schottland und Irland, finden wir noch heute keltische Dialekte. Nach etwa eineinhalb Jahrhunderten hatten sich die Eindringlinge soweit etabliert, daß verschiedene kleine Königreiche, wie Essex, Wessex, Sussex, Kent etc., entstehen konnten.

Dem König Egbert von Wessex gelang es um 815, das Land unter seinem Zepter zu einigen. Seine Nachfolger hatten immer noch Kämpfe mit den Normannen – damals noch in Dänemark ansässig – zu bestehen. Ein Teil von ihnen setzte sich Anfang des 10. Jahrhunderts in Westfrankreich – der heutigen Normandie – fest, und von dort aus zog Herzog Wilhelm zu seinem berühmten Eroberungsfeldzug nach England. Jedem von uns wurde der Entscheidungstag in der Schule eingebleut: Am 14. Oktober 1066 sank nach der Schlacht von Hastings das Reich der Angelsachsen in den Staub.

Richards Urahn, Wilhelm der Eroberer, war nun der neue König von England. Man könnte annehmen, daß Germanen und Germanen sich nicht allzu fremd gewesen sein können und so einem friedlichen Verschmelzen nichts im Wege stand. Doch dem war nicht so. Die Normannen waren in Frankreich der stärkeren Kultur unterlegen, hatten einen altfranzösischen Dialekt angenommen und besaßen eine streng feudale Verfassung. Im Gegensatz dazu waren die Angelsachsen in Sprache, Sitte und Gesetz urgermanisch geblieben.

König Wilhelm mußte – und er tat es sehr hart – zahlreiche Aufstände unterdrücken, was wiederum bei den Angelsachsen große Erbitterung hinterließ. Die mit Wilhelm ins Land gekommenen normannischen Adligen wurden mit den eroberten Burgen und Städten belehnt, der alteingesessene Adel aber entmachtet, entrechtet und zurückgedrängt.

Um diese wirren Zustände zu beenden, ließ König Wilhelm 1086 in seinem «Domesday book», einer Art Reichsgrundbuch, die neuen Besitzverhältnisse niederlegen. Demnach war der König der alleinige Eigentümer des ganzen Landes, und niemand durfte von Rechts wegen eine Handbreit Boden besitzen, den er nicht direkt oder indirekt vom König zum Lehen hatte. Daß dann unter den neuernannten Kronvasallen – also direkt vom König mit Land belehnten Adligen – fast nur Normannen waren, erregte bei den Angelsachsen großes Ärgernis, doch sie mußten es hinnehmen, dies und die neuen, ihrer Sitte und Tradition völlig fremden Gesetze. Aber England war inzwischen so fest in normannischen Händen, daß jeder Widerstand die Lage nur verschlimmert hätte. Wie sich das erbitterte Volk der Angelsachsen dann in seinem Sagenhelden Robin Hood einen tapferen und immer erfolgreichen Revolutionär aufbaute, werden wir später sehen.

Richard jedenfalls übernahm ein ziemlich befriedetes England, das dabei war, eine Nation zu werden. Wenn jetzt einer kam, wie der Kanzler Wilhelm von Longchamps, und glaubte, etwas Besseres zu sein, weil er Normanne war, dann trieb ihn – wie wir gesehen haben – der Unwille des englischen Volkes aus dem Land.

Auch Richard war ein reinblütiger Normanne, der kaum ein Wort Angelsächsisch sprach und von Sitte und Tradition der Angelsachsen wenig wußte. Doch er machte keinen Unterschied zwischen seinen romanischen und germanischen Untertanen. Er ließ sie – wie auch sein Vater Heinrich – spüren und wissen, daß sie vor ihm und vor dem Gesetz gleich waren.

Richard und Robin

Während der Zeit, da Richard in Deutschland um seine Freilassung kämpfen mußte, betrug sich Johann in England, als sei er schon der König. Um seinem Auftreten vor Volk und Adel Glanz zu verleihen, ließ er in Nottingham ein großes Turnier veranstalten. Als Abschluß des nur für Ritter zugänglichen Turniers sollte ein Bogenschießen für jedermann stattfinden. Graf Johann hoffte, damit den Volkshelden Robin Hood herbeizulocken und festnehmen zu können. Robin Hood, Sohn eines eingesessenen angelsächsischen Ritters, kämpfte nämlich gegen die blutsaugerische Willkürherrschaft des landfremden normannischen Adels. Ja, solange König Richard oder sein Vater die Herren im Lande gewesen waren, herrschte noch Recht und Ordnung, doch jetzt, unter Graf Johann, war wieder – wie in alten finsteren Zeiten – das Faustrecht eingekehrt. Wo immer ein Unrecht gegen die angelsächsischen Einwohner des Landes geschah, war Robin Hood mit seinen Männern zur Stelle und versuchte es zu rächen oder den Schaden wiedergutzumachen. Allmählich sah Graf Johann in diesem Robin Hood seinen persönlichen Feind, setzte eine hohe Summe auf seinen Kopf und unternahm alles Mögliche, ihn in seine Gewalt zu bringen.

Als Kesselflicker verkleidet, ging Robin Hood – gegen den Rat seiner Freunde – nach Nottingham, weil es ihn zu sehr verlockte, am Bogenschießen teilzunehmen. Herr Debigot, ein normannischer Ritter, hatte schon mitten ins Schwarze getroffen und galt als der unbestrittene Sieger. Da trat ein zerlumpter Kesselflicker heran und bat, auch teilnehmen zu dürfen. Graf Johann und seine Herren lachten schallend.

Ruhig legte der Zerlumpte einen Pfeil auf seinen Bogen und schoß. Sein Geschoß traf so genau, daß Herrn Debigots Pfeil, der noch in der Scheibe steckte, genau in zwei Hälften gespalten wurde.

«Der steht mit dem Teufel im Bund!» riefen die Zuschauer.

«Der ist Robin Hood», hörte man Graf Johann murmeln.

Als dem Meisterschützen der Preis überreicht werden sollte, ließ ihn Graf Johann von seinen Leuten festnehmen.

«Jetzt werde ich König Löwenherz niemals begrüßen dürfen», sagte Robin Hood traurig.

Am Tag darauf sollte Robin Hood in Nottingham gehängt werden. Doch seine Männer ließen ihren Anführer nicht im Stich. Den Henker traf der Pfeil, als er Robin die Schlinge um den Hals legen wollte, und seine Gehilfen fielen unter ebenso wohlgezielten Schüssen. Robin Hood schwang sich auf den Rücken eines ledigen Pferdes und entkam. Graf Johann tobte tagelang vor Zorn, sein Erzfeind war wieder einmal entkommen. Allerdings war da noch ein anderer Grund für Johanns Zorn.

Richard Löwenherz, sein Bruder, der König von England, war endlich aus deutscher Gefangenschaft freigekommen und befand sich schon auf See.

Was aber Graf Johann aus tiefster Seele fürchtete, das sehnten Robin Hood und seine Männer von ganzem Herzen herbei.

An einem nebligen Märznachmittag saß Robin mit seinen Leuten am Fluß Trent.

«Ob er jemals wiederkommt?» fragte Allin seinen Anführer.

Robin Hood nickte: «Ich glaube daran», gab er zur Antwort.

Da sahen sie plötzlich sechs Männer am anderen Ufer, die ins Wasser wateten und sich durch die Furt langsam näherten. Ihrer Kleidung nach waren es Pilger oder Mönche.

Als sie das feste Land betraten, sagte Robin: «Für diesen Übergang müßt ihr Zoll bezahlen.»

«Wir sind Pilger und besitzen nichts», wurde geantwortet.

«Entweder ihr bezahlt, oder ihr kehrt wieder um», rief Robin Hood. Ein baumlanger Mensch, wohl der Führer der Pilger, trat vor.

«Wir scheren uns nicht um Landstreicher. Gib den Weg frei oder du bereust es!»

Robin Hood nahm schnell sein Horn und blies hinein. Da kamen seine Getreuen herbeigeströmt, zu Pferd und zu Fuß, waffenschwingend, waffenklirrend.

«Nun, ihr Herren?» fragte Robin lächelnd.

Da öffnete der Anführer seine dunkle Kutte, und golden leuchteten die heraldischen Löwen auf dem Purpurgewand. Dann schlug er die Kapuze zurück, und Robin sah im Abendlicht Haar und Bart rotblond erglänzen. Robin Hood sank in die Knie.

«Richard Löwenherz ist zurück!» rief er laut und voll Freude.

Der Leser wird längst gemerkt haben, daß wir vom Pfad einer seriösen Biographie abgewichen sind und uns ins wuchernde Gestrüpp der Legende begeben haben. Einer Legende freilich, die seit fast achthundert Jahren – und nicht nur in England – sehr lebendig geblieben ist. Filme, Jugendbücher und Comic-Hefte haben sich des Stoffs bemächtigt, und man darf sagen: Robin Hood ist weitaus lebendiger als die meisten historischen Gestalten der englischen Geschichte. Ein Robin Hood hat allerdings genauso wenig gelebt wie Wilhelm Tell. Sie haben beide nicht gelebt, doch es hat sie gegeben.

Robin Hood, das war die von den unterdrückten Angelsachsen erfundene Idealfigur eines Freiheitshelden, in den sie ihre Verbitterung und Auflehnung, ihre Hoffnungen und Wünsche projizierten. Wenn ich sage, es hat ihn gegeben, so sind damit die vielen Namenlosen gemeint, die den Widerstand versuchten, doch am Ende scheiterten und untergingen. Für Robin Hood gab es kein Scheitern. An seinen Abenteuern ergötzten und erbauten sich ganze Generationen von Angelsachsen, denn er, der rächende Held, tat und erreichte, was ihnen unmöglich war. Die Normannen blieben im Land, aus den Unterdrückern wurden Landsleute, ihre Sprache verschmolz mit der angelsächsischen zum heutigen Englisch. Robin Hood aber blieb Gemeingut des englischen Volkes, blieb es bis heute.

Da Sagenhelden aber letztlich nicht als höhere Wesen, sondern als Menschen von Fleisch und Blut gedacht sind, müssen sie irgendwann einmal gestorben sein. Erzählen wir also diese Geschichte, in der jetzt auch König Richard eine Hauptrolle spielt, zu Ende.

Richard Löwenherz, obwohl normannischer König des Landes, gilt in der Robin-Hood-Legende nicht als Unterdrücker, sondern als ein gerechter Herrscher, der allen seinen Untertanen gleiche Rechte zubilligte. Nun war der so lange Erwartete endlich heimgekehrt. Robin Hood und seine Männer halfen dem König, die Aufständischen, also Graf Johanns Anhänger, zu besiegen. Dies war bald geschehen, und so kehrten Frieden und Gerechtigkeit im Lande ein. Was hätte es da für einen Robin Hood noch zu tun gegeben? In einer Version der Legende nahm Robin an Richards zweiter Krönung in Nottingham teil, in einer anderen war er auf dem Weg dorthin, als er schwer erkrankte.

Ein Frauenkloster nahm ihn auf, doch auch die heilkundigen Nonnen konnten ihm nicht mehr helfen. In seiner letzten Stunde nahm Robin den berühmten Bogen und schoß einen Pfeil durchs Fenster. «Wo er niederfällt, da bringt mich hin», verlangte Robin von seinen Freunden. Nach seinem Tod trugen sie ihn hinaus ins

Freie und begruben ihn dort, wo sein Pfeil am Straßenrand nieder-
gefallen war.

Da die Fabulierlust des Volkes sich bei solch berühmten Helden gerne ein Hintertürchen offenhält, heißt es dann noch, eigentlich könne niemand so recht bezeugen, daß Robin Hood wirklich
tot und begraben sei. Manche sagten, er lebe noch immer und warte
auf Zeiten, wo man ihn wieder brauche.

Gegen Philipp

Während Richards Abwesenheit hatte König Philipp von Frankreich rund zwei Dutzend Städte und Festungen der Normandie
in seine Gewalt gebracht, darunter die Schlüsselfestung Gisors,
die Hafenstadt Dieppe und so wichtige Orte wie Évreux, Aumâle,
Tillières und Nonancourt. Es gab also für Richard viel zu tun.

Als König Philipp gemeldet wurde, daß Richard gegen Ver-
meuil marschiere, ergriff er die Flucht. Die Stadt atmete auf. Wie
immer eine Belagerung auch enden mochte, es drohten Hunger und
Durst, Tag und Nacht flogen die Brandpfeile auf leichtentzündliche
Dächer, Seuchen brachen aus, und die Männer fielen auf den Wehr-
gängen und Stadtmauern. Endete es schlecht, dann warteten Plünderung, Brandschatzung, Tod oder Vertreibung.

Dies alles nahmen die Menschen jener Zeit hin wie eine Fügung
Gottes. Sie trugen dieses Leid nicht einmal, weil zwei Nationen ums
Überleben kämpften, sondern weil sich zwei Könige nicht ausste-
hen konnten.

In Tours ließ Richard die offenbar König Philipp anhängenden
Kanoniker von St. Martin aus der Stadt jagen und ihre Renten ein-
ziehen. Die darüber hocherfreuten Bürger überreichten daraufhin
Richard ein Geschenk von 2000 Mark Silber.

König Philipp rächte sich damit, daß er die Einkünfte der Kirchen und Klöster im Erzbistum Rouen beschlagnahmte.

Um dieses Spiel zu beenden, schlug Richard Friedensverhandlungen vor. So gern er auch kämpfte, wenn es sein mußte, sosehr
ärgerten ihn diese kleinlichen Sticheleien.

Anstatt seine Boten zu senden, griff König Philipp die Festung Fontaine bei Rouen an und eroberte sie nach vier Tagen. Danach traf ein französisches Verhandlungsangebot mit drei Vorschlägen ein.

1. Jeder König behält, was er erobert und befestigt hat.
2. Beschlagnahmter Kirchenbesitz wird freigegeben.
3. Die von Richard abgefallenen Barone im Poitou werden in den Frieden mit einbezogen.

Der letzte Punkt war es, den Richard nicht akzeptieren wollte. Nichts haßte er mehr als Verrat und Treulosigkeit, und mit diesen Herren wollte er noch abrechnen.

Am 6. Juli gelang es Richard endlich, seinen Gegner bei Vendôme zu stellen. Philipp, der ängstlich jede offene Schlacht vermied, begann sich zurückzuziehen, aber Richard stieß nach. Der französische König entkam, aber die Beute war gewaltig. Richard fielen nicht nur die Kriegskasse und König Philipps persönliches Siegel in die Hände, sondern auch die Urkunden jener, die von Richard abgefallen waren und Johann oder Philipp den Lehnseid geschworen hatten.

Zur gleichen Zeit versuchte Richards Schwager, Sancho von Navarra, die Stadt Loches zu erobern. Da jedoch die Nachricht vom Tode seines Vaters eintraf, mußte der Kronprinz sofort in die Heimat aufbrechen. Er ließ seine Soldaten zurück, und Richard eroberte wenig später selbst die Stadt.

Während Richard nach Loches geeilt war, besetzten Johann und einige aquitanische Barone mit ihren Truppen das von König Philipp bedrohte Rouen. Der französische König vermied es jedoch, die waffenstarrende Stadt anzugreifen, sondern zerstörte nur eine nahegelegene Burg. Johann mit seinen Rittern aber wagte es nicht, ohne Richards Führung dem Feind nachzusetzen.

So wogte dieser Kleinkrieg – mit kurzen Unterbrechungen – jahrelang hin und her. Immer wieder kam es zu Verträgen, die dann in der Regel König Philipp brach. Richard dachte vorerst nicht daran, sich irgendwo länger niederzulassen, denn er mußte beweglich sein, um seinem Widersacher auf der Spur zu bleiben. Auf solche Weise trat er in die Fußstapfen seines Vaters, des immer ruhelosen Königs Heinrich, der sogar während der Heiligen Messe auf und ab lief.

Verfolgen wir einmal Richards Weg während der nächsten Monate seit der Eroberung von Loches, wo er etwa Mitte Juli 1194 abzog, so führt uns dieser Weg quer durch das gesamte Westfrank-reich. Loches – Angoulême – Tillières – Ville l'Éveque – Mamers – Argentan – Alençon – Rouen.

In Rouen feierte Richard das Weihnachtsfest, doch ohne seine Ehefrau, die er seit seiner Abreise von Palästina noch immer nicht wiedergesehen hatte.

Zwischen diesem 25. Dezember und dem Neujahrsbeginn ge-schahen zwei wichtige Ereignisse.

Kaiser Heinrichs Gattin Konstanze gebar am 26. Dezember – einen Tag nach dem grausamen Blutgericht – den Kronprinzen Friedrich. Er würde einmal, nach vielen Umwegen, die Krone des Hl. Römischen Reiches Deutscher Nation tragen und von den Chronisten den Beinamen «Stupor Mundi» (das Staunen der Welt) erhalten.

Das zweite, Richard nur noch mittelbar betreffende Ereignis war der Tod seines alten Feindes Leopold von Österreich am 31. 12. in Graz, der, wie schon erwähnt, sich aus Verzweiflung selbst das brandig gewordene Bein abhackte.

Aus Richards Schriftverkehr während dieser Zeit wird deutlich, daß ihn noch immer die Verpflichtungen im Zusammenhang mit seiner Freilassung beschäftigten.

So schrieb er am 25. Januar 1195 einen Brief an den Erzbischof von Salzburg, in dem er sich für dessen Bemühungen um die Freilas-sung der englischen Geiseln in Österreich bedankte. Außerdem bat Richard ihn um Unterstützung bei der Rückforderung der von Leo-pold bezahlten Lösegeldsumme. Daß daraus nichts wurde, haben wir schon gesehen. Ein sehr persönliches Ereignis fand dann am 4. April, vermutlich in Le Mans, statt. Nach über zweieinhalbjähri-ger Trennung traf Richard an diesem Tag seine Frau Berengaria. Einige Chronisten erwähnen in diesem Zusammenhang eine Reise des Königspaares nach Thorée – ca. 50 Kilometer südlich von Le Mans –, wo sie einiges Land aufkauften und ein Haus bauten.

Das klingt nun wirklich seltsam: König Richard von England gründet wie ein kleiner Bürger einen Hausstand. Besaß er nicht zahlreiche Burgen und Städte? Gab es nicht in Poitiers den schönen Palast der Herzöge von Aquitanien? Stand ihm nicht die prächtige Schloßfestung Chinon an der Vienne zur Verfügung? Warum dieses spießige Idyll mit dem Häuschen auf dem Lande?

Eine Antwort darauf gibt es nicht. Vielleicht hatte Berengaria, die auch später Le Mans treu blieb, sich in diese Landschaft verliebt und einen entsprechenden Wunsch geäußert. Ebensowenig wissen wir, wie lange dieses seltsame Ehepaar vereint blieb.

Mitte Juli hielt Richard sich in der Nähe von Le Vaudreuil auf, wo neue Friedensverhandlungen mit König Philipp stattfinden sollten. Sie endeten auf die bei diesen beiden Kampfhähnen übliche Weise. König Philipp, augenblicklich gerade im Besitz der Burg Vaudreuil, fürchtete offenbar, sie nicht halten zu können, und ließ die Mauern unterminieren. Als dann während der Verhandlungen ein Teil der Wälle einstürzte, setzte Richard sofort über den Fluß Eure. Philipp, wie schon so oft, ergriff das Weite. Richard sah mit Recht den in Tillières geschlossenen Waffenstillstand als gebrochen und drang in französisches Gebiet ein.

Irgendwann im August 1195, wir wissen nicht wo, starteten die beiden Könige einen neuen Versuch. Diesmal sollte der Friedensvertrag mit einer Heirat zementiert werden. Als Opfer waren ausersehen: Philipps Sohn, Kronprinz Ludwig, und Richards Nichte, Eleonore von Bretagne. Richard sollte dem Brautpaar einige Städte in der Normandie überlassen und 20000 Silbermark Mitgift bezahlen.

In diesem August fand nun Richards Exverlobte, Alice, das ewig herumgestoßene Mauerblümchen, endlich einen Mann. König Philipp verheiratete seine Schwester mit dem Grafen von Ponthieu.

Inzwischen ging der Kleinkrieg weiter. Im November zerstörten die Franzosen Dieppe, das Richard gerade eben wiederaufgebaut hatte. Die Schiffe im Hafen wurden verbrannt, Ende November nahm König Philipp auch noch die Festung Issoudun. Nach diesen Erfolgen hielt der schlaue Franzose wieder einmal die Zeit für Friedensverhandlungen gekommen.

Seiner Zermürbungstaktik schien Richard, der den offenen Kampf vorzog, auf die Dauer nicht gewachsen. Ohne Widerspruch akzeptierte er den vorgeschlagenen Waffenstillstand bis zum 13. Januar 1196 und huldigte dann vor aller Augen dem französischen König für das Herzogtum Normandie und die Grafschaften Poitou und Anjou. Wie immer um die Weihnachtszeit war Richard weich und nachgiebig gestimmt. So machte er vorläufig Frieden mit seinem Gegner und ging nach Poitiers, um dort die Feiertage zu verbringen. Von der Anwesenheit Berengarias vermelden die Urkunden nichts.

In der Woche vom 7. bis 13. Januar 1196 wurde zwischen Richard und Philipp in der Nähe von Louviers ein langer komplizierter Friedensvertrag ausgehandelt. Die vielen Details können wir uns ersparen. Es ging wie immer um den Austausch von Städten, Festungen und Geiseln, die Freilassung von Gefangenen und die Festlegung neuer Grenzen.

In dieser Zeit, also Ende 1195/Anfang 1196 – das genaue Datum kennt man nicht –, starb der unselige «Kaiser von Zypern» in seiner palästinensischen Gefangenschaft. Richard erfuhr von dem Ereignis erst viele Wochen später, und es wird ihn wenig berührt haben, denn neue Sorgen kamen auf ihn zu. Schon im Sommer brach nämlich König Philipp den so mühsam ausgehandelten Frieden von Louviers. Nach siebenwöchiger Belagerung eroberte er die Festung Aumale im Norden der Normandie. Richard, dem der Anmarsch zu weit war, nahm statt dessen Nonancourt. Die treue und tapfere Besatzung von Aumale löste Richard mit 3000 Mark Silber aus.

Nach allem, was geschehen war, könnte man vermuten, daß sich damit wieder ein leise schwelender Kleinkrieg entfacht hätte, doch vorläufig herrschte Ruhe.

Aus diesem Jahr 1196 ist uns König Richards zweite Dichtung überliefert. Es handelt sich um ein an den Dauphin von Auvergne gerichtetes Spottlied, das auf dessen Unlust anspielt, seinem Lehnsherrn Richard gegen König Philipp beizustehen.

Diese Unlust hatte allerdings einen ganz realen Grund. Im Vertrag von Louviers nämlich war die Auvergne an Frankreich gefallen. Der Dauphin und sein Bruder, Graf Guido, waren aber mit dem Wechsel ihres Lehnsherrn nicht einverstanden, und Richard versprach Unterstützung gegen Philipp, die er dann doch nicht gewährte. Als aber der umgekehrte Fall eintrat und Richard den Dauphin um Hilfe gegen Philipp anrief, wurde sie ihm verweigert. Wenn Richard also in seinem Spottlied (Original im Anhang) von Eidbruch spricht, dann tut er dem Dauphin und seinem Bruder Unrecht. Schließlich hatte er selber den Vertrag von Louviers unterschrieben und damit den Besitzwechsel gutgeheißen.

Sirvente (in Form eines Spottliedes)
an den Dauphin der Auvergne

Dauphin, ich will dich fordern heute,
Dich und den Grafen Guy dazu;
denn bisher waren er und Du
mir tapfre Krieger alle beide.
Ich konnt' auf Euren Lehnseid bauen
und Eurer Treue immer trauen,
wie man's von Wolf und Fuchs erzählt,
wo's einer wie der andere hält.

Bis jetzt war Euer Beistand klein,
damit der Lohn recht niedrig ist,
denn in Chinon, wie Ihr jetzt wißt,
wird weder Gold noch Silber sein.
Jetzt geht Ihr zum reichen König über,
der vor Waffen starrt – so hat man's lieber.
Doch ich bin ein Schuft, den man geizig nennt
und dem ihr keinen Blick mehr gönnt.

Jetzt möcht ich noch die Frage vorbringen:
Soll ich Euch die Geschichte erzählen?
Wollt Ihr noch immer dem Hirsch nachstellen?
Und dafür auch noch Soldaten dingen?
Solltet Ihr wirklich Euch vermessen
und den geschwornen Eid vergessen:
So kann Euch König Richard verkünden,
Ihr werdet einen harten Krieger finden.

Ich sah zuerst nur Euer nobles Leben
und Großzügigkeit in Fülle,
doch sehr bald war es Euer Wille,
Euch mit festen Mauern zu umgeben,
um nur ja nichts zu verlieren
bei den Festen und Turnieren;
doch diese Mühe ich vergeblich find',
weil die Franzosen wie Lombarden sind.

Du, Spottlied, fliege schnell
in die Auvergne und erzähl'
den beiden Grafen, sie mögen erbitten

Gottes Beistand für den Frieden.
Ein Lehensmann doch treulos ist,
wenn seine Pflichten er vergißt?
Er möge künftig sich bescheiden,
um härteres Schicksal zu vermeiden.

Dem Sprachgebrauch der Zeit folgend, ist Richards Lied mit mehr oder weniger verschlüsselten Anspielungen durchsetzt, die jedoch leicht zu deuten sind.

Mit dem «Hirsch» meinte Richard sich selber. Er will damit sagen: Dies ist eine edle, doch nutzlose Jagd, denn diesem Wild seid ihr nicht gewachsen.

Beim letzten Satz der vierten Strophe heißt es im altfranzösischen Original «Que Franssois son Longobart». Es ist dies eine Anspielung auf die damals als raffgierig und unehrlich geltenden lombardischen Kaufleute.

Die beiden von Richard erhaltenen Lieder weisen ihn nicht als bedeutenden Dichter aus, doch wegen ihres zeitbezogenen, erzählenden Inhalts sind sie biographisch hoch bedeutsam.

Die letzten Jahre

Irgendwann in der zweiten Hälfte des Jahres 1196, vielleicht im September / Oktober, begann Richard mit dem Bau der Festung Gaillard bei Les Andelys. Diese hoch über der Seine gelegene gewaltige Trutzburg, südöstlich von Rouen und nur etwa 60 km von Paris entfernt, sollte Richards Schiffe vor französischen Angriffen schützen. Richard scheint die Bauarbeiten persönlich überwacht zu haben, denn während der nächsten Monate hielt er sich entweder in Les Andelys oder in dessen Umgebung auf. Der Überlieferung nach soll die Bauzeit kaum länger als 12 Monate betragen haben. Als Château Gaillard vollendet war, begrüßte Richard seine stolze Festung mit den Worten: «Wie schön ist sie, meine einjährige Tochter!»

Mit großem Bedacht und aus wohlerwogenen strategischen Erwägungen hatte Richard genau diesen Punkt in einer Seineschleife für seine Festung bestimmt, denn von hier aus waren weite Teile des Flusses wie auch des Hinterlandes zu überschauen. Als der Entschluß einmal gefaßt war, kümmerte sich Richard wenig darum, daß das Baugelände im Besitz der Kirche war. Richard geriet nun in eine ähnliche Lage wie damals sein Vater, König Heinrich, im Zwist mit Thomas Becket.

Richards langjähriger Vertrauter und gegen alle Widerstände treu ergebener Walter von Coutances – Haupt der damaligen Fünferregentschaft – stellte sich nun gegen ihn. Seine Treue hatte ihm das Bistum Rouen eingebracht. Aber als Erzbischof war er das geistliche Oberhaupt der Normandie und durfte die Enteignung von Kirchenbesitz nicht einfach hinnehmen. So belegte Walter von Coutances das Land mit einem Interdikt.

Richard, zwar auch von jäher Natur, doch ohne den eisernen Starrsinn seines Vaters, sandte seinem früheren Freund keinen Mörder ins Haus, sondern beschritt den Weg der Diplomatie. Und wer wurde dazu ausersehen, in Rom bei Papst Coelestin III. die Aufhebung des Interdikts zu erreichen? Nun treffen wir ihn wieder, ein letztes Mal, den alten unermüdlichen Intriganten Wilhelm von Longchamps. In England hatte er ausgespielt, doch Richard vergaß ihm niemals seine Bemühungen während der deutschen Gefangenschaft. So blieb Longchamps als eine Art Sonderbeauftragter in Richards Gefolgschaft und machte sich nun auf den Weg nach Rom. Er kam nur bis Poitiers, wo er am 31. Januar 1197 starb.

Doch die Sache kam auch ohne ihn schnell ins Lot. Der einundneunzigjährige Papst machte aus dieser Mücke keinen Elefanten und befahl dem Erzbischof von Rouen, einen angemessenen Ausgleich durch Übertragung anderer Ländereien zu akzeptieren. Zugleich hob er das Interdikt wieder auf.

Nun ist man geneigt aufzuatmen. Frieden mit König Philipp, Frieden mit der Kirche, Johann ohne Land anscheinend endlich zur Vernunft gekommen, die Grenzen gesichert und befestigt – jetzt fehlte nur noch ein Nachkomme zum Glück des Hauses Plantagenet.

Es wäre zu schön gewesen. Zwar gab es keinen neuen Streit zwischen Richard und Philipp, doch seit dem 20. Juli 1197 herrschte Krieg zwischen Frankreich und Flandern. Richard war davon insofern betroffen, als er mit dem Grafen Balduin von Flandern ein Abkommen getroffen hatte, daß keiner von beiden Krieg oder Frieden mit Frankreich machen dürfe ohne die Zustimmung des anderen. Nun war der Krieg da und nahm gleich eine recht dramatische Wendung. Balduin von Flandern hatte Arras belagert, mußte sich aber vor Philipps Truppen zurückziehen. Darauf ließ Balduin durch Öffnung von Schleusen das Land überfluten. Philipp, mit seinem Heer vom Wasser eingeschlossen, appellierte an Balduin als seinen Lehnsmann, nicht die Krone, auf die er geschworen habe, zu entehren. Balduin berief sich auf seinen Vertrag mit Richard, und so kam es Mitte September zu einem Treffen Balduins von Flandern und beider Könige: Unter Richards Mitwirkung wurde ein bis zum 13. 1. 1199 befristeter Waffenstillstand ausgehandelt.

Bald darauf wurde Richard mit Problemen konfrontiert, die ihn zwar nicht unmittelbar betrafen, doch so manche bittere Erinnerung wieder aufleben ließen.

Am 28. September 1197 war in Messina Kaiser Heinrich VI. gestorben. Seine Nachfolge war rechtlich gesichert, denn der Kronprinz Friedrich war vor kurzem zum deutschen König gekrönt worden. Dieser war aber erst knapp drei Jahre alt, und seine Mutter, Konstanze von Sizilien, zog man offenbar für eine Regentschaft nicht in Betracht. So übernahm Philipp von Schwaben, Kaiser Heinrichs jüngerer Bruder, für seinen Neffen die Regentschaft. Hätten sämtliche Reichsfürsten dies unterstützt, wäre alles ins rechte Lot gekommen. Doch es schwelte noch immer der alte Streit zwischen Staufern und Welfen, und in diesem Augenblick erinnerte man sich des mit den Welfen verwandten Königs Richard von England. Bei diesem erschien im Spätherbst 1197 eine vom Erzbischof Adolf von Köln entsandte Abordnung und bot Richard die deutsche Königskrone an. Vermutlich war dies nur ein Akt der Höflichkeit, um desto sicherer Richards Unterstützung für die Welfenpartei zu gewinnen. Richard reagierte wie erwartet. Er lehnte die Ehre ab, bot aber Geld und Unterstützung für seinen Neffen Otto von Braunschweig, den Sohn des verstorbenen Heinrich des Löwen. Richard mochte die Gelegenheit willkommen sein, einem Verwandten zur deutschen Krone zu verhelfen und sich gleichzeitig an den Staufern ein wenig zu rächen. Daß dieser Neffe als Otto IV. dann sogar ganz legal Kaiser werden sollte, hat Richard nicht mehr erlebt.

Eine traurige Nachricht kam in dieser Zeit aus Palästina. Königin Isabella hatte auch mit ihrem dritten und am meisten geliebten Ehemann, dem jungen Grafen Heinrich von Champagne, kein

Glück gehabt. Am 10. September stand König Heinrich am Fenster seines Palastes, als eine Abordnung hereintrat. Heinrich drehte sich abrupt um, verlor die Balance und stürzte aus dem Fenster, mit ihm sein Hofnarr, der ihn noch zurückhalten wollte.

Im Januar heiratete Isabella in vierter Ehe Amalrich von Lusignan, der seinem Bruder Guido auf den Thron von Zypern gefolgt war. Nun war doch wieder ein Lusignan König von Jerusalem und diesmal unangefochten.

Das Weihnachtsfest verbrachte Richard in Rouen, wieder einmal ohne seine Frau, über deren Aufenthalt nichts bekannt ist.

Von dem Jahr 1198 wäre wohl zu sagen, daß es das für Richard ereignisloseste war, seit er die englische Krone trug.

Am 8. Januar starb im Alter von zweiundneunzig Jahren Papst Coelestin III. Ihm folgte Lothar Graf Segni als Innozenz III. Er war siebenunddreißig Jahre alt, was Walther von der Vogelweide bewog, die allzu große Jugend dieses Papstes zu beklagen. Nun, wir wissen, daß Walther im Dienste der Staufer sang und später noch so manches an diesem Papst zu kritisieren hatte. Richard entwickelte mit dem neuen Papst eine rege Korrespondenz, in der es meistens um die Unterstützung für Otto von Braunschweig ging, der am 12. Juli 1198 in Aachen zum deutschen König gekrönt wurde – am richtigen Ort, doch mit den falschen Insignien. Die echten Reichskleinodien waren im Besitz Philipps von Schwaben, der mit ihnen am 8. September in Mainz, also am falschen Ort, inthronisiert wurde. Mit dem dreijährigen Friedrich gab es nun insgesamt drei gesalbte und gekrönte deutsche Könige. Richard verfolgte diese Thronwirren mit großem Interesse, da ja auch sein Geld in dem Königsspiel steckte.

Die zweite Jahreshälfte verbrachte er mit nur wenig Unterbrechungen auf Château Gaillard, von dort aus wachsam seinen Gegner Philipp beobachtend. Nach fast zweijährigem Frieden begann sich dieser wieder zu regen. Im Herbst fiel er in die Normandie ein und verbrannte mehrere Städte, worauf Richard einige von Philipps Burgen eroberte. Danach spielte sich alles nach erprobtem Muster ab. Der erste Anlauf zu einem neuen Friedensvertrag verlief im Sande, weil König Philipp den Grafen von Flandern – Richard hatte sich mit ihm vertraglich dazu verpflichtet – nicht in die Friedensverhandlungen miteinbeziehen wollte. Beim zweiten Anlauf kam es dann zu einem neuen Vertrag. Die beiden Könige trafen sich an der Seine zwischen Les Andelys und Vernon.

Zwar hatte Philipp von Frankreich wieder einmal den Frieden gebrochen, doch ihm, dem ehrgeizigen Machtpolitiker, wird es jetzt nicht leichtgefallen sein, mit diesem zähen Gegner zu verhandeln – ein Gegner, hinter dessen Rücken sich die Trutzburg Gaillard erhob, als weithin sichtbares Zeichen dafür, wie wenig der König von Frankreich Herr im eigenen Hause war.

Etwas Neues hatten sich die Herren auch diesmal nicht zu sagen. Ein Waffenstillstand von fünf Jahren wurde vereinbart, und während dieser Zeit sollte alles nach dem Status quo belassen werden. Der Vertrag wurde beschworen, die Truppen wurden nach Hause geschickt.

Doch dem französischen König steckte der Dorn zu tief im Fleisch. Er konnte sich einfach nicht damit abfinden, daß er die Krone eines Landes trug, dessen bester Teil ihm nur de jure gehörte. De facto herrschte dort völlig autonom Richard Plantagenet, der nach Philipps Ansicht besser daran getan hätte, in seinem eigentlichen Königreich nach dem rechten zu sehen.

Philipp brach also wieder einmal den Vertrag und begann Mitte Januar, nur wenige Kilometer von Château Gaillard entfernt, mit dem Bau einer Festung. Richard, gerade in Maine unterwegs, erfuhr davon und meldete gleich Protest an. Wider Erwarten lenkte Philipp sofort ein. Er ließ das Begonnene wieder zerstören und regte den Entwurf eines endgültigen und dauerhaften Friedensvertrages an. Hauptpunkt war diesmal die ewig umstrittene Festung Gisors und eine neue Heiratsvariante. Philipp schlug eine Vermählung seines Sohnes Louis mit der Tochter des Königs Sancho von Navarra, also Richards Nichte, vor. Das Paar sollte die Festung Gisors und von Richard noch 20 000 Mark Silber bekommen.

Ob Richard diesen Vertragsentwurf überhaupt noch zu Gesicht bekam, ist fraglich. Er befand sich zu dieser Zeit auf dem Weg in den Süden, in seine Heimat, nach Aquitanien.

Der Tod vor Chalus

In Aquitanien beauftragte Richard den bewährten Hauptmann Mercadier mit der Sammlung eines kleinen Söldnerheeres. Diesmal ging es nicht gegen König Philipp, sondern gegen einen unbotmäßigen Vasallen, den Grafen Adomar von Limoges. Der eigentliche Anlaß des Zwistes mit dem Grafen von Limoges soll der Schatzfund eines Bauern in der Gegend von Chalus gewesen sein. Beim Pflügen habe dieser Landmann ein antikes Bildwerk aus purem Gold entdeckt. Es soll sich dabei um eine Art Votivbild gehandelt haben, das einen römischen Kaiser mit seiner Familie darstellte. Der Bauer brachte den Fund seinem Herrn, dem Grafen Adomar von Limoges. Dergleichen sprach sich natürlich schnell herum, und so erfuhr auch Richard davon. Als Lehnsherr forderte er seinen Anteil an dem Schatz, doch der Graf ignorierte diese Forderung.

Einige Historiker tun diese Geschichte als reine Erfindung ab, andere wieder sehen keinen Grund, sie anzuzweifeln. Wie dem auch sei, der einzige Grund für Richards kriegerisches Eingreifen wird dieser Goldfund nicht gewesen sein. Der Graf Adomar hatte nämlich in den letzten Jahren seine Gefolgschaftspflicht ziemlich vernachlässigt, und man munkelte, daß er in geheimen Verhandlungen mit dem König von Frankreich stehe.

Wie immer in solchen Fällen handelte Richard sehr schnell. Mitte März finden wir ihn auf der Festung Chinon, während Mercadier die Söldner anwarb. Mit dieser kleinen Truppe zog Richard durch das sanfte, weitausschwingende Hügelland des Limousin, um die südlich von Limoges gelegene Festung Chalus (alte Schreibweise: Châluz) zu zerstören. Am 24. März traf er dort ein und ließ das Zeltlager auf einer Wiese unterhalb der Burg errichten. Die Festung Chalus war damals von etwa dreißig Menschen bewohnt und stand unter dem Befehl von Pierre Brun und Pierre Basile.

Was heute von der Burg noch übrig ist, stammt kaum noch aus Richards Tagen, ausgenommen die Fundamente des Turmes, der damals etwa zweiundvierzig Meter hoch war und vier Stockwerke hatte.

Nach zwei Tagen waren die äußeren Bollwerke der Festung erobert. Am Nachmittag des 26. März inspizierte Richard zusammen mit Hauptmann Mercadier das innere Mauerwerk unterhalb des noch von den Verteidigern gehaltenen Turmes. Bertrand Gourdon, einer der Bogenschützen, legte seine Armbrust auf Richard an und traf den König unterhalb des Nackens in die Schulter. Der Pfeil saß tief, doch schien die Wunde nicht lebensgefährlich. In Richards Zelt versuchte ein «Heilkundiger», das Geschoß zu entfernen, doch die eiserne, mit Widerhaken versehene Spitze steckte ziemlich fest im Knorpel der Wirbelsäule. Der Chirurgus schnitt und stocherte so lange herum, bis er den Pfeil entfernen konnte, wobei sich die Wunde stark vergrößerte und infizierte. Richard scheint die Sache anfangs nicht allzu ernst genommen zu haben. Allerdings wirkt der Chronist Walter von Guisborough nicht sehr glaubhaft, wenn er rund hundert Jahre später diese Ereignisse schildert und dabei Richard noch in letzter Sekunde zum Frauenhelden stilisiert. Der König habe, so berichtet Guisborough, sein gewohntes Leben weitergeführt und die Nächte mit schönen Mädchen verbracht. Wir wollen diesem späten Chronisten die Ausschmückung verzeihen. Richards Zeitgenossen jedenfalls erwähnen, wie wir schon gehört haben, von irgendwelchen Liebesabenteuern nichts. Dieser Chronist wollte damit wohl auch nur Richards ungebrochene Lebenskraft demonstrieren.

Richards Zustand verschlechterte sich dann schnell. Während er fiebernd in seinem Zelt lag, wurde die Festung Chalus erobert. Richard ließ den Armbrustschützen Bertrand Gourdon an sein Krankenlager kommen und fragte, warum er auf ihn geschossen habe. Gourdon antwortete:

«Ihr habt während früherer Kämpfe meinen Vater und meine beiden Brüder getötet.»

Übrigens bezeichnet ein zeitgenössischer Chronist Pierre Basile als den Armbrustschützen. Doch dieser Bernard Itier, ein Mönch aus Limoges, hat wohl die Namen verwechselt, denn meines Wissens nennen alle ernstzunehmenden Quellen Bertrand Gourdon.

Der König verzieh dem Schützen und ordnete an, ihn mit einem Geldgeschenk freizulassen. Weniger gut ging es der übrigen Burgbesatzung. Man weiß nicht, ob auf Richards oder Mercadiers Befehl, jedenfalls wurden sie allesamt aufgehängt.

Anfang April spürte Richard Löwenherz, daß es für ihn keine Hoffnung mehr gab. Die Menschen jener Zeit standen mit dem Tod auf vertrautem Fuß und konnten sich nicht an die Hoffnung klammern: irgendein Arzt oder irgendein Medikament wird mir vielleicht noch helfen können. Richards Leben war ja ein einziger Kriegszug gewesen, er hatte Hunderte von Männern sterben sehen. Jetzt, da der Tod neben seinem Lager stand, wehrte er sich nicht dagegen, sondern tat das Notwendige.

Er beichtete seinem Kaplan und erklärte sich gerne bereit, für seine schweren Sünden bis zum Jüngsten Tag im Fegefeuer zu büßen. Aus Haß gegen König Philipp habe er seit seiner Rückkehr nach Frankreich nicht mehr kommuniziert. Angesichts des Todes verzieh er seinem alten Widersacher und nahm das Abendmahl.

Inzwischen war ein Bote zu Königin Eleonore nach Fontevrault geschickt worden. Die nun etwa Siebenundsiebzigjährige machte sich sofort auf den Weg. Zuvor gab sie Befehl, Königin Berengaria und Graf Johann zu benachrichtigen. Sie reiste die Nacht hindurch und stand am Morgen des 6. April am Sterbelager ihres liebsten Kindes. Was werden Mutter und Sohn in diesen letzten Stunden noch besprochen haben? Ging es um die Zukunft des Reiches, um die Nachfolge auf dem englischen Thron, um die Versorgung Berengarias?

In seinen letzten Stunden gab Richard die Anweisung, sein Herz in der Kathedrale von Rouen beizusetzen, seinen Leib aber neben den Vater in die Abtei Fontevrault zu betten. Seine Eingeweide, so ordnete er an, sollten in Chalus begraben werden – als Zeichen der Verachtung für die Verräter, wie es heißt.

Am Abend des 6. April 1199 starb Richard Löwenherz in den Armen seiner Mutter Eleonore. Gegen Richards ausdrücklichen Wunsch ließ der Söldnerführer Mercadier dem unseligen Armbrustschützen Bertrand Gourdon bei lebendigem Leib die Haut abziehen und ihn danach aufhängen.

Wenn wir heute das Städtchen Chalus aufsuchen, um nach Spuren dieser Ereignisse zu forschen, so finden wir neben den Resten der Burg und jenes Turmes, von dem der tödliche Schuß fiel, noch einen etwas rätselhaften «Gedenkstein». Er liegt, von hohem Gras überwuchert, auf einer sumpfigen Wiese am Ortsrand. Dieser Stein soll die Stelle bezeichnen, wo Richard der Pfeilschuß traf. Ein Blick von diesem Punkt hinaus zur Burg genügt, um solch unsinnige Behauptung zu widerlegen. Noch deutlicher wird dies, wenn man von der Burg auf die Wiese – der Stein ist von oben nicht sichtbar – hinunterschaut. Aus dieser Entfernung wirken Menschen wie

Punkte, und selbst ein moderner Scharfschütze mit Zielfernrohr hätte kaum eine Chance. Zu Richards Zeit lag diese Stelle jedenfalls im Sinne des Wortes «außer Pfeilschußweite». Es gibt jedoch eine andere, wesentlich plausiblere Erklärung für die Plazierung des Gedenksteines. Diese von einem Bachlauf gesäumte Wiese am Ortsrand mit gutem Blick auf die Burg war der ideale Lagerplatz für Richards Söldnertruppe. Meiner Ansicht nach bezeichnet der Stein die Stelle, wo Richards Zelt stand, und somit den Ort, wo er starb.

Der jetzt mit Flechten bedeckte, abgerundete Stein soll früher höher gewesen sein und eine Inschrift getragen haben. Englische Truppen sollen ihn während des Hundertjährigen Krieges aus patriotischen Gründen zerstört haben. Nun – der Stein liegt noch immer da, und jeder in Chalus weiß, zu wessen Erinnerung er gesetzt wurde.

Das Grab in Fontevrault

Am Palmsonntag, dem 11. April 1199, wurde König Richard von England in der Abteikirche von Fontevrault neben seinem Vater bestattet. Bischof Hugo von Lincoln zelebrierte die Totenmesse, assistiert von den Bischöfen von Poitiers und Angers. Auf dem Weg nach Fontevrault hatte Bischof Hugo Königin Berengaria in Beaufort besucht. Am Begräbnis nahm sie nicht teil.

Eleonore von Aquitanien stand in Fontevrault am Grab ihres Sohnes und ihrer Hoffnungen. Richard hatte keine Nachkommen hinterlassen, der Thron würde an Graf Johann fallen, ihren jüngsten Sohn, den sie nicht mochte und von dem sie keinerlei Rücksichten oder Verständnis zu erwarten hatte. Die siebenundsiebzigjährige Fürstin wußte, daß mit Richards Tod auch ihr eigenes Leben seinen Abschluß gefunden hatte. Doch sollten ihr noch etwa sechs Lebensjahre beschieden sein, und wir werden sehen, daß sie diese Zeit nach Kräften nützte.

Kurz vor seinem Tod soll Richard gesagt haben.

«Ich weiß, daß der Zeitpunkt gekommen ist, um für meine Sünden zu büßen. Ich werde schwerlich den Strafen der Hölle entkommen können ohne die Barmherzigkeit Gottes und ohne die Gnade der Gebete der Diener in Christo von Fontevrault, unter denen ich Zeit meines Lebens viele Freunde hatte. Jetzt, im Sterben, überantworte ich mich ihnen. Das ist der Grund, warum ich, von allem entblößt, anordne: Sie mögen über meinen Körper verfügen und ihn – ungeachtet meiner Unwürdigkeit – zu Füßen meines Vaters betten.»

Mögen diese «letzten Worte» auch ein wenig steif und gespreizt klingen; Richard hat jedenfalls diese Anordnung getroffen. Warum aber Fontevrault?

Robert von Arbrissel, ein bretonischer Wanderprediger, hatte den Marienorden von Fontevrault um das Jahr 1100 im damals dichtbewaldeten Tal von Fontevrault begründet. Da sowohl Männer als Frauen seinem Ruf gefolgt waren, entstand in Fontevrault eines der im Mittelalter nicht seltenen Doppelklöster. Das weibliche Element dominierte, und so oblag die Gesamtleitung einer Äbtissin. Das Haupthaus und Frauenkloster hieß Ste. Marie, das Männerkloster St. Jean. Dazwischen lag das von den Nonnen betreute Spital St. Benoît. Der gesamte Orden war der Jungfrau Maria geweiht und sah seine Aufgabe in der Betreuung von Armen, Kranken und «Sünderinnen». So entstanden später noch die Häuser St. Lazare für Aussätzige und Ste. Madeleine für bußfertige Prostituierte.

Während Richards Zeit stand der Orden in Hochblüte und zählte in Europa etwa 5000 Nonnen und Mönche. Die Plantagenet als Grafen von Anjou hatten das Kloster von Fontevrault seit jeher gefördert. Heinrich II., Richards Vater – seine Tante Mathilde war dort Äbtissin –, bestimmte als erster die Abteikirche zu seiner letzten Ruhestätte, und mindestens sieben seiner Nachkommen folgten diesem Brauch. Sechs von ihnen waren in polychromen Grabfiguren des 13. Jahrhunderts dargestellt, die im 17. Jahrhundert nach barocker Manier zu einer beeindruckenden Gruppe geordnet wurden. Wir kennen diese Anordnung nur noch aus zeitgenössischen Bildern, denn während der Französischen Revolution wurden Kirche und Grabfiguren verwüstet. Die Krypta mit den Särgen und goldenen Herzurnen der verstorbenen Plantagenet wurde geplündert und zugeschüttet. Man hat sie bis heute nicht wiedereröffnet. Von den sechs Bildnissen gingen zwei verloren, während die aus Tuffstein gearbeiteten liegenden Grabfiguren von Eleonore, Heinrich und Richard sowie die Holzfigur der Königin Isabella – König Johanns dritter Gemahlin – erhalten blieben und heute an der Rückseite des Hauptschiffes nebeneinander aufgestellt sind.

Die Fähigkeit, das getreue Porträt eines Menschen in Stein oder Bronze zu schaffen, war mit dem Untergang der antiken Welt verlorengegangen. Mögen im 12. Jahrhundert bereits Ansätze vorhanden gewesen sein, der Grabfigur eines Verstorbenen die Züge des Lebendigen zu verleihen, so war man jedoch in der Regel noch weit davon entfernt, ein wirkliches Porträt zu schaffen. Doch es gibt Ausnahmen. Da und dort, über ganz Europa verstreut, finden wir Skulpturen des 12. und 13. Jahrhunderts, deren Gesichtszüge eine solch ausgeprägte Individualität verraten, daß man in ihnen ohne weiteres ein mehr oder minder lebensechtes Porträt sehen darf. Dies trifft ganz ohne Zweifel auch auf die beiden Könige in Fontevrault zu. König Heinrichs Grabfigur – er starb 1189 – dürfte um 1193/95, die seines Sohnes um 1200/02 entstanden sein. Ob sie von einem einzigen Künstler stammen, wissen wir nicht, doch es sind ganz vorzügliche Bildhauerarbeiten. Wir dürfen davon ausgehen, daß der beauftragte Steinmetz diese Bildnisse erst Monate, wahrscheinlich sogar Jahre nach dem Tod der Könige schuf. Da er sie zu Lebzeiten wahrscheinlich niemals gesehen hatte, bleibt nur die eine, aus dem Mittelalter mehrfach bezeugte Möglichkeit: Man hat den Toten Wachsmasken abgenommen, und der Künstler konnte nach diesen Vorlagen arbeiten. So zeigt sich auch eine deutliche Familienähnlichkeit bei Heinrich und Richard. Bei beiden Königen finden wir den dünnen, etwas verkniffenen Mund, das breitflächige, fast quadratische Gesicht, die kräftige, doch nicht zu große Nase.

Wenig Individuelles scheint mir dagegen das Antlitz von Königin Eleonore zu verraten. Weder nimmt es Bezug auf ihr Alter – sie starb etwa dreiundachtzigjährig – noch erkennen wir irgendeine Ännlichkeit mit ihrem Sohn Richard. Ihre Grabfigur ist eher dadurch bemerkenswert, daß man die Königin – deren Augen geschlossen sind – mit einem Buch in den Händen dargestellt hat.

Am Ende ihres langen und bewegten Lebens hatte Eleonore sich im Kloster Fontevrault ganz auf die Zwiesprache mit Gott zurückgezogen; daran soll uns wohl das Gebetbuch erinnern. Während unter ihrem Kenotaph nur Name und Titel stehen, hat man Richards Andenken eine fünfzeilige Inschrift gewidmet.

Es ist die Erde von Chalus, die im Poitou
die Eingeweide ihres Herzogs hütet.
Fontevraults Erbschaft ist sein Körper,
von Marmor bedeckt.
Des Königs unbezwingliches Herz
bewahrt die Normandie.
Drei Länder sind es, die sich das Sterbliche teilen:
Eines allein wäre nicht würdig, alles zu bergen.

Wenn ich dieses Kapitel Richards Grab in Fontevrault gewidmet
habe, so müssen wir uns der letzten Verfügung des Sterbenden erinnern, der ja – im Mittelalter bei geistlichen und weltlichen Fürsten
nicht selten – seinen Körper zwischen mehreren Gräbern aufzuteilen befahl. Vielleicht ebenfalls am Palmsonntag oder nur wenig später wurde das «Löwenherz» König Richards im Chor der Kathedrale von Rouen beigesetzt. Die dazu geschaffene Grabskulptur hat
mit der in Fontevrault nichts gemein. Wohl handelt es sich um eine
gute zeitgenössische Arbeit, doch sie zeigt den König bartlos, was
darauf hinweist, daß der Bildhauer keine Ahnung von Richards
Aussehen hatte.

Das 19. Jahrhundert in seiner aufklärerischen Neugier öffnete
auch dieses Grab und fand das in grünen Taft gewickelte balsamierte
«Löwenherz» in einer Bleikassette. Die Quellen sagen, daß sich die
Kassette jetzt im Museum von Rouen befindet. Ich habe jedoch dort
angefragt und erhielt den Bescheid, daß dies nicht der Fall sei. Man
kann nur vermuten, daß damals, bei der Öffnung des Grabes, der
Behälter vorübergehend ins Museum gelangte, um dann wieder an
seinen ursprünglichen Ort zu kommen.

An der Basis des Kenotaphs über dem Herzgrab stehen die
Worte:

COR RICARDI REGIS ANGLORUM
COR LEONIS DICTI OBIIT ANNO
MCXCIX

(Das Herz des Königs Richard von England,
genannt Löwenherz,
gestorben im Jahre 1199)

Nun zum dritten und letzten Grab Richards, von dem bis heute keine Spur gefunden wurde und das manche gerne der Legende zuweisen möchten. Wir erinnern uns Richards letztwilliger Verfügung, seine Eingeweide in Chalus zu bestatten, um, wie man es auslegt, die Verräter mit dem schlechtesten Teil des Körpers verächtlich zu machen. Gäbe es nur diesen Hinweis, so wären tatsächlich einige Zweifel angebracht, doch wir haben auch die Grabinschrift von Fontevrault, deren erste Zeile lautet:

«Es ist die Erde von Chalus, die im Poitou die Eingeweide ihres Königs hütet.»

So dürfte an der Tatsache dieser dritten Bestattung kein Zweifel bestehen. Der Überlieferung nach wurden Richards Eingeweide in der Schloßkapelle der Festung Chalus begraben, deren spärliche, doch sehr dekorative Reste wir neben dem Turm besichtigen können. Eine Inschrift oder irgendein anderer Hinweis auf diese Bestattung wurden bis jetzt nicht gefunden.

Richard Löwenherz, König von England, wurde zweiundvierzig Jahre alt. Er starb ohne legitime Nachkommen, doch hatte er sich im christlichen Abendland wie auch im «heidnischen» Palästina einen solchen Ruf erworben, daß seine Person schon zu Lebzeiten Legende war.

Der Chronist Roger von Wendover schrieb nach Richards Tod: «Viele waren der Ansicht, daß mit ihm der Stolz und die Ehre des abendländischen Rittertums begraben wurden.»

Gaucelm Faidit, der mit seiner Frau, einem Spielweib, in ganz Europa herumziehende Troubadour, war zeitweise im Gefolge Richards und hat seinem Gönner eine rührende Totenklage gewidmet (Original im Anhang).

Traurig ist's, daß durch den schweren Schicksalsschlag
Uns ein solcher Kummer ward beschert,
den ich nun klagend euch verkünden mag.
Ihr wißt, von wem ich jetzt erzählen werde;
denn er war wirklich unser größter Held auf dieser Erde:
Der mächtige Richard, Englands König, jedem wert,
ist tot! O Himmel, daß nur jeder meine Klage hört!
Welch schrecklich' Wort, und wie schwer ist es zu sagen!
Nur ein versteinert' Herz kann diesen Kummer ohne Regung tragen.

Tot ist der König! Und seit vielen hundert Jahren
hat man keinen seiner Art auf Erden angetroffen
und auch nichts von einem solchen Mann erfahren.
Freigebig, tapfer und bekannt in allen Reichen,
kaum noch mit Persiens Alexander zu vergleichen;
Und selbst bei dem konnt' niemand auf so reiche Gabe hoffen.
Den großen Karl und König Artus hat er übertroffen.
Er zwang die Welt – ich kann in Wahrheit es bezeugen –,
sich halb in Liebe, halb in Furcht vor ihm zu beugen.
In dieser falschen Welt scheint es mir seltsam schon,
wenn noble Männer immer gut sein müssen;
denn gute Taten oder Worte bringen keinen Lohn.
Warum sich plagen, sei's auch nur für Stundenfrist?
Wir sehen jetzt, wie groß die Macht des Todes ist:
Hat uns mit einem Streich den Besten weggerissen,
so daß wir alles, was uns lieb war, jetzt vermissen.
Der Tod läßt sich von niemandem betrügen;
so sollten wir uns furchtlos in das Schicksal fügen.

Wer, kühner Fürst, soll jemals wiederbringen
die frohe Kraft der Waffen und den königlichen Glanz
in Burgen, die vor Festesfreude hell erklingen,
seitdem der ritterliche König nicht mehr lebt?
Wofür besitzt der Einsame ein Herz, das bebt
und treu dir war auf jede Art,
doch jetzt vergeblich deiner Güte harrt?
Was sollen die tun, die alles dir allein
verdanken, als sich zu wünschen, bald nicht mehr zu sein?
Der Tod ist besser als ein schandvoll' Leben
für jene, die voll Zorn und Trauer wissen,
daß die Heiden, Türken, Perser, Sarazenen,
denen dein Name schon schreckliche Drohung war,
ihrer Wege gehn, und der angeschwollnen Schar
wird man das Grab des Herrn teuer noch bezahlen müssen.
Gott will es so; denn wär' es nicht sein Wunsch gewesen,
könntest du, o Herr, zurück ins Leben eilen
und den Heiden in Syrien eine schlimme Lehr' erteilen.
Wenig Hoffnung habe ich, das Heil'ge Grab zu sehen
von einem König oder Prinzen aus der Heiden Hand befreit.
Wie könnte dies von denen, die dir folgen, je geschehen?
Wie sollen deinen Platz sie füllen, deinen edlen Sinn erringen?
Wie auch, da deine tapfren Brüder vor dir von der Erde gingen:
Graf Gottfried und unser junger fürstlicher Regent.

Wer sich nach euch auf diesen Platz jetzt drängt,
der muß im Herzen unbeirrbar streben
nach guten Taten und dem rechten Leben.
O himmlischer Vater, erbarme eines jeden dich,
der dir und den Menschen die Treue hält.
Vergib ihm; denn oft hat er den rechten Weg verfehlt.
Schau, o Herr, nicht auf seine schwere Sünde,
erinnere dich, wie gern er deinem Namen diente.

Johann, König von England

Wie wir wissen, hatte Richard vor seinem Tod die eindeutige Verfügung getroffen, daß Graf Johann sein Erbe sei, falls er selber ohne Nachkommen sterben würde. Daß diese Nachfolgeregelung nicht so ohne weiteres überall akzeptiert wurde, zeigt das überlieferte Gespräch zwischen Richards engen Vertrauten, dem Erzbischof Hubert von Canterbury und dem Heerführer Wilhelm Maréchal. Als König Richard starb, befanden sich beide Männer gerade in Vaudreuil. Maréchal, eben dabei, sich schlafen zu legen, als der Bote eintrat, kleidete sich in aller Eile an und ritt zum Kloster Notre-Dame du Pré, wo sich der Erzbischof aufhielt.

«Jetzt ist alle Hoffnung dahin», meinte der Erzbischof resignierend. «Da Richard tot ist, kann niemand das Reich verteidigen. Jetzt werden die Franzosen uns angreifen, und niemand wird ihnen Widerstand leisten.»

«Es muß so schnell wie möglich ein Nachfolger gefunden werden», sagte Maréchal.

«Wir sollten Arthur von Bretagne nehmen», schlug der Erzbischof vor.

Maréchal war nicht einverstanden.

«Das wäre keine gute Wahl. Arthur hat schlechte Ratgeber, er ist hochmütig und stolz. Er wird uns viel Ärger bereiten, wenn wir ihn zu unserem Herrn machen, denn er mag die Engländer nicht. Außerdem ist Graf Johann der nächste Erbe seines Vaters und Bruders.»

«Ist das Euer Wunsch, Maréchal?» fragte der Erzbischof.

«Ja, denn dies entspricht dem Recht. Der Sohn steht dem Lande näher als der Neffe.»

Der Erzbischof schien nicht überzeugt.

«Wie Ihr wünscht, Maréchal, doch Ihr werdet diese Entscheidung zutiefst bereuen.»

Graf Johann ohne Land, dem Intriganten und Verräter, war nun endlich in den Schoß gefallen, wonach er mit allen Mitteln sein ganzes Leben lang getrachtet hatte. Er ritt sofort nach Chinon, um sich den Staatsschatz zu sichern, den der Schatzkanzler Robert von Turnham ihm anstandslos aushändigte. Danach ging er zu Richards Grab in Fontevrault, versprach den Nonnen reiche Geschenke und legte so viel Demut und Eifer an den Tag, daß Richards alte Vertraute mißtrauisch wurden. In Beaufort besuchte er die verwitwete Königin Berengaria und seine Mutter Eleonore, die gerade diesem Sohn das Reich am wenigsten gegönnt hatte.

Am 27. Mai 1200 wurde Graf Johann in Westminster zum König von England gekrönt.

König Johann regierte das Reich siebzehn Jahre lang, er starb am 19. Oktober 1216. War der Nachfolger von Richard Löwenherz ein guter König? «Meyers Lexikon» faßt die Antwort darauf in einen Satz: «Johann war ein schwacher, aber eigenwilliger und grausamer Regent.» Ich kann dem nur zustimmen. Nennen wir einige Ereignisse aus seiner Regierungszeit.

Seinen Neffen Arthur von Bretagne, den möglichen Thronanwärter, ließ er in Rouen einkerkern. Sein Befehl, ihn blenden und entmannen zu lassen, wurde verweigert. Darauf holte König Johann den Neffen am 3. 4. 1203 aus seinem Gefängnis, lockte ihn mit falschen Versprechungen auf ein Boot und erdrosselte ihn eigenhändig. «Gottlob stehen die Dinge besser, als dieser Mann Euch sagen kann...», sandte er seiner Mutter durch Boten ein Schreiben.

Wilhelm von Briouse, der einzige Augenzeuge des Verbrechens, floh später nach Frankreich und schilderte die ruchlose Tat.

Bald darauf drang Philipp von Frankreich in die Normandie ein und eroberte fast alle wichtigen Städte. Johann, völlig apathisch, leistete kaum Widerstand. Am 6. März 1204 fiel Richards Stolz, die Festung Gaillard, den Franzosen in die Hände. Nach Arthurs Ermordung wandten sich die meisten der französischen Vasallen von

Johann ab. Ein Streit mit Papst Innozenz III. führte 1208 zu Interdikt und Bann, so daß König Johann sich 1213 dem Papst unterwerfen mußte und von ihm sein Land als Lehen empfing. Der weitere Krieg mit Frankreich führte 1214 zur Niederlage von Bouvines, worauf sich der englische Adel gegen Johann erhob. Johann beruhigte die Barone durch weitreichende und in der «Magna Charta» niedergelegte Zugeständnisse. Kurz darauf widerrief er alles und begann einen grausamen Vernichtungskrieg gegen den englischen Adel. Dieser bot nun König Philipps ältestem Sohn die englische Krone an, worauf 1216 ein gewaltiges französisches Heer in England eindrang. Während dieser Kämpfe starb König Johann in Newark. Ihm folgte sein erst neunjähriger Sohn Heinrich III., der zeitlebens mit Frankreich und den englischen Baronen zu kämpfen hatte.

Königin Eleonore

Hätte Richards Mutter Eleonore, die siebenundsiebzigjährige Ex-königin von Frankreich und England, nach dem Tod ihres Sohnes resigniert, um ihre restliche Lebenszeit in der klösterlichen Abgeschiedenheit Fontevraults zu verbringen, so wäre nichts weiter als das Datum ihres Todes zu vermelden gewesen. Die alte Dame erwachte jedoch nach Richards Bestattung zu solcher Aktivität, daß wir ihr, die so entscheidenden Anteil an seinem Leben hatte, noch ein Kapitel widmen müssen.

Nachdem Eleonore dem Kloster Fontevrault «für das Seelenheil ihres sehr lieben Herrn, des Königs Richard» eine Stiftung gemacht und auch Richards persönliche Dienerschaft reich beschenkt hatte, trat sie eine Rundreise durch ihr geliebte Aquitanien an.

Schon am 29. April treffen wir die greise Fürstin in Loudon, am 4. Mai in Poitiers, dann in Niort, Andilly, La Rochelle, St. Jean d'Angely, Saintes und am 1. Juli in Bordeaux, der Stadt ihrer frühen Jugend.

War es ein Abschiednehmen, ehe sie sich für immer ins Klosterleben zurückzog? Noch war sie Herrin von Aquitanien, nur sie allein bestimmte darüber, wer das Erbe anzutreten hatte. Gönnte sie es ihrem jüngsten Sohn nicht, dem es ja wohl zufallen würde? In ihren Briefen pflegte sie Johann «dilectus» (der Hochgeachtete) zu nennen, während Richard immer als «carissimus» (der Allerliebste) bezeichnet wurde.

Nun, diese Rundreise war gewiß auch ein Abschiednehmen, doch sie diente zugleich ganz praktischen Zwecken. Wohl ahnend, daß König Johanns Willkür und Wankelmut nach ihrem Tod so manches Unheil anzurichten imstande war, traf Eleonore ihre Vorbereitungen.

Sie schlichtete in den Städten so manche anstehenden Streitigkeiten, sprach Recht, regelte Lehensangelegenheiten.

Was sie ein halbes Jahrhundert zuvor bei den Bürgern von Poitiers noch als todeswürdiges Verbrechen angesehen hatte, das gewährte sie jetzt allen besuchten Städten mit offener Hand – die Selbstverwaltung im Sinne eines Stadtrechtes.

«Wir gewähren und geloben allen Männern von La Rochelle und ihren Nachkommen die Freiheiten einer Stadt, damit sie ihre Rechte besser schützen und unangetastet bewahren können. Wir wünschen, daß ihre Sitten und Gebräuche in Freiheit erhalten bleiben und daß sie dafür, und um ihre und unsere Rechte sowie die Rechte unserer Erben zu schützen, die unumschränkte Gewalt in ihrer Gemeinde gegen jedermann selbst ausüben, unter Bewahrung der Treue gegen uns…»

Ja, diese Töne hörten die Stadtväter gerne, und wo immer Eleonore einen solchen Freibrief ausstellte, durfte sie auf die Hilfe und Dankbarkeit der Bürger rechnen. Mit Hilfe war natürlich Militärhilfe gemeint, und diese würde bitter nötig sein, wenn Johann, woran Eleonore kaum zweifelte, die französischen Besitzungen Stück für Stück verspielte.

Was Eleonore unternahm, machte sie gründlich. Am Ende ihrer Reise, etwa Mitte Juli, erschien sie in Tours, um dort König Philipp, ihrem Lehnsherrn in Frankreich, zu huldigen. Es mag ihr nicht leichtgefallen sein, vor dem ungeliebten Stiefenkel das Knie zu beugen, doch sie tat es für ihr Land.

Am 30. Juli traf sich Eleonore in Rouen mit ihrem Sohn Johann, an dem der Beiname «Lackland» oder «Sansterre» hartnäckig hängengeblieben war, obwohl er nun so reich an Land war wie nur wenige christliche Fürsten. Johann zerfloß in Ehrfurcht und Sohnesliebe. Spürte er nun doch, welche Frau er zur

Mutter hatte und wieviel sie noch jetzt imstande war, für seine Zukunft zu tun?

Nun, sie war achtundsiebzig Jahre alt, und er vergab sich nichts, wenn er in einer Urkunde beteuerte:

«Wir wollen, daß sie zeitlebens das Poitou besitze und Herrin über alle Länder sei, die zum Königreich gehören, aber auch Herrin über Uns und Unsere eigenen Länder und Besitztümer.»

Königin Eleonore war es auferlegt, auch noch einem fünften Kind die Augen schließen zu müssen. Nur fünf Monate nach Richard starb Johanna, seine Lieblingsschwester, in Fontevrault. Sie war in zweiter, sehr unglücklicher Ehe mit dem Grafen Raimund VI. von Toulouse verheiratet gewesen.

War nun Eleonores Aufgabe erfüllt, blieb sie für immer bei ihren Toten in Fontevrault? Nein, sie tat es nicht, sie unternahm wieder eine Reise. Anfang das Jahres 1200, mitten im Winter, machte Königin Eleonore sich mit großem Gefolge nach Spanien auf. Warum diese Eile? Wieder ist sie dabei, eine Ehe zu stiften, in aller Eile eine Braut einzuholen. Was nämlich schon zu Richards Lebzeiten in Verhandlungen mit König Philipp erwogen worden war, ist nun dabei, Gestalt anzunehmen. Philipps Sohn, Kronprinz Ludwig, soll mit Blanca von Kastilien, einer Enkelin Eleonores, verheiratet werden.

Schon Ende Januar traf Königin Eleonore in Kastilien ein, wo sie ihre mit König Alfons VIII. von Kastilien verheiratete Tochter, Eleonore die Jüngere, in die Arme schließen konnte. Eleonore von Kastilien lebte mit ihrem Mann in glücklicher Ehe und hatte ihm mittlerweile elf Kinder geboren.

Das Fürstenpaar unterhielt in Burgos einen berühmten Musenhof, wo Mutter Eleonore unter den Troubadouren so manchen alten Bekannten, wie etwa Peire Vidal, wiederfand. Sie hielt sich zwei Monate dort auf, um dann mit der elfjährigen Enkelin Blanca zurückzureisen. In Bordeaux ereilte den grausamen Söldnerfürsten Mercadier – er hatte Eleonore begleitet – sein Schicksal: Er wurde während einer Straßenrauferei erschlagen.

Was Eleonore bei ihrem Sohn Richard immer erfolgreich verhindert hatte, geschah nun mit der Enkelin Blanca. Am 23. Mai 1200 wurde Kronprinz Ludwig von Frankreich mit Blanca von Kastilien, also eine Plantagenet mit einem Capet, verheiratet. Dürfen wir uns jetzt von der würdigen einundachtzigjährigen Matrone in Fontevrault verabschieden? Ich muß den Leser noch um etwas Geduld bitten. Wie wir im Kapitel über König Johann gesehen haben, nützte Philipp von Frankreich die Schwäche und Unfähigkeit des neuen englischen Königs, um sich endlich zu holen, was er einem Richard niemals entreißen konnte – die Normandie. In einem ersten klugen Schachzug hatte Philipp dem ehrgeizigen und um die Thronfolge gebrachten Arthur von Bretagne die Länder Anjou, Maine, Tourraine und Poitou verliehen. Die Sache hatte, wie wir wissen, einen Schönheitsfehler. Genau für diese Länder hatte Eleonore dem französischen König bereits gehuldigt. Nun fiel ihr eigener Enkel Arthur ins Poitou ein. Eleonore beschloß, von Fontevrault in das sichere Poitiers zu fliehen, doch wurde ihr der Weg abgeschnitten, und sie konnte gerade noch die feste Burg Mirebeau erreichen. Zwar wurde die kleine Stadt schnell erobert, doch die Burg hielt stand. Eleonore war es noch gelungen, einen Boten an König Johann zu senden, der sofort von Le Mans heranzog, um den verhaßten «Konkurrenten» Arthur endlich in seine Gewalt zu bekommen. Mirebeau wurde erobert und Eleonore befreit. Wie Johann sich dann seines Neffen entledigte, habe ich schon geschildert.

Eleonore zog sich nun endgültig nach Fontevrault zurück. Sie wird traurigen Herzens verfolgt haben, wie Johann die Normandie verspielte, wie Philipp von Frankreich triumphierte. Der Fall von Château Gaillard am 4. März – Richards stolzester Festung – soll ihr das Herz gebrochen haben.

Am 31. März 1204 starb Eleonore von Aquitanien in Fontevrault im Alter von etwa dreiundachtzig Jahren.

Berengaria und die zyprische Prinzessin

Spielte König Richards Gemahlin Berengaria schon zu seinen Lebzeiten kaum eine Rolle, so geistert sie nach seinem Tod nur noch als dürftiger Schatten durch die Urkunden.

Die Historiker verlegen Berengarias Geburtsjahr auf etwa 1160, so daß sie bei Eleonores Tod eine Mittvierzigerin war. Sie hätte nochmals heiraten, hätte ins Kloster gehen oder in ihre Heimat zurückkehren können. Berengaria tat nichts von alledem. Nach Richards Tod lebte sie wohl für einige Jahre in Chinon, später in Le Mans.

Mit König Johann schien sie ein wenig Streit um ihr Witwengeld gehabt zu haben, doch man einigte sich. Als etwa Siebzigjährige – um das Jahr 1230 – erbaute oder renovierte sie die Abtei Épau in der Nähe von Le Mans, wo sie wohl auch ihren Witwensitz hatte. In dieser Stadt gibt es noch heute das «Königin-Berengaria-Haus» (Rue de la Reine Berengère Nr. 13), das aber höchstens aus dem 14. Jahrhundert stammen kann. Vielleicht nimmt es die Stelle eines älteren Gebäudes ein, in dem Berengaria tatsächlich lebte. Wir kennen nicht einmal ihr Todesjahr – es mag um 1230/35 gewesen sein –, und als einzige zeitgenössische Spur von Berengarias Existenz finden wir in der Kathedrale von Le Mans ihren Kenotaph. Die Königin trägt eine reichverzierte Krone, darunter eine Art Witwenschleier. In ihren Händen hält sie ein Modell der Abtei Épau, an ihrem Gürtel ist eine Börse befestigt. Ihre Füße ruhen auf einem kleinen heraldischen Löwen. Weit weniger kunstvoll gearbeitet als Richards Grabfigur, ist Berengarias Kenotaph doch eine ganz typische, vom Geist der Epoche erfüllte Arbeit.

Nach allem, was wir über diese Frau wissen, müssen wir annehmen, daß sie ohne jeden Ehrgeiz und nicht willens oder imstande war, aus ihrer Stellung – zu Richards Lebzeiten und danach – mehr zu machen, als ihr von Standes wegen zukam. Ob nun Eleonore in der Wahl dieser Frau einen Mißgriff tat oder ob Richard auch für eine andere Gemahlin so wenig Interesse aufgebracht hätte, ist schwer zu sagen.

Es steht jedenfalls fest, daß Berengaria von sich aus nicht das geringste unternahm, um als Königin von England aufzutreten. Sie schien auf Richards Ruf zu warten, doch der blieb aus. So saß sie in Chinon, Beaufort oder Le Mans, eine Witwe schon zu Richards Lebzeiten.

Ich kann es mir nicht versagen, am Ende noch kurz das seltsame Schicksal der kleinen namenlosen «Kaiserstochter» aus Zypern zu schildern. Wir erinnern uns, daß Richard die Tochter des «Kaisers» von Zypern seinen Damen anvertraute, mit denen das Mädchen dann nach Frankreich reiste. Sie mag um diese Zeit, also 1192, etwa fünfzehn Jahre alt gewesen sein. Nach kurzem Aufenthalt in Poitiers lebte die zyprische Prinzessin dann in Chinon und wird es dort, obwohl sie ja eine Geisel war, kaum schlechter gehabt haben als in den primitiven Burgen auf Zypern. Ihr mehr symbolischer Wert als Tochter und Erbin eines halbvergessenen Extyrannen mag etwas an Gewicht gewonnen haben, als Richard in Kaiser Heinrichs Gewahrsam saß und dieser Isaaks und seiner Tochter Freilassung verlangte. Kaiser Heinrich wollte sich vermutlich auf diese Weise – indem er den wiedereingesetzten Isaak zum Vasallen machte – die nominelle Macht über Zypern sichern, das einen gewissen strategischen Wert besaß.

Diese Zusammenhänge schien auch Graf Raimund von Toulouse zu erkennen, ein notorischer Frauenheld und Glücksritter. Flugs heiratete er die zyprische Prinzessin, obwohl es da schon einige Gemahlinnen gab, die sich auch als legitim betrachten durften. Graf Raimund aber heiratete nach Lust und Laune und nicht nach Recht und Gesetz. Auch mit Richards Schwester Johanna war er ja verheiratet gewesen. Schon ein Jahr später wechselte er mit einer neuen Gattin, diesmal einer Prinzessin von Aragon, die Ringe.

Inzwischen waren König Richard, Isaak von Zypern und auch Kaiser Heinrich gestorben. Zypern befand sich fest in der Hand der Lusignan, und die kleine levantinische Prinzessin hatte jeden politischen Kurswert verloren.

Irgendwie verschlug es sie dann nach Marseille, wo sie in armseligen Verhältnissen lebte. Als sich dort 1204 die Schiffe zum 4. Kreuzzug sammelten, lernte ein deutscher Ritter die gestrandete Prinzessin kennen und heiratete sie vom Fleck weg. Der wohl etwas tumbe Rittersmann aus dem Rheinland verband mit seiner Gemahlin die hochfliegendsten Pläne.

Das Unglaubliche geschah. Die beiden segelten nach Zypern, wo der Ritter um eine Audienz bei Amalrich von Lusignan, dem König der schönen Insel, nachsuchte. Sie wurde gewährt, wobei der Ritter auf seine Gemahlin verwies und einen Thronwechsel vorschlug. König Amalrich von Zypern muß wohl einen besonders guten Tag gehabt haben. In jener Zeit kosteten solche Ansinnen, von kleinen Leuten vorgebracht, augenblicklich den Kopf. Der gnädige Lusignan begnügte sich jedoch damit, das Pärchen davonzujagen. Die beiden segelten nach Armenien weiter, wo sich ihre Lebensspur verliert.

Sie war nur ein Steinchen auf Richards Lebensweg, diese zyprische Prinzessin, ein Steinchen, das für kurze Zeit glänzte und einen gewissen Wert besaß. Später wertlos geworden, schob man sie beiseite, die gewiß recht hübsche Griechin, und vergaß sie. Sie landete in den Armen eines dummdreisten Glücksritters, der für sie und sich Zypern erobern wollte. Hatte Richard mit noch weniger Anspruch etwas anderes gewollt und schließlich erreicht? Aber: Quod licet Jovi, non licet bovi.

Nachhall

Schon zu seinen Lebzeiten hatte Richard Löwenherz die Phantasie der Dichter und Chronisten angeregt; sie haben ihn auch nach seinem Tod nicht vergessen. Wenn ich Dichter und Chronisten in einem Atem nenne, so deshalb, weil im Mittelalter ihre Diktion oft schwer zu trennen ist. Der Chronist verstand sich keineswegs als ein der Objektivität verpflichteter Historiker, sondern ließ seiner Phantasie freien Lauf, so daß Fakten und Fiktion oft schwer zu trennen sind, während der Dichter, obwohl anders motiviert und in poetischer Sprache, dasselbe Ergebnis lieferte.

Da ich den Kreis der Troubadoure um Eleonore und Richard schon erwähnt und gewürdigt habe, soll im folgenden nur noch von den wichtigsten Dichtern und Chronisten die Rede sein, die Richards Leben und Tod in poetischer Form geschildert haben.

Noch zu Lebzeiten Richards, vielleicht um 1196, beschrieb ein gewisser Ambrosius in achtsilbigen gereimten Versen Richards Krönung in London, sein Treffen mit König Philipp in der Normandie, den Aufenthalt in Messina und die Ereignisse des 3. Kreuzzugs. Seine Verse sind poetisch unbedeutend, so daß wir in ihm mehr den Chronisten als den Dichter schätzen.

Über diesen aus Frankreich stammenden Ambrosius (Ambroise) weiß man sehr wenig, doch muß er ein vielleicht aquitanischer Landsmann Richards gewesen sein, der mit Bewunderung für seinen königlichen Helden nicht sparte. Da Ambrosius mit ziemlicher Sicherheit am Kreuzzug teilnahm, ist sein wenn auch sehr subjektives Zeugnis von größtem historischem Wert.

Etwa eine Generation nach Richards Tod schrieb Konrad von Würzburg (gest. 1287) seine «Turnei von Nantheiz» (das Turnier von Nantes).

Konrad, in Würzburg geboren und von bürgerlicher Herkunft, lebte später in Straßburg und Basel. Sein sehr umfangreiches und zum größten Teil erhaltenes Werk (Der Trojanische Krieg, Die goldene Schmiede, Der Welt Lohn) zeigt ihn als vielseitigen und talentvollen Dichter. Im «Turnier von Nantes» hat Konrad ohne jeden historischen Bezug – der Held hätte auch anders heißen können – König Richard zum strahlenden Mittelpunkt eines Turnierfestes gemacht. «Er war treu und standhaft, kraftvoll, nobel und mächtig. Er schritt durch die Menge, wie ein Schiffskiel durch die Wellen schneidet.» Dieser Über-Richard besiegt im Turnier sämtliche anwesenden Ritter, Fürsten und Könige.

Erst um 1300 finden wir König Richard von einem englischen Chronisten gewürdigt. Robert von Gloucester macht es gleich sehr gründlich. Er stellte die gesamte englische Geschichte dar, beginnend mit dem Trojanischen Krieg bis etwa in das Jahr 1270. Zweihundert Zeilen davon sind Richards Regentschaft gewidmet. Robert beginnt mit der Krönung, schildert den Kreuzzug, die Gefangenschaft, die Rückkehr und Richards Tod in sehr knapper, gedrängter Form.

Aus Robert von Gloucesters Darstellung schöpfend, schrieb der Domherr Peter von Langtoft um 1307 in französischen Alexandrinern eine ausführliche Version, die u. a. Richards Aufenthalt in Messina sehr umfassend schildert. Diese Arbeit hat 1338 ein Robert von Brunne aus Lincolnshire ins Englische übersetzt.

Irgendwann während des 14. Jahrhunderts entstand – zuerst in französischer Sprache – ein anonymes Heldenepos von beträchtlichem Umfang und ohne jeden Anspruch auf historische Glaubwürdigkeit. Von englischen Spielleuten übersetzt und wohl auch um etliche «Geschichten» erweitert, ist es zu uns gekommen. In bunter, ja geradezu blinder Fabulierlust wird alles durcheinandergemengt, was der anglonormannische Sagenschatz herzugeben hat. So ist König Heinrich – Richards Vater – nicht mit Eleonore, sondern mit einer geheimnisvollen morgenländischen Prinzessin verheiratet. Sie gebiert drei Kinder: Richard, Johann und deren Schwester Topyas. Mit letzterer entfleucht sie eines Tages durch die Luft wie weiland Fulko Nerras teuflische Gemahlin.

Richard wird schon als Fünfzehnjähriger König, erntet Ruhm als gewaltiger Turnierheld und begibt sich schließlich mit seinen Rittern auf den Kreuzzug. Dieser wird als eine Art Besichtigungstour durch sämtliche Städte des damaligen Palästina geschildert. Auf dem Rückweg wird Richard von einem «König von Almayn» gefangengesetzt, dessen Sohn er in einem freundschaftlichen Zweikampf versehentlich tötet. Später durch Lösegeld wieder frei, bricht

Richard zu einem zweiten Kreuzzug auf, der dann in großen Zügen wie der historische verläuft, natürlich mit phantastischen Ausschmückungen. Dazu gehört auch die grausige Schilderung des gebratenen Sarazenen.

Dieses Heldenepos endet recht kurios mit Richards Tod vor Château Gaillard, das ein «Duke of Estryche», also ein Herzog von Österreich, besetzt hält. Es ist hohe Sommerzeit, und Richard nimmt den drückenden Helm ab, als er die Gegend inspiziert. Dies wird im Schloß bemerkt, und bald schwirrt der tödliche Pfeil.

Dann herrschte für zwei Jahrhunderte fast völliges Schweigen. Es scheint, man war zu sehr mit den eigenen Problemen beschäftigt, um Zeit oder Lust für Rückblicke aufzubringen. Ende des 16. Jahrhunderts brachten die «Queenes Majesties Players» in London ein Schauspiel mit dem Titel «The troublesome Raigne of John King of England...» heraus, das wiederum die Vorlage für Shakespeares Drama «King John» bildete. Beide Stücke handeln zwar von König Johann, sind aber nicht ohne Bezug auf Richards Leben und Regierung.

Die eigentliche Wiederentdeckung Richards erfolgte im 18. Jahrhundert, wenn auch auf verklärt-romantische Art. So finden wir in den «Contes anglois» der Marie-Jeanne L'Héritier de Villandon (1664–1734) – einer damals sehr bekannten und fruchtbaren Dichterin – eine Novelle über Richards Befreiung durch den Sänger Blondel.

Da wir nun schon beim Gesang sind: Sowohl Georg Friedrich Händel wie Georg Philipp Telemann komponierten Opern auf König Richard. Telemanns Oper ist verschollen, doch erlebte Händels «Riccardo Primo» am 11. 11. 1727 eine glanzvolle Aufführung mit illustrer Besetzung im Londoner «King's Theatre». Ihr Inhalt beschäftigt sich allerdings nur mit Richards Brautfahrt nach Zypern.

Dieser musikalische Start öffnete buchstäblich die Schleusen für eine Flut von Opern, Singspielen und Balletten bis Mitte des 19. Jahrhunderts, unter deren Schöpfern ich nur die berühmteren Komponisten Otto Nicolai und Adolphe Adam nenne.

Unter den Dichtern haben Felix Dahn, Ludwig Uhland und Heinrich Heine Balladen über Richard Löwenherz geschaffen. Heinrich Heines Werk soll hier zitiert werden:

Wohl durch der Wälder einödige Pracht
Jagt ungestüm ein Reiter;
Er bläst ins Horn, er singt und lacht
Gar seelenvergnügt und heiter.

Sein Harnisch ist von starkem Erz,
Noch stärker ist sein Gemüte,
Das ist Herr Richard Löwenherz,
Der christlichen Ritterschaft Blüte.

Willkommen in England! rufen ihm zu
Die Bäume mit grünen Zungen –
Wir freuen uns, o König, daß du
Östreichscher Haft entsprungen.

Dem König ist wohl in der freien Luft,
Er fühlt sich wie neugeboren,
Er denkt an Östreichs Festungsduft –
Und gibt seinen Pferden die Sporen.

Die im 19. Jahrhundert gepflegte Verehrung, ja Vergötterung des Mittelalters war schon gegen Ende dieses saeculums «unmodern» geworden. Anfang des 20. Jahrhunderts taucht das Thema Löwenherz fast nur noch im englischen Sprachraum gelegentlich in Romanen, Erzählungen und Schauspielen auf. Mit dem Ersten Weltkrieg war es auch damit vorbei. Nach der grauenvollen Materialschlacht dieses Völkerkampfes hatte man von Helden jeder Art vorerst genug.

Wenn wir uns heute wieder mit dem Thema Löwenherz befassen, so tun wir es auf eine eher nüchterne Art. Wir verhehlen auch die Schattenseiten unseres «Helden» nicht und versuchen, den wahren Kern der zahlreichen Legenden herauszuschälen. Und trotzdem: In Richard Löwenherz haben wir einen Menschen kennengelernt, den es in seiner Art heute nicht mehr gibt. Er war ein Mensch der äußersten Extreme, bekannte sich zu diesen Eigenschaften und lebte sie voll aus. Das zog ihm glühende Liebe und Bewunderung der Zeitgenossen zu, trug ihm aber auch tiefsten Haß und Feindschaft ein. Gaucelm Faidit, der Troubadour, hat es in seiner Todesklage ausgesprochen:

«Er zwang die Welt – ich kann in Wahrheit es bezeugen –, sich halb in Liebe, halb in Furcht vor ihm zu beugen.»

Anhang

Das Klagelied des Gaucelm Faidit
im Dialekt des Limousin

Fortz chauza es, que tot lo maior dan
E 'l maior dol, las! qu' ieu ancmais agues,
E so don dei totz temps plaigner ploran,
M' aven a dir en chantan e retraire;
Que selh qu 'era de valor caps e paire
Lo rics valens, Richartz, reys dels Engles,
Es mortz, ai dieus! quals perd' e quals dans es!
Quant estrang mot, e quant greu per auzir!
Ben a dur cor totz hom qui 'l pot suffrir.

Mortz es lo reys, e son passat mil an
Qu' anc tan pros hom no fo; ni no vi res,
Ni ja non fo mais hom del sieu semblan,
Tan larcs, tan pros, tan arditz, tals donaire;
Qu' Alixandres, lo reys que venquet Daire,
No cre que tan dones ni tan messes;
Ni anc Charles ni Artus tan valgues;
Qu' a tot lo mon se fes, qui 'n vol ver dir,
Als us doptar et als autres grazir.

Meravil me qu' el fals secgle truan
Auza estar savis hom ni cortes,
Pus ren no i val belh ditz ni fait prezan;
E doncs per que s' esfors' om pauc ni guayre?
Qu' era nos a mostrat mortz que pot faire,
Qu' a un sol colp a lo mielh del mon pres,
Tota l' onor, tot lo pretz, tot lo bes;
E pus vezem que res no i pot guandir,
Beu deuriam meins duptar al murir.

Ai! senher reys valens, e que faran
Hueimais armas ni gran tornei espes,
Ni ricas cortz, ni belh donar ni gran,
Pus vos no i etz qu' en eras capdelaire?
Ni que faran li liurat a maltraire,
Silh que s' eran en vostre servir mes,
Qu' atendion qu' el guazardon vengues?
Ni que faran sels que s degran aucir
Qu' aviatz faitz en gran ricor venir?

Avol vida e plez de mort auran
E tos temps dol, qu' en aissi lor es pres;
E Sarrazi, Turc, Payan e Persan,
Que us duptavon mais que hom nat de maire,
Creisseran tan d' orguelh tot lor afaire
Que plus greu n' er lo sepulcres conques;
Et dieus o vol, quar si 'l non o volgues,
E vos, senher, visquessetz, ses mentir
De Suria los avengra a fugir.

Jamais non ai esperansa que i an
Reys ni princeps qui cobrar lo pogues;
Pero tug silh qu' el vostre loc seran
Degran saber cum fos de pretz amaire,
E qual foron vostre dui valen fraire,
Lo joves reys e 'l cortes coms Jaufres;
E qui en loc remanra de vos tres
Ben deu aver fin cor e ferm cossir
De totz bos aips enansar e grandir.

Bel senher dieus, vos qu' etz vers perdonaire,
Vers dieus, vers hom, vera vida merces,
Perdona li, que ops e cocha l' es;
E non gardetz, senher, al sieu falhir,
E membre vos com vos anet servir.

Sirvente gegen den Dauphin von Auvergne.
Altfranzösisch.

Dalfin, jeus voill déresnier,
Vos e le comte Guion,
Que an en ceste seison
Vos féistes bon guerrier
E vos jurastes ou moi;
E m' en portastes liel foi
Com n Aengris à Rainart:
E semblés dou poil liart.

Vos me laïstes aidier
Por treime de guierdon,
E car saviés qu' à Chinon
Non a argent ni denier;
E vos voletz riche roi,
Bon d'armas, qui vos port foi;
E je suis chiche, coart,
Sius viretz de l' autre part.

Encor vos voill demandier
D'Ussoire s' il vos siet bon,
Ni si 'n prendretz venjeison
Ni logaretz soudadier.
Mas une rien vos outroi,
Si beus faussastes la loi,
Bon guerrier à l' estendart
Trovaretz le roi Richart.

Je vos vi au comensier
Large de grant mession;
Mais puis trovetz ochoison
Que por fortz castels levier
Laissastes don e donoi,
E cortz e segre tornoi:
Mais nos cal avoir regart
Que Franssois son Longobart.

Vai sirvents, je t' envoi
En Auvergne, e di moi
As dens comtes de ma part
S' ui mès font pès, dieu les gart.

Que chaut si garz ment sa foi?
Q' escuiers n' a point de loi:
Mais dès or avan se gart
Que n' ait en peior sa part.

Namenregister

Bildnachweis

Archiv für Kunst und Geschichte, Berlin: 8, 16, 18, 19, 20, 23
Bildarchiv Foto Marburg: 4, 31
Bildarchiv Preußischer Kulturbesitz, Berlin: 7
Bibliothèque Nationale, Paris: 15
alle anderen: Privatbesitz

Bibliographie

Ambroise (Ambrosius): L'Histoire de la Guerre Sainte (Paris 1897)
Appleby, John T.: John, King of England (USA 1958)
Bertran de Born: Lieder (Halle 1932)
Broughton, Bradford B.: The Legends of King Richard I. (Paris 1966)
Fontevrault, die königl. Abtei, offizieller Führer (o. O. u. J.)
Gabrieli, Francesco: Die Kreuzzüge aus arabischer Sicht (Zürich 1973)
Jeffery, George: Cyprus under an English King (London 1973)
Katalog zur Ausstellung «Richard Löwenherz» (Dürnstein 1966)
Kühner, Hans: Lexikon der Päpste (München 1960)
Landon, Lionel: Itinerary of King Richard I. (London 1935)
Lehmann, Johannes: Die Kreuzfahrer (München 1976)
Mahn, August: Die Werke der Troubadours (Berlin 1846–82)
Meyer, Otto: Sie trafen den König (Ochsenfurt 1975)
Needler, George Henry: Richard Cœur-de-Lion in Literature
    (Leipzig 1890)
Obermeier, Siegfried: Walther v. d. Vogelweide (München 1980)
Pernoud, Régine: Königin der Troubadoure (München 1980)
Pernoud, Régine: Die Kreuzzüge in Augenzeugenberichten
    (München 1977)
Sprater, F. / Stein, G.: Der Trifels (Speyer 1980)
Voegeli, Max: Robin Hood (München 1980)

Ein historisch präzise recherchiertes Zeitportrait des ausgehenden 15. Jahrhunderts

Siegfried Obermeier

Torquemada

Roman
edition meyster

Zwischen glänzender Machtentfaltung des spanischen Königreichs und der grausigen Schreckensherrschaft des Großinquisitors Torquemada wird die Geschichte der jüdischen Familie Marco erzählt, deren wechselvolles Schicksal uns Augenzeugen bei der Eroberung der neuen Welt werden läßt.

edition meyster

Robert S. Elegants große und erfolgreiche Romane erzählen von den Ränken und Feindschaften, von der Jagd nach Glück und Geld in den mächtigen Familien Chinas. **Robert S. Elegant,** der selbst lange Jahre als Korrespondent in Hongkong lebte, gewährt damit einen tiefen Einblick in die Geschichte, die politischen Geschicke und die uralte Kultur dieses riesigen und nach wie vor geheimnisvollen Reichs der Mitte.

Die Dynastie *Roman*
(rororo 5000)
In Hongkong, der brodelnden Hafenstadt am Gelben Meer, einst Tor zum rätselhaften Reich der Mitte, heute Brückenkopf des Handels zwischen Ost und West, spielt diese große, sieben Jahrzehnte umspannende Geschichte eines Familien-Clans: Liebe und Feindschaft, Reichtum und Macht und der beispiellose Aufstieg eines Handelshauses.

Mandarin *Roman*
(rororo 5760)
In der zweiten Hälfte des vergangenen Jahrhunderts erfährt der jüdische Kaufmann Saul Halevie das Ränkespiel am chinesischen Kaiserhof. Im Reich der Mitte herrscht Aufruhr, doch ändert sich wenig an den Spielregeln der Korruption: Ohne Geld geht nichts in China, mit Geld alles. Ein Roman voller unschätzbarer kulturgeschichtlicher Details und dramatischer Szenen.

Mandschu *Roman*
(rororo 5484)
Im 17. Jahrhundert gerät China in schwere Bedrängnis. Die Macht des altehrwürdigen Herrscherhauses der Ming ist ausgehöhlt durch Korruption und Intrigen. Vor den Toren der großen Städte im Norden stehen die Heere der Mandschu, und es ist nur noch eine Frage der Zeit, wann die «barbarischen Eroberer aus dem Norden», die Tataren, die Macht der Ming endgültig zerstören und die Herrschaft an sich reißen. «... ein historisch-exotisches Kolossalgemälde.» *Hamburger Abendblatt*

Sturm über Shanghai *Roman*
(rororo 13152 und als gebundene Ausgabe)